FARMING-READING NOTES

耕读笔记（上卷）

一位农民数学爱好者的初数探索

● 邓寿才 著

哈尔滨工业大学出版社

内容简介

本书共分八个部分,每部分相对独立成文.本书主要介绍了初等数学中的几类数列和不等式题目,同时给出了详细的解答,有些题目给出了多种证明或解答方法,得到了新的结论,并进行了推广.

本书适合初等数学爱好者阅读研究.

图书在版编目(CIP)数据

耕读笔记:一个农民数学爱好者的初数探索.上卷/邓寿才著.—哈尔滨:哈尔滨工业大学出版社,2015.4
ISBN 978-7-5603-5275-6

Ⅰ.①耕… Ⅱ.①邓… Ⅲ.①初等数学-普及读物
Ⅳ.①O12-49

中国版本图书馆 CIP 数据核字(2015)第 067342 号

策划编辑　刘培杰　张永芹
责任编辑　张永芹　刘春雷
封面设计　孙茵艾
出版发行　哈尔滨工业大学出版社
社　　址　哈尔滨市南岗区复华四道街 10 号　邮编 150006
传　　真　0451-86414749
网　　址　http://hitpress.hit.edu.cn
印　　刷　哈尔滨市工大节能印刷厂
开　　本　787mm×1092mm　1/16　印张 12.5　字数 235 千字
版　　次　2015 年 4 月第 1 版　2015 年 4 月第 1 次印刷
书　　号　ISBN 978-7-5603-5275-6
定　　价　28.00 元

(如因印装质量问题影响阅读,我社负责调换)

作者简介

邓寿才老师于1962年7月13日生于四川省泸州市纳溪区上马镇八角仓村(原文昌乡银坪村).1980年上马高中毕业后回家务农(现为百度收录人物).在家乡代理过中小学课程,担任过农村基层干部,在北京餐饮业做过会计,砖厂做过苦工,在山洞拉过煤,在建筑社做过苦工.

在广东中山市东升求实学校任教两年,从2010年秋至今在成都优优数学学校和成都聚名师学校(共28个校区)担任数学教学总监.在2011年和2012年邓老师两次参加四川省高中数学冬令营赛前培训,主讲不等式专题内容.

邓寿才老师的人生道路艰辛曲折,饱经风霜,但他一直坚强,从不向困难屈服.他不抽烟,不打牌,却喜欢利用业余时间从事文化活动,如看书学习,听歌唱歌,写旧体诗(至今创作诗篇一百余首,1995年以来在北京荣获首届诗歌大赛二等奖,在专辑《闪光的青春》上登载"敬纪邓盛钢的诗三百首"),但邓老师最喜欢的文化活动是学习数学,思考数学,研究数学,写作数学(欣赏和研究数学的美,妙,趣等特点).年轻时在《数学通讯》《数学通报》《中等数学》等期刊上发表论文.从2008年至今,在年刊《数学奥林匹克与数学文化》第2-6期(刘培杰主编,第6期将于2015年底出版,每期500余页)上发表六十余中长篇数学论文,目前已在哈尔滨工业大学出版社出版专著《新编平面解析几何解题方法》《数学奥林匹克不等式散论》,《数学奥林匹克不等式欣赏》.于2014年10月已出版《初等方程妙题集锦》,于2014年底出版《趣味初等数论选美与欣赏》《初等函数研究与欣赏》.在2015年底将出版《初等数学解题方法全书》.本集《耕读笔记》是邓老师的最新力作,倾注了他的全部心血与激情,具有结构完美、内容丰富、风格精彩等特点.此外,2015年底将出版他的代表作《三角不等式研究与欣赏》,《几何不等式研究与欣赏》.届时读者可品味到书中的经典趣味,奇异与美妙.感受到作品让人陶醉,令人神往!

目录

一 几道数列妙题的探讨 …………………………………… 1

二 以旧翻新——关于一道数列妙题的探讨 ………………… 34

三 两个趣味几何不等式的推广 …………………………… 64

四 一个代数不等式的探讨 ………………………………… 69

五 一个创新不等式的研究 ………………………………… 72

六 一组代数不等式妙题的欣赏 …………………………… 102

七 一类优美不等式的多解与初探 ………………………… 142

八 一道国家集训队测试题的研究 ………………………… 165

编辑手记 …………………………………………………… 178

一 几道数列妙题的探讨

我们知道,数列不仅是历届高考考查的重点内容,而且也是小学奥数、中学奥数考查的一部分. 在波光闪闪的数列题海上,有许多美妙趣味的数列妙题,美如海面漂浮闪光的宝珠,让人欣喜,让人偏爱. 本书略举几例进行探讨和欣赏,以之视为美的品味与享受.

(一)

 数列 $\{a_n\}$ 定义如下:$a_1 = a_2 = a_3 = 1$

$$a_{n+1} = \frac{1 + a_{n-1}a_n}{a_{n-2}} \quad (n \geq 3)$$

证明:此数列的每一项都是整数.

其实,在许多高中奥数资料中,都有这道妙题,让我们先欣赏漂亮的证明.

证明 我们用数学归纳法证明下面的三个结论同时成立:

(ⅰ)对任意 $n \in \mathbf{N}^+$,都有 $a_n, a_{n+1}, a_{n+2} \in \mathbf{N}^+$;

(ⅱ)对任意 $n \in \mathbf{N}^+$,都有 $a_n \mid (1 + a_{n+1}a_{n+2})$;

(ⅲ)对任意 $n \in \mathbf{N}^+$,都有 $a_{n+1} \mid (a_n + a_{n+2})$.

由 $a_4 = 2$ 知它们对 $n = 1, 2$ 成立.

现设它们对 $n-1, n$ 成立,考虑 $n+1$ 的情形,由递推式知

$$a_{n+3} = \frac{1 + a_{n+1}a_{n+2}}{a_n} = \frac{1}{a_n}(1 + a_{n+1} \cdot \frac{1 + a_n a_{n+1}}{a_{n-1}})$$

$$= \frac{a_{n-1} + a_{n+1} + a_{n+1}^2 a_n}{a_{n-1} a_n}$$

由(ⅲ)知

$$a_n \mid (a_{n-1} + a_{n+1}) \Rightarrow a_n \mid (a_{n-1} + a_{n+1} + a_{n+1}^2 a_n)$$

而由(ii)知
$$a_{n-1} \mid (1 + a_n a_{n+1}) \Rightarrow (a_{n-1}, a_n) = 1$$
并且
$$a_{n-1} \mid (a_{n-1} + a_{n+1}(1 + a_n a_{n+1}))$$
这表明 $a_{n+3} \in \mathbf{N}^+$,因此对 $n+1$,(i)成立.

注意到
$$1 + a_{n+2} a_{n+3} = 1 + a_{n+2} \left(\frac{1 + a_{n+1} a_{n+2}}{a_n} \right)$$
$$\Rightarrow a_n(1 + a_{n+2} a_{n+3}) = a_n + a_{n+2} + a_{n+1} a_{n+2}^2$$

结合(iii)可知,有
$$a_{n+1} \mid a_n(1 + a_{n+2} a_{n+3})$$
而由(ii)知 $(a_n, a_{n+1}) = 1$,故(ii)对 $n+1$ 也成立,最后
$$a_{n+1} + a_{n+3} = a_{n+1} + \frac{1 + a_{n+1} a_{n+2}}{a_n} = \frac{1 + a_{n+1}(a_n + a_{n+2})}{a_n}$$
$$\Rightarrow a_n(a_{n+1} + a_{n+3}) = 1 + a_n a_{n+1} + a_{n+1} a_{n+2} = a_{n+2} a_{n-1} + a_{n+1} a_{n+2}$$
$$\Rightarrow a_{n+2} \mid a_n(a_{n+1} + a_{n+3})$$
由(ii)知,$(a_n, a_{n+2}) = 1$,故(iii)对 $n+1$ 也成立.

综上可知,结合(i),(ii),(iii)对所有 $n \in \mathbf{N}^+$ 都成立,所以对所有 $n \in \mathbf{N}^+$,都有 $a_n \in \mathbf{N}^+$.

回顾上述证明的技巧是:对结论(i),(ii),(iii)同时使用数学归纳法证明,反之,用数学归纳法证明结论(i),(ii),(iii)同时成立,而在具体证明时,"兵分三路,各个击破",然后又将这三个结论"互相配合,互相支援",漂亮地完成了证明,这种奇特的归纳技巧是独特的,新颖的.

观察数列 $\{a_n\}$ 的递推式
$$a_{n+1} = \frac{1 + a_{n-1} a_n}{a_{n-2}} \quad (n \geq 3) \tag{1}$$

其外形结构并不复杂,从 $a_1 = a_2 = a_3 = 1$ 和式(1)可计算出前几项依次为
$$a_1 = 1, a_2 = 1, a_3 = 1, a_4 = 2, a_5 = 3, a_6 = 7, a_7 = 11, a_8 = 26, \cdots$$

从这组数字中难以发现内在规律,猜测不出通项来,好奇心强烈的人也许会问:"题目中数列 $\{a_n\}$ 的通项可求吗?"

分析 (i)由递推式(1)得
$$\begin{cases} a_{n+1} a_{n-2} = a_{n-1} a_n + 1 \\ a_{n+2} a_{n-1} = a_n a_{n+1} + 1 \end{cases} \Rightarrow a_{n+1} a_{n-2} - a_{n+2} a_{n-1} = a_n a_{n-1} - a_n a_{n+1}$$

$$\Rightarrow a_{n+1}(a_n + a_{n-2}) = a_{n-1}(a_{n+2} + a_n) \Rightarrow \frac{a_{n+1}}{a_{n-1}} = \frac{a_{n+2} + a_n}{a_{n-2} + a_n} \quad (n \geq 3) \tag{2}$$

作代换,令

$$b_n = \frac{a_{n+2}}{a_n} \Rightarrow \begin{cases} b_1 = \frac{a_3}{a_1} = 1 \\ b_2 = \frac{a_4}{a_2} = 2 \end{cases}$$

于是,式(2)化为

$$b_{n-1} = \frac{1+b_n}{1+\frac{1}{b_{n-2}}} \Rightarrow \frac{b_{n-1}}{b_{n-2}} = \frac{1+b_n}{1+b_{n-2}} \quad (n \geq 3)$$

$$\Rightarrow \frac{b_{k-1}}{b_{k-2}} = \frac{1+b_k}{1+b_{k-2}} \quad (3 \leq k \leq n)$$

$$\Rightarrow \prod_{k=3}^{n} \frac{b_{k-1}}{b_{k-2}} = \prod_{k=3}^{n} \left(\frac{1+b_k}{1+b_{k-2}}\right)$$

$$\Rightarrow \frac{b_{n-1}}{b_1} = \frac{(1+b_{n-1})(1+b_n)}{(1+b_1)(1+b_2)}$$

$$\Rightarrow 6b_{n-1} = (1+b_{n-1})(1+b_n)$$

$$\Rightarrow b_n = \frac{5b_{n-1}-1}{b_{n-1}+1} \quad (n \geq 2) \tag{3}$$

从式(3)知,数列$\{b_n\}$是分式线性递推数列,其不动点方程为

$$x = \frac{5x-1}{x+1} \Rightarrow x^2 - 4x + 1 = 0 \Rightarrow \begin{cases} x_1 = 2+\sqrt{3} \\ x_2 = 2-\sqrt{3} \end{cases}$$

又从递推式(3)可得

$$\frac{b_n - x_1}{b_n - x_2} = \frac{(5-x_1)b_{n-1} - (x_1+1)}{(5-x_2)b_{n-1} - (x_2+1)} = \frac{(3-\sqrt{3})b_{n-1} - (3+\sqrt{3})}{(3+\sqrt{3})b_{n-1} - (3-\sqrt{3})}$$

$$\Rightarrow \frac{b_n - (2+\sqrt{3})}{b_n - (2-\sqrt{3})} = (2-\sqrt{3}) \cdot \frac{b_{n-1} - (2+\sqrt{3})}{b_{n-1} - (2-\sqrt{3})} = (2-\sqrt{3})^2 \cdot \frac{b_{n-2} - (2+\sqrt{3})}{b_{n-2} - (2-\sqrt{3})}$$

$$= \cdots = (2-\sqrt{3})^{n-2} \cdot \frac{b_2 - (2+\sqrt{3})}{b_2 - (2-\sqrt{3})} = (-1)(2-\sqrt{3})^{n-2}$$

$$\Rightarrow \frac{b_n - (2+\sqrt{3})}{b_n - (2-\sqrt{3})} = -(2-\sqrt{3})^{n-2}$$

$$\Rightarrow b_n = \frac{(2+\sqrt{3}) + (2-\sqrt{3})^{n-1}}{1 + (2-\sqrt{3})^{n-2}} \quad (n \geq 1)$$

这即为数列$\{b_n\}$的通项公式.

(ii)注意到数列$\{a_n\}$,$\{b_n\}$的所有项均为正数,而且

$$b_1 b_2 \cdots b_{n-2} = \frac{a_{n-1} a_n}{a_1 a_2}(n \geq 3) = a_{n-1} a_n \Rightarrow \ln a_{n-1} + \ln a_n = \ln(b_1 b_2 \cdots b_{n-2}) \tag{4}$$

作代换,令
$$t_n = \ln a_n, B_{n-2} = \ln(b_1 b_2 \cdots b_{n-2}) \quad (n \geq 3)$$
于是式(4)转化为
$$t_n + t_{n-1} = B_{n-2} \quad (n \geq 3)$$
$$\Rightarrow (-1)^n t_n - (-1)^{n-1} t_{n-1} = (-1)^n B_{n-2}$$
$$\Rightarrow (-1)^k t_k - (-1)^{k-1} t_{k-1} = (-1)^k B_{k-2} \quad (3 \leq k \leq n)$$
$$\Rightarrow \sum_{k=3}^{n} [(-1)^k t_k - (-1)^{k-1} t_{k-1}] = \sum_{k=3}^{n} (-1)^k B_{k-2}$$
$$\Rightarrow (-1)^n t_n - (-1)^2 t_2 = \sum_{k=3}^{n} (-1)^k B_{k-2}$$

注意到 $t_2 = \ln a_2 = \ln 1 = 0$ 得
$$t_n = (-1)^n \sum_{k=3}^{n} (-1)^k B_{k-2}$$
$$\Rightarrow \ln a_n = (-1)^n \sum_{k=3}^{n} (-1)^k B_{k-2}$$
$$\Rightarrow a_n = e^{f(n)} \tag{5}$$

其中
$$f(n) = (-1)^n \sum_{k=3}^{n} (-1)^k B_{k-2}$$
$$B_{k-2} = \ln(b_1 b_2 \cdots b_{k-2}) \quad (3 \leq k \leq n)$$

式(5)即为数列 $\{a_n\}$ 的通项.

通过上述探讨知,虽然数列 $\{a_n\}$ 的递推式
$$a_{n+1} = \frac{1 + a_{n-1} a_n}{a_{n-2}} \quad (n \geq 3) \tag{1}$$
显得简洁美观,但是它涉及连续四项 $a_{n-2}, a_{n-1}, a_n, a_{n+1}$ 的分式递推式,欲求出它的通项公式却颇费周折,让人感到"不经一番寒彻骨,怎得梅花扑鼻香."

(二)

俄罗斯中学奥数中有一道非常优美的数列题:

例2 在无穷数列 $\{x_n\}$ 中,$x_1 > 1, x_1 \in \mathbf{Q}^+$,且
$$x_{n+1} = x_n + \frac{1}{[x_n]} \quad (n \in \mathbf{Q}^+) \tag{1}$$
求证:数列 $\{x_n\}$ 中有无穷多个项为正整数.

可以说数列$\{x_n\}$中的各项均为正有理数,而且其递推式(1)并不复杂,非常简洁,但却含有高斯符号"[ ]",根据题目的结论知,无穷数列$\{x_n\}$中有无穷多项为正整数,那么余下的无穷多项均为正分数.

于是,我们试问:"数列$\{x_n\}$中哪些项才是正整数呢?"看来这个问题提得好,提得妙,但要准确地回答它,就不那么容易了.

"精诚所至,金石为开",我们不妨投石问路:设无穷数列$\{x_n\}$中所有正整数的项依次为
$$x_{a_1}, x_{a_2}, \cdots, x_{a_n}, \cdots$$
那么由下标组成的无穷正整数列$\{a_n\}$的通项可求吗?

这个新的问题虽然抽象,却具有抽象美、趣味美,让人产生美妙的联想……

(i) 当$x_1 = m (m \geq 2, m \in \mathbf{N}^+)$时,利用递推式(1)进行推算
$$x_2 = m + \frac{1}{m}, x_3 = m + \frac{2}{m}, \cdots, x_m = m + \frac{m-1}{m}$$
$$x_{m+1} = x_m + \frac{1}{[x_m]} = (m + \frac{m-1}{m}) + \frac{1}{m} = m + 1, \cdots$$

如此继续下去,得
$$x_1 = m, x_{m+1} = m+1, x_{2m+2} = m+2, x_{3m+4} = m+3$$
$$x_{4m+7} = m+4, \cdots, x_{a_n} = m + n - 1 \qquad (2)$$

其中下标数列$\{a_n\}$满足规律
$$a_1 = 1, a_2 = m+1, a_3 = 2m+2, a_4 = 3m+4, a_5 = 4m+7, \cdots$$

它具有递推关系
$$a_{n+1} = a_n + (m + n - 1) \quad (n \geq 1)$$
$$\Rightarrow a_n - a_{n-1} = (m-2) + n \quad (n \geq 2)$$
$$\Rightarrow a_n = (a_n - a_{n-1}) + (a_{n-1} - a_{n-2}) + \cdots + (a_n - a_1) + a_1$$
$$= (n-1)(m-2) + (2 + 3 + \cdots + n) + 1 = (n-1)(m-2) + \frac{1}{2}n(n+1)$$

$$\Rightarrow a_n = (n-1)m + \frac{1}{2}(n-1)(n-2) + 1 \quad (n \geq 1)$$

这种情况说明:当$m \geq 2$为给定正整数即$x_1 = m \geq 2$为整常数时,无穷数列$\{x_n\}$的第1项、第$m+1$项、第$2m+2$项、第$3m+4$项、第$4m+7$项、$\cdots$、第a_n项、$\cdots$均为正整数,且
$$x_{a_n} = m + n - 1 \in \mathbf{N}^+$$

(ii) 当$x_1 \notin \mathbf{N}^+$时,设$x_1 = m + \frac{q}{p}$,其中$m \geq 1, 1 \leq q < p, m, p, q \in \mathbf{N}^+$,且$(p, q) = 1$.

下面分两种情况讨论:

(1°) 当 $p \mid m$ 时,设 $m = rp (r \in \mathbf{N}^+)$ 有

$$x_1 = rp + \frac{q}{p} = m + \frac{q}{p}$$

$$x_2 = m + \frac{q}{p} + \frac{1}{rp}$$

$$x_3 = m + \frac{q}{p} + \frac{2}{rp}$$

$$\vdots$$

$$x_{r(p-q)+1} = m + \frac{q}{p} + \frac{r(p-q)}{rp} = m + 1$$

利用前面的结论,继续下去,将产生无穷多项正整数,其通项为

$$x_{T(k)} = m + k \quad (k \in \mathbf{N}^+) \tag{3}$$

其中 $\qquad T(k) = r(p-q) + (k-1)m + \frac{1}{2}(k-1)k + 1$

也可以将式(3)改写为

$$x_{b_n} = m + n \quad (n \in \mathbf{N}^+)$$

其中

$$b_n = r(p-q) + (n-1)m + \frac{1}{2}n(n-1) + 1$$

(2°) 当 $p \nmid m$ 时,总存在一个正整数 k,使得 $p \mid (m+k)$,设 $k = \lambda p - m \in \mathbf{N}^+$,即 $m + k = \lambda p$.

仿照上面,继续操作

$$x_1 = m + \frac{q}{p}, x_{m+1} = m + 1 + \frac{q}{p}$$

$$x_{2m+2} = m + 2 + \frac{q}{p}$$

$$\vdots$$

$$x_{f(k+1)} = m + k + \frac{q}{p}$$

其中 $\qquad f(k+1) = km + k$

再继续操作下去,有

$$x_{f(k+1)+t+1} = m + k + \frac{q}{p} + \frac{t}{m+k} = m + k + \frac{q}{p} + \frac{t}{\lambda p}$$

取 $t = \lambda(p-q) \in \mathbf{N}^+$,且记

$$g(k+1) = G(k) = f(k+1) + \lambda(p-q) + 1$$

$$x_{G(k)} = m + k + \frac{q}{p} + \frac{\lambda(p-q)}{\lambda p} = m + k + 1$$

再继续操作下去将有
$$x_{G(k)+m+k+1} = m+k+2$$
$$x_{G(k)+2(m+k)+3} = m+k+3$$
$$x_{G(k)+3(m+k)+6} = m+k+4$$
$$\vdots$$
$$x_{G(k)+(h-1)(m+k)+C_h^2} = m+k+h$$

其中 $C_h^2 = \frac{1}{2}h(h-1) \quad (h=1,2,\cdots)$

如果记 $\beta(k,h) = G(k)+(h-1)(m+k)+C_h^2$ 那么
$$x_{\beta(k,h)} = m+k+h \tag{4}$$

由于 h 可取所有正整数,因此 $\beta(k,h)$ 就有无穷多个正整数值,因此已知数列 $\{x_n\}$ 中,不论 x_1 取大于或等于 2 的正整数,还是取大于 1 的有理数,均有无穷多个正整数.

(ⅲ)式(4)中的下标比较庞大复杂,具体是
$$\beta(k,h) = G(k)+(h-1)(m+k)+C_h^2$$

其中
$$G(k) = f(k+1)+\lambda(p-q)+1$$
$$f(k+1) = km+a_{k+1}$$
$$a_{k+1} = \frac{1}{2}k(k-1)+1$$
$$C_h^2 = \frac{1}{2}h(h-1), \lambda = \frac{m+k}{p}$$

即为
$$\beta(k,h) = km+\frac{1}{2}k(k-1)+2+\frac{m+k}{p}(p-q)+$$
$$(h-1)(m+k)+\frac{1}{2}h(h-1) \quad (h=1,2,\cdots)$$

这一惊人的结果在考验人的耐心.

(ⅳ)若将递推式(1)改变为
$$x_{n+1} = [x_n] + \frac{1}{[x_n]}$$

与
$$x_{n+1} = [x_n] + \frac{1}{x_n}$$

显然不可能.

若将式(1)改为
$$x_{n+1} = x_n - \frac{1}{[x_n]} \tag{5}$$

那么情况又将如何呢?

为了探讨递推式(2),我们不妨先取

$$x_1 = m \ (m \geq 2, m \in \mathbf{N}^+)$$

$$\Rightarrow x_2 = m - \frac{1}{m} = (m-1) + (1 - \frac{1}{m})$$

$$\Rightarrow x_3 = (m - \frac{1}{m}) - \frac{1}{m-1}$$

$$\Rightarrow x_4 = (m - \frac{1}{m} - \frac{1}{m-1}) - \frac{1}{m-1} = m - \frac{1}{m} - \frac{2}{m-1}$$

$$= (m-1) + (1 - \frac{1}{m} - \frac{1}{m-1})$$

$$\vdots$$

$$\Rightarrow x_{t+2} = m - \frac{1}{m} - \frac{t}{m-1}$$

令

$$\frac{1}{m} + \frac{t}{m-1} = 1 \Rightarrow t = \frac{(m-1)^2}{m} \notin \mathbf{N}^+$$

这表明当首项 x_1 取整数 $m \geq 2$ 时,往后数列 $\{x_n\}$ 的所有项均不为正整数.

再设 $x_1 = m + \frac{q}{p}$,其中 $p, q, m \in \mathbf{N}^+$,且 $m \geq 1, 1 \leq q < p, (p,q) = 1$,那么有

$$x_1 = m + \frac{q}{p} \Rightarrow x_2 = m + \frac{q}{p} - \frac{1}{m}$$

$$\Rightarrow x_3 = m + \frac{q}{p} - \frac{1}{m} - \frac{1}{m-1}$$

$$\Rightarrow x_4 = m + \frac{q}{p} - \frac{1}{m} - \frac{2}{m-1}$$

$$\vdots$$

$$\Rightarrow x_{t+2} = m + \frac{q}{p} - \frac{1}{m} - \frac{t}{m-1}$$

令

$$\frac{q}{p} - \frac{1}{m} - \frac{t}{m-1} = -1$$

$$\Rightarrow t = \frac{m-1}{p} \cdot \frac{(p+q)m - p}{m} \tag{6}$$

注意到 $(m-1, m) = 1$,观察式(6)知,欲使 $t \in \mathbf{N}^+$,必须 $p \mid (m-1), m \mid p$,显然这是不可能的,因此 $t \notin \mathbf{N}^+$.

这表明,当 x_1 取大于1的正分数时,满足递推式(5)的无穷数列 $\{x_n\}$ 无正整数项.

综合上述,我们得到结论:

设 $\{x_n\}$ 为无穷正有理数列,且

$$x_1 > 1, x_{n+1} = x_n - \frac{1}{[x_n]} \tag{5}$$

如果首项 $x_1 = m \geq 2(m \in \mathbf{N}^+)$,那么数列 $\{x_n\}$ 只有一项 $x_1 \in \mathbf{N}^+$ 为正整数;如果 $x_1 > 1$ 且 $x_1 \notin \mathbf{N}^+$,那么对一切 n,数列 $\{x_n\}$ 中没有正整数项.

(三)

1999年全国高中数学联赛中有一道关于数列的妙题是:

例3 给定正整数 n 和正数 M,对于满足条件 $a_1^2 + a_{n+1}^2 \leq M$ 的所有等差数列 $\{a_n\}$,试求 $S = a_{n+1} + a_{n+2} + \cdots + a_{2n+1}$ 的最大值.

我们先用四种方法解答本题.

解法一 设等差数列 $\{a_n\}$ 的公差为 d,$a_{n+1} = \alpha$,则

$$S = a_{n+1} + a_{n+2} + \cdots + a_{2n+1} = (n+1)\alpha + \frac{n(n+1)}{2}d$$

$$\Rightarrow \alpha + \frac{nd}{2} = \frac{S}{n+1}$$

$$\Rightarrow M \geq a_1^2 + a_{n+1}^2 = (\alpha - nd)^2 + \alpha^2$$

$$= \frac{4}{10}(\alpha + \frac{nd}{2})^2 + \frac{1}{10}(4\alpha - 3nd)^2$$

$$\geq \frac{4}{10}(\frac{S}{n+1})^2$$

$$\Rightarrow |S| \leq \frac{\sqrt{10}}{2}(n+1)\sqrt{M}$$

等号成立仅当

$$\begin{cases}(\alpha - nd)^2 + \alpha^2 = M \\ 4\alpha - 3nd = 0\end{cases} \Rightarrow \begin{cases}\alpha = \frac{3}{\sqrt{10}}\sqrt{M} \\ d = \frac{4}{\sqrt{10}} \cdot \frac{\sqrt{N}}{n}\end{cases}$$

$$\Rightarrow S = (n+1)(\frac{3}{\sqrt{10}} \cdot \sqrt{M} + \frac{n}{2} \cdot \frac{4}{\sqrt{10}} \cdot \frac{\sqrt{M}}{n}) = (n+1)\frac{5}{\sqrt{10}}\sqrt{M}$$

$$= \frac{\sqrt{10}}{2}(n+1)\sqrt{M}$$

且由于此时 $4\alpha = 3nd$,故

$$a_1^2 + a_{n+1}^2 = \frac{1}{10}\left(\frac{S}{n+1}\right)^2$$
$$= \frac{4}{10} \times \frac{10}{4}M = M$$
$$S_{\max} = \frac{\sqrt{10}}{2}(n+1)\sqrt{M}$$

解法二 利用柯西(Cauchy)不等式有

$$S = a_{n+1} + a_{n+2} + \cdots + a_{2n+1} = \frac{n+1}{2}(a_{n+1} + a_{2n+1})$$
$$= \frac{n+1}{2}(a_{n+1} + 2a_{n+1} - a_1)$$
$$= \frac{n+1}{2}(3a_{n+1} - a_1)$$
$$\leq \frac{n+1}{2}\sqrt{[3^2 + (-1)^2](a_{n+1}^2 + a_1^2)}$$
$$\leq \frac{n+1}{2}\sqrt{10M}$$

等号成立仅当

$$\begin{cases} a_1^2 + a_{n+1}^2 = M \\ \dfrac{a_{n+1}}{3} = \dfrac{a_1}{(-1)} \end{cases} \Rightarrow \begin{cases} a_1 = -\dfrac{\sqrt{10M}}{10} \\ a_{n+1} = \dfrac{3\sqrt{10M}}{10} \end{cases} \Rightarrow S_{\max} = \frac{n+1}{2}\sqrt{10M} = \frac{\sqrt{10}}{2}(n+1)\sqrt{M}$$

解法三 利用三角换元,设

$$\begin{cases} a_1 = \sqrt{M}\gamma\sin\theta \\ a_{n+1} = \sqrt{M}\gamma\cos\theta \end{cases} \quad (0 < \gamma \leq 1, 0 \leq \theta < 2\pi)$$

$$\Rightarrow S = \frac{n+1}{2}(a_{n+1} + a_{2n+1}) = \frac{n+1}{2}(3a_{n+1} - a_1)$$
$$= \frac{n+1}{2}(3\sqrt{M}\gamma\cos\theta - \sqrt{M}\gamma\sin\theta) = \frac{n+1}{2}\sqrt{10M} \cdot \gamma\cos(\theta+\varphi)$$
$$\leq \frac{\sqrt{10}}{2}(n+1)\sqrt{M}$$

等号成立仅当

$$\begin{cases} \gamma = 1, \theta + \varphi = 2\pi \\ \tan\varphi = \dfrac{1}{3}, \tan\theta = -\dfrac{1}{3} \end{cases} \Rightarrow \begin{cases} a_1 = -\dfrac{\sqrt{10M}}{10} \\ a_{n+1} = \dfrac{3\sqrt{10M}}{10} \end{cases} \Rightarrow S_{\max} = \frac{\sqrt{10}}{2}(n+1)\sqrt{M}$$

解法四 设等差数列$\{a_n\}$的公差为d,那么

$$S = a_{n+1} + a_{n+2} + \cdots + a_{2n+1}$$
$$= (a_1 + nd) + [a_1 + (n+1)d] + \cdots + (a_1 + 2nd)$$
$$= \frac{n+1}{2}(2a_1 + 3nd)$$

设 λ, μ 为待定系数,应用柯西不等式有

$$M(\lambda^2 + \mu^2) \geq [a_1^2 + (a_1 + nd)^2](\lambda^2 + \mu^2)$$
$$\geq [\lambda a_1 + \mu(a_1 + nd)]^2 = [(\lambda + \mu)a_1 + n\mu d]^2$$
$$\Rightarrow M(\lambda^2 + \mu^2) \geq [(\lambda + \mu)a_1 + n\mu d]^2 \tag{1}$$

令 $\begin{cases} \lambda + \mu = n+1 \\ n\mu = \frac{3}{2}n(n+1) \end{cases} \Rightarrow \begin{cases} \lambda = -\frac{1}{2}(n+1) \\ \mu = \frac{3}{2}(n+1) \end{cases}$

$$\Rightarrow \lambda^2 + \mu^2 = \frac{10}{4}(n+1)^2$$

$$\Rightarrow |S| \leq \sqrt{(\lambda^2 + \mu^2)M} = \frac{\sqrt{10}}{2}(n+1)\sqrt{M} \tag{2}$$

等号成立仅当

$$\begin{cases} a_1^2 + (a_1 + nd)^2 = M \\ \left(\frac{a_1 + nd}{a_1}\right)^2 = \left(\frac{\mu}{\lambda}\right)^2 = 9 \end{cases} \Rightarrow \begin{cases} |a_1| = \frac{\sqrt{10}}{10}\sqrt{M} \\ |a_1 + nd| = \sqrt{\frac{9}{10}M} \end{cases} \Rightarrow S_{\max} = \frac{\sqrt{10}}{2}(n+1)\sqrt{M}$$

本赛题不仅优美,而且具有趣味性. 它主要考查赛者如何灵活巧妙地应用等差数列的基本知识解题. 上述解法一的特点是巧妙配方, 解法二的特点是巧妙应用柯西不等式, 解法三的特点是巧妙应用三角代换, 解法四的特点是巧妙应用待定系数. 总之, 以上四种解法"八仙过海, 各显神通", 均有异曲同工之妙.

一种优美的解法,常常启发我们进行思考,然后将题目进行漂亮的推广,上面的解法四启示我们,本题可以推广为:

推广 1 设 M 为正常数, p, q, k, m 为给定的自然数, 且满足 $0 \leq k < m$, $0 \leq p < \frac{1}{2}(m+k) \leq q$, 指数 $\theta > 1$; 等差正数列 $\{a_n\}$ 满足

$$a_{p+1}^\theta + a_{q+1}^\theta \leq M \tag{1}$$

求 $S = a_{k+1} + a_{k+2} + \cdots + a_{m+1}$ 的最大值.

显然,当取 $\theta = 2, p = 0, q = n, k = n, m = 2n$ 时,此推广即为本题.

解 设等差数列 $\{a_n\}$ 的首项为 a_1, 公差为 d, 那么

$$\begin{aligned} S &= a_{k+1} + a_{k+2} + \cdots + a_{m+1} \\ &= (a_1 + kd) + [a_1 + (k+1)d] + \cdots + (a_1 + md) \\ &= (m-k+1)a_1 + \frac{1}{2}(m-k+1)(m+k)d \end{aligned} \tag{2}$$

注意到 $\theta > 1$ 有

$$\frac{1}{\theta} + \frac{\theta-1}{\theta} = 1$$

设 λ, μ 为正参数,应用赫尔德(Hölder)不等式有

$$\begin{aligned} & M^{\frac{1}{\theta}} \left(\lambda^{\frac{\theta}{\theta-1}} + \mu^{\frac{\theta}{\theta-1}} \right)^{\frac{\theta-1}{\theta}} \\ & \geq \left(a_{p+1}^{\theta} + a_{q+1}^{\theta} \right)^{\frac{1}{\theta}} \left(\lambda^{\frac{\theta}{\theta-1}} + \mu^{\frac{\theta}{\theta-1}} \right)^{\frac{\theta-1}{\theta}} \\ & \geq \lambda a_{p+1} + \mu a_{q+1} = \lambda(a_1 + pd) + \mu(a_1 + qd) \\ & = (\lambda + \mu)a_1 + (\lambda p + \mu q)d \end{aligned} \tag{3}$$

式(2)与式(3)相对应比较得

$$\begin{cases} \lambda + \mu = m - k + 1 \\ \lambda p + \mu q = \frac{1}{2}(m-k+1)(m-k) \end{cases} \Rightarrow \begin{cases} \lambda = \dfrac{(m-k+1)\left(q - \dfrac{m+k}{2}\right)}{q-p} \\ \mu = \dfrac{(m-k+1)\left(\dfrac{m+k}{2} - p\right)}{q-p} \end{cases}$$

$$\Rightarrow S \leq S_{\max} = M^{\frac{1}{\theta}} \left(\lambda^{\frac{\theta}{\theta-1}} + \mu^{\frac{\theta}{\theta-1}} \right)^{\frac{\theta-1}{\theta}}$$

$$= M^{\frac{1}{\theta}} \left(\frac{m-k+1}{q-p} \right) \left[\left(q - \frac{m+k}{2} \right)^{\frac{\theta}{\theta-1}} + \left(\frac{m+k}{2} - p \right)^{\frac{\theta}{\theta-1}} \right]^{\frac{\theta-1}{\theta}}$$

特别地,如果设 $t \in \mathbf{N}^+$,当

$$\frac{\theta}{\theta-1} = 2t \Rightarrow \theta = \frac{2t}{2t-1} > 1$$

时,允许 $q < \frac{1}{2}(m+k)$.

如,此时我们取

$$(k, m, p, q, \theta) = (n, 2n, 0, n, 2)$$

$$\Rightarrow S \leq S_{\max} = \sqrt{M} \left(\frac{2n - n + 1}{n} \right) \left[\left(n - \frac{3}{2}n \right)^2 + \left(\frac{3}{2}n - 0 \right)^2 \right]^{\frac{1}{2}}$$

$$= \frac{\sqrt{10}}{2}(n+1)\sqrt{M}$$

这恰好是原题我们求得的结论.

由于赫尔德不等式在数学中的应用非常广泛,因此,我们又可将前述推广中的已知条件

$$a_{p+1}^{\theta} + a_{q+1}^{\theta} \leq M \tag{1}$$

改进为

$$(xa_{p+1})^{\theta} + (ya_{q+1})^{\theta} \leq M$$

(其中 x, y 为已知正常数),那么有

$$M^{\frac{1}{\theta}}(\lambda^{\frac{\theta}{\theta-1}} + \mu^{\frac{\theta}{\theta-1}})^{\frac{\theta-1}{\theta}}$$

$$\geq \lambda x a_{p+1} + \mu y a_{q+1} = \lambda x (a_1 + pd) + \mu y (a_1 + qd)$$

$$= (\lambda x + \mu y) a_1 + (\lambda x p + \mu q y) d$$

令

$$\begin{cases} \lambda x + \mu y = m - k + 1 \\ \lambda x p + \mu y q = \frac{1}{2}(m - k + 1)(m + k) \end{cases} \Rightarrow \begin{cases} \lambda = \frac{m-k+1}{x(q-p)} \left(q - \frac{m+k}{2} \right) \\ \mu = \frac{m-k+1}{y(q-p)} \left(\frac{m+k}{2} - p \right) \end{cases}$$

$$\Rightarrow S \leq S_{\max} = M^{\frac{1}{\theta}} (\lambda^{\frac{\theta}{\theta-1}} + \mu^{\frac{\theta}{\theta-1}})^{\frac{\theta-1}{\theta}}$$

$$= M^{\frac{1}{\theta}} \cdot \frac{m-k+1}{2(p-q)} \left[\left(\frac{2q-m-k}{x} \right)^{\frac{\theta}{\theta-1}} + \left(\frac{m+k-2p}{y} \right)^{\frac{\theta}{\theta-1}} \right]^{\frac{\theta-1}{\theta}}$$

此外,也可以将条件式

$$(xa_{p+1})^{\theta} + (ya_{q+1})^{\theta} \leq M$$

又改变为

$$(xS_{p+1})^{\theta} + (yS_{q+1})^{\theta} \leq M$$

还可以将要求的和式

$$S = a_{k+1} + a_{k+2} + \cdots + a_{m+1}$$

改变为

$$T = S_{k+1} + S_{k+2} + \cdots + S_{m+1}$$

比如,当 $\theta > 1$ 时

$$M \geq (xS_{p+1})^{\theta} + (yS_{q+1})^{\theta}$$

$$= \left[\frac{p+1}{2}(a_1 + pd)x \right]^{\theta} + \left[\frac{q+1}{2}(a_1 + qd)y \right]^{\theta}$$

注意到

$$\sum_{i=1}^{m} i(i+1) = \sum_{i=1}^{m} i^2 + \sum_{i=1}^{m} i = \frac{1}{6}m(m+1)(2m+1) + \frac{1}{2}m(m+1)$$

$$\sum_{i=1}^{k-1} i(i+1) = \frac{1}{6}k(k-1)(2k-1) + \frac{1}{2}k(k-1)$$

于是

$$T = S_{k+1} + S_{k+2} + \cdots + S_{m+1}$$

$$= \frac{1}{2}(k+1)(a_1 + kd) + \frac{k+2}{2}[a_1 + (k+1)d] + \cdots + \frac{m+1}{2}(a_1 + md)$$

$$= \frac{1}{2}a_1[(k+1)+(k+2)+\cdots+m]+$$
$$\frac{1}{2}d[k(k+1)+(k+1)(k+2)+\cdots+m(m+1)]$$
$$=Aa_1+Bd$$

其中
$$A=\frac{1}{4}(m-k)(m+k+1)$$
$$B=\frac{1}{4}[k(k+1)+(k+1)(k+2)+\cdots+m(m+1)]$$
$$=\frac{1}{2}\left[\sum_{i=1}^{m}i(i+1)-\sum_{i=1}^{k-1}i(i+1)\right]$$
$$=\frac{1}{6}[m(m-1)(m+2)-k(k^2-1)]$$

仍然设 λ,μ 为待定系数,有
$$M^{\frac{1}{\theta}}(\lambda^{\frac{\theta}{\theta-1}}+\mu^{\frac{\theta}{\theta-1}})^{\frac{\theta-1}{\theta}}$$
$$\geq[(xS_{p+1})^{\theta}+(yS_{q+1})^{\theta}]^{\frac{1}{\theta}}(\lambda^{\frac{\theta}{\theta-1}}+\mu^{\frac{\theta}{\theta-1}})^{\frac{\theta-1}{\theta}}$$
$$\geq \lambda x S_{p+1}+\mu y S_{q+1}=\frac{p+1}{2}(a_1+pd)x\lambda+\mu y(a_1+qd)\left(\frac{q+1}{2}\right)$$
$$=\frac{1}{2}[(p+1)x\lambda+(q+1)y\mu]a_1+\frac{1}{2}[(p+1)px\lambda+(q+1)qy\mu]d$$
$$=T=Aa_1+Bd$$
$$\Rightarrow \begin{cases}(p+1)x\lambda+(q+1)y\mu=2A\\(p+1)px\lambda+(q+1)qy\mu=2B\end{cases}$$
$$\Rightarrow \begin{cases}\lambda=\dfrac{2(qA-B)}{x(p+1)(q-p)}\\\mu=\dfrac{2(B-pA)}{y(q+1)(q-p)}\end{cases}$$
$$\Rightarrow T\leq T_{\max}=M^{\frac{1}{\theta}}(\lambda^{\frac{\theta}{\theta-1}}+\mu^{\frac{\theta}{\theta-1}})^{\frac{\theta-1}{\theta}}$$

(四)

有一道传统的数列妙题是:

例4 设 a 为正整常数,数列 $\{x_n\}$ 的通项公式为

$$x_n = \frac{n}{n+a} \quad (n \in \mathbf{N}^+)$$

那么对任意正整数 n，数列的项 x_n 总可以表示为其他两项的乘积.

分析 这个问题确实有趣，显然，$\{x_n\}$ 是无穷有理分数数列，我们先设 n，n_1，n_2 均为正整数，且满足

$$x_n = x_{n_1} \cdot x_{n_2}$$

$$\Rightarrow \frac{n}{n+a} = \left(\frac{n_1}{n_1+a}\right)\left(\frac{n_2}{n_2+a}\right) = \frac{n_1 n_2}{[n_1 n_2 + a(n_1+n_2) + a^2 - a] + a}$$

比较此式两边的对应关系，得

$$\begin{cases} n_1 n_2 = n \\ n_1 n_2 + a(n_1+n_2) + a^2 - a = n \end{cases} \Rightarrow n_1 + n_2 = 1 - a \leq 0$$

矛盾. 因此欲证此题，需另寻他路.

证明 设 $n, m, k \in \mathbf{N}^+$，使得

$$x_n = x_m x_k$$

如果

$$\frac{m}{m+a} + \frac{k}{k+a} = \frac{n}{n+a} \quad (m \leq k)$$

$$\Rightarrow k = \frac{n(m+a)}{m-n} \in \mathbf{N}^+$$

$$\Rightarrow m > n$$

令 $t = m - n \in \mathbf{N}^+$

$$\Rightarrow k = n + \frac{n(n+a)}{t}$$

$$\Rightarrow \left.\begin{array}{l} t \mid n(n+a) \\ m \leq k \end{array}\right\} \Rightarrow m = n + t \leq k = n + \frac{n(n+a)}{t}$$

$$\Rightarrow t \leq \frac{n(n+a)}{t} \Rightarrow t \leq \sqrt{n(n+a)}$$

$$\Rightarrow 1 \leq t \leq [\sqrt{n(n+a)}]$$

且 $t \mid n(n+a)$

又 $x_m x_k = \frac{m}{m+a} \cdot \frac{k}{k+a}$

$$= \frac{m}{m+a} \cdot \frac{\frac{n(m+a)}{m-n}}{\frac{n(m+a)}{m-n}+a} = \frac{m}{m+a} \cdot \frac{n(m+a)}{m(n+a)} = \frac{n}{n+a}$$

$$\Rightarrow x_n = x_m x_k$$

即存在正整数 m, k, n，使得

$$x_n = x_m x_k$$

成立,特别地,当 $t=1$ 时

$$m = n+1$$
$$\Rightarrow k = n(m+a) = n(n+1+a)$$
$$\Rightarrow x_m x_k = \frac{m}{m+a} \cdot \frac{k}{k+a} = \frac{n+1}{n+1+a} \cdot \frac{n(n+1+a)}{n(n+1+a)+a}$$
$$= \frac{n+1}{n+1+a} \cdot \frac{n(n+1+a)}{(n+1)(n+a)} = \frac{n}{n+a}$$
$$\Rightarrow x_n = x_{n+1} \cdot x_{n(n+1+a)}$$

即命题总成立,且当 t 为 $n(n+a)$ 的因数,$1 \leq t \leq [\sqrt{n(n+a)}]$ 时,总有

$$x_n = x_{n+t} \cdot x_k$$

其中 $k = n + \frac{n(n+a)}{t}$.

上述证明思路是先假设在方程

$$x_n = x_m + x_k \Leftrightarrow \frac{n}{n+a} = \frac{m}{m+a} + \frac{k}{k+a}$$

中求解正整数 m, k,得

$$\begin{cases} m = n+t \\ k = n + \dfrac{n(n+a)}{t} \end{cases}$$

其中 $t \mid n(n+a)$,且 $1 \leq t \leq [\sqrt{n(n+a)}]$,验证了

$$x_n = x_m + x_k = x_m x_k$$

从而证明题目中的结论成立.

此法确实太美妙太奇巧,显得趣味无穷,但是,此种思路显得天马行空太巧合,使人感到不易想到,那么欲证本题还有更自然的新思路吗?

我们设 $n, p, q \in \mathbf{N}^+$,满足条件

$$x_n = x_p \cdot x_q$$
$$\Rightarrow \frac{n}{n+a} = \frac{p}{p+a} \cdot \frac{q}{q+a} \tag{1}$$
$$\Rightarrow 1 + \frac{a}{n} = \left(1 + \frac{a}{p}\right)\left(1 + \frac{a}{q}\right)$$
$$\Rightarrow \frac{1}{p} + \frac{1}{q} + \frac{a}{pq} = \frac{1}{n}$$
$$\Rightarrow \frac{1}{ap} + \frac{1}{aq} + \frac{1}{pq} = \frac{1}{an} \tag{2}$$

方程(2)中 $a, n \in \mathbf{N}^+$ 是已知常数,p, q 是未知数,设 x, y, z 是合数 an 的三个因数,满足条件 $1 \leq x \leq y \leq z \leq an$,那么分式方程(2)有正整数解

$$\begin{cases} ap = \dfrac{na}{x}(x+y+z) \\ aq = \dfrac{na}{y}(x+y+z) \\ pq = \dfrac{na}{z}(x+y+z) \end{cases} \quad (3)$$

$$\Rightarrow \begin{cases} p = \dfrac{n}{x}(x+y+z) \\ q = \dfrac{n}{y}(x+y+z) \\ pq = \dfrac{na}{z}(x+y+z) \end{cases} \quad (4)$$

$$\Rightarrow axy = nz(x+y+z) \quad (5)$$

这表明:只要 an 的因数 x,y,z 满足式(5),那么式(4)中的 p,q 就是方程(3)的解,就是方程(2)的正整数解,所以式(1)成立,从而本题得证.

进一步地,根据数列的递推性,本题的结论可以引申为:数列 $\{x_n\}$ 的项 x_n 可以表示为其他若干项之积,即对分数数列 $\{x_n\}$,有

$$x_n = \frac{n}{n+a} \quad (n \in \mathbf{N}^+, a \in \mathbf{N}^+ \text{为已知常数})$$

存在正整数 $m_1, m_2, \cdots, m_k (k \geqslant 2)$ 满足

$$x_n = x_{m_1} \cdot x_{m_2} \cdot \cdots \cdot x_{m_k} \quad (6)$$

即关于 $m_1, m_2, \cdots, m_k$ 的方程

$$\frac{m_1}{m_1+a} \cdot \frac{m_2}{m_2+a} \cdot \cdots \cdot \frac{m_k}{m_k+a} = \frac{n}{n+a}$$

$$\Leftrightarrow \left(1+\frac{a}{m_1}\right)\left(1+\frac{a}{m_2}\right)\cdots\left(1+\frac{a}{m_k}\right) = 1+\frac{a}{n}$$

有正整数解.

而事实上,从我们在前面得到的特例

$$x_n = x_{n+1} x_{n(n+1+a)}$$

进行连续迭代,知式(6)有特解

$$m_1 = n(n+1+a)$$
$$m_2 = (n+1)(n+2+a)$$
$$\vdots$$
$$m_k = (n+k-1)(n+k+a)$$
$$m_{k+1} = n+k$$

(或 $m_{k-1} = (n+k-2)(n+k-1+a), x_k = n+k-1$)

另外,我们简记

$$m = \sqrt[k]{m_1 m_2 \cdots m_k}$$

应用赫尔德不等式有

$$1 + \frac{a}{n} \geq (1 + \frac{a}{m})^k$$

$$\Rightarrow \sqrt[k]{1 + \frac{a}{n}} \geq 1 + \frac{a}{m}$$

$$\Rightarrow \sqrt[k]{1 + \frac{a}{n}} - 1 \geq \frac{a}{m}$$

$$\Rightarrow m \geq \frac{a}{\sqrt[k]{1 + \frac{a}{n}} - 1}$$

$$\Rightarrow \sqrt[k]{m_1 m_2 \cdots m_k} \geq \frac{a}{\sqrt[k]{1 + \frac{a}{n}} - 1}$$

简记

$$\beta = \sqrt[k]{1 + \frac{a}{n}} = \frac{a(\beta^{k-1} + \beta^{k-2} + \cdots + \beta + 1)}{\beta^k - 1} = (1 + \beta + \cdots + \beta^{k-1})$$

$$\Rightarrow \lim_{n \to \infty} m = n \lim_{n \to \infty} (1 + \beta + \cdots + \beta^{k-1}) = nk$$

$$\Rightarrow \lim_{n \to \infty} (m_1 m_2 \cdots m_k) \geq (nk)^k$$

可见,这一结论真有趣.

(五)

人们常说:"大千世界,无奇不有",有些奥数题目,当你苦苦思索难于入手时,你就觉得它偏、怪、难,当你灵机一动,豁然开窍,巧妙地解答了它之后,心里感到快乐无比,甜蜜无限,又觉得这道题美、妙、趣,比如:

例 5 用 $G(n)$ 表示最接近于 $\frac{(n+3)^2}{12}$ 的整数,那么数列 $\{G(n)\}$ 的通项可求吗?

解 (ⅰ)看到此题,使我们联想到高斯函数 $[n]$,但 $G(n)$ 却与 $[n]$ 既有关联,又有区别,不难知道,对 $x \in \mathbf{R}^+$,设 $[x] = n, \{x\} = \theta(\theta \in [0,1))$,有

$$G(x) = \begin{cases} n & （当 0 \leq \theta < \dfrac{1}{2} 时） \\ n \text{ 或 } n+1 & （当 \theta = \dfrac{1}{2} 时） \\ n+1 & （当 \dfrac{1}{2} < \theta < 1 时） \end{cases}$$

对于本题而言,我们不难求得:$G(1)=1,G(2)=2,G(3)=3,G(4)=4,G(5)=5,G(6)=7,\cdots$.

如果
$$\frac{(n+3)^2}{12} = k + \frac{1}{2}(k \in \mathbf{N}^+) \Rightarrow (n+3)^2 = 4(3k+1) + 2 \equiv 2(\bmod 4)$$

这与 $(n+3)^2 \equiv 0$ 或 $1(\bmod 4)$ 矛盾,因此若设 $G(n)=k$,则
$$k - \frac{1}{2} < \frac{(n+3)^2}{12} < k + \frac{1}{2}$$
$$\Rightarrow k - \frac{1}{2} < \frac{(n+3)^2 + 12n}{12} = \frac{(n-3)^2}{12} + n < k + \frac{1}{2}$$
$$\Rightarrow (k-n) - \frac{1}{2} < \frac{(n-3)^2}{12} < (k-n) + \frac{1}{2}$$
$$\Rightarrow (k-n) - \frac{1}{2} < \frac{[(n-6)+3]^2}{12} < (k-n) + \frac{1}{2}$$
$$\Rightarrow G(n-6) = k - n = G(n) - n$$
$$\Rightarrow G(n) = G(n-6) + n \quad (n \geq 7) \tag{1}$$

（ii）式(1)为数列 $\{G(n)\}$ 的递推公式,它是那么优美,那么简洁,为了方便起见,我们令 $G(n) = a_n (n \in \mathbf{N}^+)$,将式(1)改写为
$$a_n = a_{n-6} + n \quad (n \geq 7) \tag{2}$$

观察式(2)可知,虽然式(2)简洁优美,但它却不是线性递归型,为了进行转化,设 p,q 为待定系数,将该式转化为
$$a_n - pn^2 - qn = a_{n-6} - p(n-6)^2 - q(n-6)$$
$$\Rightarrow a_n - a_{n-6} = 12pn - 6(6p-q) = n$$

对应比较系数得
$$\begin{cases} 12p = 1 \\ 6p - q = 0 \end{cases} \Rightarrow \begin{cases} p = \dfrac{1}{12} \\ q = \dfrac{1}{2} \end{cases}$$

可是,作代换,令
$$b_n = a_n - \frac{1}{12}n^2 - \frac{1}{2}n \quad (n \geq 1) \tag{3}$$
就可将式(2)转化为
$$b_n = b_{n-6} \quad (n \geq 7)$$
此式又等价于
$$b_{n+6} = b_n \quad (n \geq 1) \tag{4}$$
因此新数列$\{b_n\}$是周期为6的周期数列,其前6项为
$$b_1 = a_1 - \frac{1^2}{12} - \frac{1}{2} = 1 - \frac{1}{12} - \frac{1}{2} = \frac{5}{12}$$
$$b_2 = a_2 - \frac{2^2}{12} - \frac{2}{2} = 2 - \frac{1}{3} - 1 = \frac{2}{3}$$
$$b_3 = a_3 - \frac{3^2}{12} - \frac{3}{2} = 3 - \frac{3}{4} - \frac{3}{2} = \frac{3}{4}$$
$$b_4 = a_4 - \frac{4^2}{12} - \frac{4}{2} = 4 - \frac{4}{3} - 2 = \frac{2}{3}$$
$$b_5 = a_5 - \frac{5^2}{12} - \frac{5}{2} = 5 - \frac{25}{12} - \frac{5}{2} = \frac{5}{12}$$
$$b_6 = a_6 - \frac{6^2}{12} - \frac{6}{2} = 7 - 3 - 3 = 1$$

(ⅲ)又新数列$\{b_n\}$的特征方程是
$$x^6 = 1 = \cos 0 + i\sin 0$$
$$\Rightarrow x_k = \cos\frac{2k\pi}{6} + i\sin\frac{2k\pi}{6} = \cos\frac{k\pi}{3} + i\sin\frac{k\pi}{3} \quad (k=0,1,2,3,4,5)$$
还可以由
$$x^6 - 1 = 0 \Rightarrow (x-1)(x+1)(x^2-x+1)(x^2+x+1) = 0$$
求出具体根为
$$x_0 = 1, x_1 = \frac{1}{2} + \frac{\sqrt{3}}{2}i, x_2 = -\frac{1}{2} + \frac{\sqrt{3}}{2}i, x_3 = -1, x_4 = -\frac{1}{2} - \frac{\sqrt{3}}{2}i, x_5 = \frac{1}{2} - \frac{\sqrt{3}}{2}i$$
再设$A_0, A_1, A_2, A_3, A_4, A_5$为待定系数.数列$\{b_n\}$的通项公式为
$$b_n = A_0 x_0^{n-1} + A_1 x_1^{n-1} + A_2 x_2^{n-1} + A_3 x_3^{n-1} + A_4 x_4^{n-1} + A_5 x_5^{n-1} \quad (n=1,2,\cdots) \tag{5}$$
依次取$n=1,2,3,4,5,6$,得到方程组

$$\begin{cases} A_0 + A_1 + A_2 + A_3 + A_4 + A_5 = \dfrac{5}{12} \\ A_0 x_0 + A_1 x_1 + A_2 x_2 + A_3 x_3 + A_4 x_4 + A_5 x_5 = \dfrac{2}{3} \\ A_0 x_0^2 + A_1 x_1^2 + A_2 x_2^2 + A_3 x_3^2 + A_4 x_4^2 + A_5 x_5^2 = \dfrac{3}{4} \\ A_0 x_0^3 + A_1 x_1^3 + A_2 x_2^3 + A_3 x_3^3 + A_4 x_4^3 + A_5 x_5^3 = \dfrac{2}{3} \\ A_0 x_0^4 + A_1 x_1^4 + A_2 x_2^4 + A_3 x_3^4 + A_4 x_4^4 + A_5 x_5^4 = \dfrac{5}{12} \\ A_0 x_0^5 + A_1 x_1^5 + A_2 x_2^5 + A_3 x_3^5 + A_4 x_4^5 + A_5 x_5^5 = 1 \end{cases}$$

再从此方程组中解出 $A_0, A_1, A_2, A_3, A_4, A_5$,代入式(5),再反代入式(3)即得数列 $\{G(n)\}$ 的通项公式.

并且可知,数列 $\{G(n)\}$ 的递推公式很简洁,但求出的通项公式却很庞大,很复杂,这即为本题的偏怪之处.

(六)

有一道趣味小学奥数题是:

原题 1 有四个互不相等的正整数,最小数与其余 3 个数的平均值之和是 17,最大数与其余 3 个数的平均值之和是 29,求最大数的最大值.

我们可以把它推广到任意多个正整数的情形.

例 6 有 $n(n \geqslant 3, n \in \mathbf{N}^+)$ 个互不相等的正整数,最小数与其余 $n-1$ 个数的平均值之和是 p,最大数与其余 $n-1$ 个数的平均值之和是 $q(0 < p < q)$,求最大数的最大值.

解 设这 n 个互不相等的正整数为
$$a_1 < a_2 < \cdots < a_n \quad (n \geqslant 3)$$
$$\Rightarrow a_{k+1} \geqslant a_k + 1 \geqslant a_{k-1} + 2 \geqslant \cdots \geqslant a_1 + k \quad (1 \leqslant k, k \in \mathbf{N}^+)$$
$$\Rightarrow S = a_2 + a_3 + \cdots + a_{n-1}(n \geqslant 3) \geqslant (a_1 + 1) + (a_1 + 2) + \cdots + (a_1 + n - 2)$$
$$= (n-2)a_1 + (1 + 2 + \cdots + (n-2))$$
$$\Rightarrow S \geqslant (n-2)a_1 + \dfrac{1}{2}(n-1)(n-2) \tag{1}$$

依题意有

$$\begin{cases} a_1 + \dfrac{S + a_n}{n-1} = p \\ a_n + \dfrac{S + a_1}{n-1} = q \end{cases} \Rightarrow q - p = \left(1 - \dfrac{1}{n-1}\right)(a_n - a_1) \Rightarrow a_1 = a_n - \dfrac{n-1}{n-2}(q-p) \quad (2)$$

代入式(1),可得

$$S \geqslant (n-2)\left[a_n - \dfrac{n-1}{n-2}(q-p)\right] + \dfrac{(n-1)(n-2)}{2}$$

$$= (n-2)a_n - (n-1)(q-p) + \dfrac{(n-1)(n-2)}{n}$$

$$\Rightarrow p = a_1 + \dfrac{S + a_n}{n-1} \text{(把式(2)代入)}$$

$$= a_n - \dfrac{n-1}{n-2}(q-p) + \dfrac{S + a_n}{n-1} = \dfrac{n}{n-1}a_n - \dfrac{n-1}{n-2}(q-p) + \dfrac{S}{n-1}$$

$$\geqslant \dfrac{na_n}{n-1} - \dfrac{n-1}{n-2}(q-p) + \dfrac{1}{n-1}\left[(n-2)a_n - (n-1)(q-p) + \dfrac{(n-1)(n-2)}{2}\right]$$

$$= 2a_n - \dfrac{n-1}{n-2}(q-p) - (q-p) + \dfrac{n-2}{2} = 2a_n + \dfrac{n-2}{2} - \dfrac{2n-3}{n-2}(q-p)$$

$$\Rightarrow a_n \leqslant \dfrac{1}{2}\left[p + \dfrac{2n-3}{n-2}(q-p) - \dfrac{n-2}{2}\right]$$

$$\Rightarrow \max\{a_n\} = \max(a_n) = \dfrac{(2n-3)q - (n-1)p}{2(n-2)} - \dfrac{n-2}{4} \quad (3)$$

式(3)即为最大数 a_n 可取到的最大值.

(i) 可见,我们将原题推广为例6后,便得到了妙趣横生的结论,其实,进一步地,我们又可求得最小数 a_1 的最大值

$$a_1 = a_n - \dfrac{n-1}{n-2}(q-p) \leqslant \dfrac{1}{2}\left[p + \dfrac{2n-3}{n-2}(q-p) - \dfrac{n-2}{2}\right] - \dfrac{n-1}{n-2}(q-p)$$

$$= \dfrac{1}{2}p - \dfrac{q-p}{2(n-2)} - \dfrac{n-2}{4}$$

$$\Rightarrow \max\{a_n\}_{\min} = \max(a_1) = \dfrac{1}{2}p - \dfrac{q-p}{2(n-2)} - \dfrac{n-2}{4}$$

这即为数列 $\{a_n\}$ 里最小数的最大值.

(ii) 如果记 $T = a_1 + a_n$,则有

$$T \leqslant \left[\dfrac{(2n-3)q - (n-1)p}{2(n-2)} - \dfrac{n-2}{4}\right] + \left[\dfrac{1}{2}p - \dfrac{q-p}{2(n-2)} - \dfrac{n-2}{4}\right] = q - \dfrac{n-2}{2}$$

$$\Rightarrow T_{\max} = q - \dfrac{n-2}{2}$$

特别地,当取 $(n, p, q) = (4, 17, 29)$ 时,经计算

$$\begin{cases} a_4 \leqslant 23 \\ a_1 \leqslant 5 \end{cases} \Rightarrow a_1 + a_4 \leqslant 28$$

（七）

有些特殊的数列,因其具有奇妙性,所以欲求其前 n 项之和并非易事. 需要采取特殊的方法才能成功,如:

例 7 设数列 $\{a_n\}$ 的通项为

$$a_n = \gamma^n \sin(\alpha + n\theta) \quad (n \geqslant 0)$$

其中 α, θ 为已知常数,求和

$$S_n = \sum_{k=0}^{n} a_k$$

分析 （ⅰ）我们通常会求和

$$\sum_{k=0}^{n} \sin(\alpha + k\theta) \text{ 与 } \sum_{k=0}^{n} \cos(\alpha + k\theta)$$

但对于本例中的求和,由于各项多了系数 γ^k 就增加了困难,使我们举步维艰,如果我们将通项 $\gamma^n \sin(\alpha + n\theta)$ 巧妙地转化为

$$\gamma^n \sin(\alpha + n\theta) = S_n - S_{n-1} = P_{n-1} - P_n \Rightarrow S_n + P_n = S_{n-1} + P_{n-1} \tag{1}$$

且易求得

$$\begin{cases} P_n = \dfrac{\gamma^{n+1} \sin[\alpha + (n+1)\theta] - \gamma^{n+2} \sin(\alpha + n\theta)}{1 - 2\gamma \cos\theta + \gamma^2} \\ P_{n-1} = \dfrac{\gamma^n \sin(\alpha + n\theta) - \gamma^{n+1} \sin[\alpha + (n-1)\theta]}{1 - 2\gamma \cos\theta + \gamma^2} \end{cases}$$

再注意到

$$S_0 + \frac{\gamma \sin(\alpha + \theta) - \gamma^2 \sin\alpha}{1 - 2\gamma \cos\theta + \gamma^2} = \sin\alpha + \frac{\gamma \sin(\alpha + \theta) - \gamma^2 \sin\alpha}{1 - 2\gamma \cos\theta + \gamma^2}$$

$$= \frac{\sin\alpha - \gamma \sin(\alpha - \theta)}{1 - 2\gamma \cos\theta + \gamma^2}$$

所以,从式(1)得

$$S_n + P_n = S_{n-1} + P_{n-1} = \cdots = S_0 + P_0 = \frac{\sin\alpha - \gamma \sin(\alpha - \theta)}{1 - 2\gamma \cos\theta + \gamma^2}$$

$$\Rightarrow S_n = \frac{\sin\alpha - \gamma \sin(\alpha - \theta)}{1 - 2\gamma \cos\theta + \gamma^2} - P_n$$

$$= \frac{[\sin\alpha - \gamma\sin(\alpha-\theta) - \gamma^{n+1}\sin[\alpha+(n+1)\theta] + \gamma^{n+2}\sin(\alpha+n\theta)]}{(1-2\gamma\cos\theta+\gamma^2)}$$

这样,我们就求出了和 S_n.

(ⅱ)我们再举两例,如:

求积 $\quad T_n = \prod_{i=1}^{n}(2\cos 2^{i-1}\theta - 1) \quad (\theta \neq 2k\pi \pm \frac{2}{3}\pi, k \in \mathbf{Z})$

注意到

$$\frac{T_n}{T_{n-1}} = 2\cos 2^{n-1}\theta - 1 = \frac{4(\cos 2^{n-1}\theta)^2 - 1}{2\cos 2^{n-1}\theta + 1} = \frac{2\cos 2^n\theta + 1}{2\cos 2^{n-1}\theta + 1}$$

$$\Rightarrow \frac{T_n}{2\cos 2^n\theta + 1} = \frac{T_{n-1}}{2\cos 2^{n-1}\theta + 1} = \cdots = \frac{T_1}{2\cos 2\theta + 1} = \frac{2\cos\theta - 1}{2\cos 2\theta + 1} = \frac{1}{2\cos\theta + 1}$$

$$\Rightarrow T_n = \frac{2\cos 2^n\theta + 1}{2\cos\theta + 1}$$

由于上述方法变换得巧,自然解答得妙,再如:

求积 $\quad T_n = \prod_{i=1}^{n}(1 + \sec 2^i\theta)$

因为 $\quad \frac{T_n}{T_{n-1}} = 1 + \sec 2^n\theta = \left(\frac{1+\cos 2^n\theta}{\sin 2^n\theta}\right)\tan 2^n\theta = \frac{\tan 2^n\theta}{\tan 2^{n-1}\theta}$

$$\Rightarrow \frac{T_n}{\tan 2^n\theta} = \frac{T_{n-1}}{\tan 2^{n-1}\theta} = \cdots = \frac{T_1}{\tan 2\theta} = \frac{1+\sec 2\theta}{\tan 2\theta} = \frac{1+\cos 2\theta}{\sin 2\theta} = \cot\theta$$

$$\Rightarrow T_n = \cot\theta \cdot \tan 2^n\theta$$

可见,上述几例成功的关键是构造新的常数列.

让人倍感奇妙的是,我们可以从例 7 演化出一个非常漂亮的结论:

结论 1 如果正整数 $n > 2$ 但不是 2 的整数次幂,那么存在 $1, 2, \cdots, n$

的一个排列 $a_1, a_2, \cdots, a_n$,使

$$\sum_{k=1}^{n} a_k \cos\frac{2k\pi}{n} = 0$$

分析 此结论虽然优美奇妙,但却显得朦胧飘逸,在未得到证明之前,有些令人生疑,如果记

$$S = \sum_{k=1}^{n} a_k e^{i\left(\frac{2k\pi}{n}\right)}$$

则等价于证明存在 $1, 2, \cdots, n$ 的一个排列 $a_1, a_2, \cdots, a_n$,使 $\text{Re}(S) = 0$. 联想到利用

$$\text{Re}(S) = \frac{1}{2}(S + \overline{S})$$

也许能见到希望的灯塔.

证明 当 $n>1$ 为奇数时,构造排列:$1,2,\cdots,\dfrac{n-1}{2},\dfrac{n+3}{2},\dfrac{n+5}{2},\cdots,n,\dfrac{n+1}{2}$

满足 $a_n=\dfrac{n+1}{2}, a_k+a_{n-k}=n+1(k=1,2,\cdots,n-1)$.

记 $S=\sum\limits_{k=1}^{n}a_k e^{i(\frac{2k\pi}{n})}$,则

$$S=\sum_{k=1}^{n-1}a_{n-k}e^{i(\frac{2(n-k)\pi}{n})}+a_n e^{i(\frac{2k\pi}{n})}=\sum_{k=1}^{n-1}a_{n-k}e^{-i(\frac{2k\pi}{n})}+a_n$$

$$\Rightarrow 2\mathrm{Re}(S)=\mathrm{Re}(\sum_{k=1}^{n-1}a_k e^{i(\frac{2k\pi}{n})})+\mathrm{Re}(\sum_{k=1}^{n-1}a_{n-k}e^{-i(\frac{2k\pi}{n})})+2a_n$$

$$=\mathrm{Re}(\sum_{k=1}^{n-1}(a_k+a_{n-k})e^{i(\frac{2k\pi}{n})})+(n+1)=(n+1)\sum_{k=1}^{n-1}\mathrm{Re}(e^{i(\frac{2\pi}{n})})$$

$$=0$$

$\Rightarrow \mathrm{Re}(S)=0$

得证.

下面证明:若结论对 $m\in \mathbf{N}^+$ 成立,则对 $n=2m$ 也成立.

假设存在 $1,2,\cdots,m$ 的排列

$$b_1,b_2,\cdots,b_m$$

使

$$\mathrm{Re}(\sum_{k=1}^{m}b_k e^{i(\frac{2k\pi}{m})})=0$$

又 $\mathrm{Re}(\sum\limits_{k=1}^{m}(2k-1)e^{i\frac{(2k-1)\pi}{m}})=\mathrm{Re}(\sum\limits_{k=1}^{m}(2m-2k+1)e^{i\frac{(2m-2k+1)\pi}{m}})$

$$=\dfrac{1}{2}\mathrm{Re}(\sum_{k=1}^{m}[(2k-1)+(2m-2k+1)]e^{i\frac{(2k-1)\pi}{m}})$$

$$=m\mathrm{Re}(\sum_{k=1}^{m}e^{i\frac{(2k-1)\pi}{m}})=0$$

$\Rightarrow \mathrm{Re}(\sum\limits_{k=1}^{m}(2k-1)e^{i\frac{(2k-1)\pi}{m}})=0$

构造 $1,2,\cdots,2m$ 的排列为:$1,2b_1,3,2b_2,\cdots,2m-1,2b_m$. 则

$$\mathrm{Re}(\sum\nolimits_{k=1}^{m}a_k e^{i(\frac{2k\pi}{n})})=2\mathrm{Re}(\sum\nolimits_{k=1}^{m}b_k e^{i(\frac{2k\pi}{n})})+\mathrm{Re}(\sum\nolimits_{k=1}^{m}(2k-1)e^{i\frac{(2k-1)\pi}{m}})=0$$

即 $n=2m$ 时结论成立.

综合上述,结论成立.

问题 1 设数列 $\{a_k\}$ 的通项为

$$a_k = \tan(\theta + \frac{(k-1)\pi}{n}) \quad (n \geqslant 2, n \in \mathbf{N}^+, k = 1, 2, \cdots, n)$$

求前 n 项和 S_n.

解 因为

$$\begin{cases} \sin\alpha = \dfrac{1}{2\mathrm{i}}(\mathrm{e}^{\mathrm{i}\alpha} - \mathrm{e}^{-\mathrm{i}\alpha}) \\ \cos\alpha = \dfrac{1}{2}(\mathrm{e}^{\mathrm{i}\alpha} + \mathrm{e}^{-\mathrm{i}\alpha}) \end{cases} \Rightarrow \tan\alpha = \dfrac{1}{\mathrm{i}}\left(\dfrac{\mathrm{e}^{\mathrm{i}\alpha} - \mathrm{e}^{-\mathrm{i}\alpha}}{\mathrm{e}^{\mathrm{i}\alpha} + \mathrm{e}^{-\mathrm{i}\alpha}}\right) = \dfrac{1}{\mathrm{i}}\left(1 - \dfrac{2}{\mathrm{e}^{\mathrm{i}2\alpha} + 1}\right)$$

令

$$\alpha = \theta + \dfrac{(j-1)\pi}{n} \quad (j = 1, 2, \cdots, n)$$

则

$$S_n = \sum_{j=0}^{n} \tan\left(\theta + \dfrac{j-1}{n}\pi\right) = \dfrac{1}{\mathrm{i}} \sum_{j=0}^{n} \left[1 - \dfrac{2}{\mathrm{e}^{\mathrm{i}(2\theta + \frac{j-1}{n} \cdot 2\pi)} + 1}\right]$$

$$= \dfrac{n}{\mathrm{i}} - \dfrac{2}{\mathrm{i}} \sum_{j=0}^{n} \left[\dfrac{1}{\mathrm{e}^{\mathrm{i}(2\theta + \frac{j-1}{n} \cdot 2\pi)} + 1}\right]$$

注意到

$$\sum_{j=0}^{n}\left(\dfrac{1}{x_j + 1}\right) = [n + (n-1)S(1) + (n-2)S(2) + (n-3)S(3) + \cdots + S(n)] \div \prod_{j=0}^{n}(x_j + 1)$$

其中

$$S(1) = \sum_{j=0}^{n} x_j$$

$$S(2) = \sum_{(j_1, j_2)} x_{j_1} x_{j_2}$$

$$S(3) = \sum_{(j_1, j_2, j_3)} x_{j_1} x_{j_2} x_{j_3}$$

$$\vdots$$

$$S(n-1) = \sum_{(j_1, \cdots, j_{n-1})} x_{j_1} x_{j_2} \cdots x_{j_{n-1}}$$

$$S(n) = \prod_{j=1}^{n} x_j$$

其中 $(j_1, \cdots, j_k)$ 表示从 $1, 2, \cdots, n$ 中每次取 k 个数组成的所有组合形式, 从而

$$\sum_{j=1}^{n}\left[\dfrac{1}{\mathrm{e}^{\mathrm{i}(2\theta + \frac{j-1}{n}2\pi)} + 1}\right] = [n + (n-1)S_\theta^{(1)} + (n-2)S_\theta^{(2)} + \cdots + S_\theta^{(n-1)}] \div \prod_{j=1}^{n}[\mathrm{e}^{\mathrm{i}(\theta + \frac{j-1}{n}2\pi)} + 1]$$

其中

$$S_\theta^{(1)} = \sum_{j=1}^{n} \mathrm{e}^{\mathrm{i}(2\theta + \frac{j-1}{n}2\pi)}$$

$$S_\theta^{(2)} = \sum_{(j_1,j_2)} (e^{i(2\theta+\frac{j_1-1}{n}2\pi)} \cdot e^{i(2\theta+\frac{j_2-1}{n}2\pi)})$$

$$\vdots$$

$$S_\theta^{(n-1)} = \sum_{(j_1,\cdots,j_{n-1})} [e^{i(2\theta+\frac{j_1-1}{n}2\pi)} \cdot e^{i(2\theta+\frac{j_2-1}{n}2\pi)} \cdot \cdots \cdot e^{i(2\theta+\frac{j_{n-1}-1}{n}2\pi)}]$$

由于方程 $Z^n - e^{i2n\theta} = 0$ 的 n 个不同的根是 $e^{i2\theta}, e^{i(2\theta+\frac{2\pi}{n})}, \cdots, e^{i(2\theta+\frac{n-1}{n}2\pi)}$

由韦达定理知

$$S_\theta^{(1)} = S_\theta^{(2)} = S_\theta^{(3)} = \cdots = S_\theta^{(n-1)} = 0$$

$$S_\theta^{(n)} = \prod_{j=1}^n e^{i(2\theta+\frac{j-1}{n}2\pi)} = (-1)^{n+1} e^{i2n\pi}$$

又由于

$$\prod_{j=1}^n (Z - e^{i(2\theta+\frac{j-1}{n}2\pi)}) = Z^n - e^{i(2n\theta)}$$

令 $Z = -1$ 有

$$\prod_{j=1}^n (-1 - e^{i(2\theta+\frac{j-1}{n}2\pi)}) = (-1)^n - e^{i2n\theta}$$

$$\Rightarrow \prod_{j=1}^n (1 + e^{i(2\theta+\frac{j-1}{n}2\pi)}) = (-1)^{n+1} \cdot e^{i2n\theta} + 1$$

$$\Rightarrow \sum_{j=1}^n \tan(\theta + \frac{j-1}{n}\pi) = \frac{n}{i} - \frac{2}{i} \cdot \frac{n(-1)^{n+1}}{e^{i2n\theta} + (-1)^{n+1}}$$

当 n 为奇数时

$$S_n = \sum_{j=1}^n \tan(\theta + \frac{j-1}{n}\pi) = \frac{n}{i} - \frac{2}{i} \cdot \frac{n}{e^{i2n\theta} + 1} = \frac{n}{i}(1 - \frac{2}{e^{i2n\theta} + 1})$$

$$= \frac{n}{i} \cdot i\tan n\theta = n\tan n\theta$$

当 n 为偶数时

$$S_n = \sum_{j=1}^n \tan(\theta + \frac{j-1}{n}\pi) = \frac{n}{i} - \frac{2n}{i(-e^{i2n\theta} + 1)} = \frac{n}{i}(1 - \frac{2}{-e^{i2n\theta} + 1})$$

$$= \frac{n}{i} \cdot \frac{e^{i2n\theta} + 1}{e^{i2n\theta} - 1} = \frac{n}{i} \cdot \frac{1}{\tan n\theta} = -n(\tan n\theta)^{-1}$$

综合上述知

$$S_n = \begin{cases} n\tan n\theta & (n \text{ 为奇数}) \\ -n\cot n\theta & (n \text{ 为偶数}) \end{cases}$$

$$\Rightarrow S_n = n(-1)^{n-1}\left[\frac{1-(-1)^n}{2}\tan n\theta + \frac{1+(-1)^n}{2}\cot n\theta\right]$$

或

$$S_n = (-1)^{n-1} n (\tan n\theta)^{(-1)^{n-1}}$$

其中 $n \in \mathbf{N}^+$.

注 对我们来说,求经典的传统三角级数和

$$\sum_{k=1}^{n} \sin(\theta + \frac{k-1}{n}\pi)$$

$$\sum_{k=1}^{n} \cos(\theta + \frac{k-1}{n}\pi)$$

可用两种方法,但本题要求的

$$S_n = \sum_{j=1}^{n} \tan(\theta + \frac{j-1}{n}\pi)$$

结果可有三种表达形式,真是优美无限,妙趣无穷.

(八)

我们知道,等差数列与等比数列有许多趣味奇妙的性质,令人欣喜,令人偏爱,比如:

例 8 设非负等差数列 $\{a_n\}$ 的公差 $d \neq 0$,记 S_n 为数列的前 n 项和,求证:若 $m, n, p \in \mathbf{N}^+$,且 $m + n = 2p$,则

$$\frac{1}{S_m} + \frac{1}{S_n} \geq \frac{2}{S_p} \tag{A}$$

证明 易证

$$m + n = 2p \Rightarrow a_m + a_n = 2a_p$$

且 $m + n = 2p \Rightarrow m^2 + n^2 \geq \frac{1}{2}(m+n)^2 = 2p^2 \Rightarrow 2p = m + n \Rightarrow p^2 = (\frac{m+n}{2})^2 \geq mn$

$$a_p^2 = (\frac{a_m + a_n}{2})^2 \geq a_m a_n$$

应用求和公式有

$$\begin{cases} S_n = \frac{n(a_1 + a_n)}{2} = na_1 + \frac{n(n-1)}{2}d \\ S_m = \frac{m(a_1 + a_m)}{2} = ma_1 + \frac{m(m-1)}{2}d \end{cases}$$

$$\Rightarrow S_n + S_m = (m+n)a_1 + \frac{n(n-1) + m(m-1)}{2}d$$

$$= 2pa_1 + \frac{n^2 + m^2 - 2p}{2}d \geq 2pa_1 + (\frac{2p^2 - 2p}{2})d = 2S_p$$

$$\Rightarrow S_m + S_n \geq 2S_p$$

$$S_n S_m = \frac{n(a_1 + a_n)}{2} \cdot \frac{m(a_1 + a_m)}{2} = \frac{mn}{4}[a_1^2 + a_1(a_m + a_n) + a_m a_n]$$

$$\leqslant \frac{p^2}{4}(a_1^2 + 2a_1 a_p + a_p^2) = \left[\frac{p(a_1 + a_p)}{2}\right]^2 = S_p^2$$

$$\Rightarrow \left.\begin{array}{l} S_n S_m \leqslant S_p^2 \\ S_n + S_m \geqslant S_p \end{array}\right\}$$

$$\Rightarrow \frac{1}{S_n} + \frac{1}{S_m} = \frac{S_m + S_n}{S_m S_n} \geqslant \frac{2S_p}{S_p^2}$$

$$\Rightarrow \frac{1}{S_n} + \frac{1}{S_m} \geqslant \frac{2}{S_p}$$

即式(A)成立,等号成立仅当 $m = n = p \in \mathbf{N}^+$.

本例展示了非负等差数列(公差不为零)的一个趣味性质

$$\frac{S_n + S_m}{2} \geqslant S_p \geqslant \sqrt{S_n S_m} \quad (n, m, p \in \mathbf{N}^+, n + m = 2p) \tag{B}$$

及

$$\frac{1}{S_n} + \frac{1}{S_m} \geqslant \frac{2}{S_p} \tag{A}$$

这一结论还可以推广为:

推广 1 设非负等差数列 $\{a_n\}$ 的公差为 $d \neq 0$,前 n 项和记为 S_n, $k \in \mathbf{N}^+, m \in \mathbf{N}^+, n_i \in \mathbf{N}^+ (i = 1, 2, \cdots, m, m \geqslant 2)$. 若

$$n_1 + n_2 + \cdots + n_m = mp \quad (p \in \mathbf{N}^+)$$

则有

$$\frac{\sum_{i=1}^{m} S_{n_i}}{m} \geqslant S_p \geqslant \left(\prod_{i=1}^{m} S_{n_i}\right)^{\frac{1}{m}} \tag{C}$$

$$\sum_{i=1}^{m} \frac{1}{(S_{n_i})^\theta} \geqslant \frac{m}{(S_p)^\theta} \quad (\theta > 0) \tag{D}$$

证明 设 $k \in \mathbf{N}^+$,我们先证明更强的结论

$$\sum_{i=1}^{m} S(n_i^k) \geqslant m S(p^k)$$

应用幂平均不等式有

$$\left(\frac{\sum_{i=1}^{m} n_i^k}{m}\right)^{\frac{1}{k}} \geqslant \frac{\sum_{i=1}^{m} n_i}{m} = p$$

$$\Rightarrow \sum_{i=1}^{m} n_i^k \geqslant m p^k$$

应用平均值不等式有
$$mp = \sum_{i=1}^{m} n_i \geqslant m\left(\prod_{i=1}^{m} n_i\right)^{\frac{1}{m}}$$
$$\Rightarrow \prod_{i=1}^{m} n_i \leqslant p^m$$

又 $\sum_{i=1}^{m} a_{n_i} = \sum_{i=1}^{m} [a_1 + (n_i - 1)d]$

$$= ma_1 + d\sum_{i=1}^{m} n_i - md = ma_1 + mpd - md$$
$$= m[a_1 + (p-1)d] = ma_p$$

$\Rightarrow \sum_{i=1}^{m} a_{n_i} = ma_p$

$\Rightarrow \prod_{i=1}^{m} S(n_i) = \prod_{i=1}^{m} \left[\frac{n_i(a_1 + a_{n_i})}{2}\right] = \left(\prod_{i=1}^{m} \frac{n_i}{2}\right) \cdot \prod_{i=1}^{m} (a_1 + a_{n_i})$

$$\leqslant \left(\frac{p}{2}\right)^m \cdot \left[\frac{\sum_{i=1}^{m}(a_1 + a_{n_i})}{m}\right]^m = \left(\frac{p}{2}\right)^m \cdot \left(\frac{ma_1 + \sum_{i=1}^{m} a_{n_i}}{m}\right)^m$$
$$= \left(\frac{p}{2}\right)^m \cdot \left(\frac{ma_1 + ma_p}{m}\right)^m = \left[\frac{p(a_1 + a_p)}{2}\right]^m = S_p^m$$

$\Rightarrow \prod_{i=1}^{m} S(n_i) \leqslant S_p^m$

即式(C)右边成立,等号成立仅当
$$n_1 = n_2 = \cdots = n_m = p$$

设 $n_1 \geqslant n_2 \geqslant \cdots \geqslant n_m \geqslant 1$

$\Rightarrow \begin{cases} n_1^k \geqslant n_2^k \geqslant \cdots \geqslant n_m^k \\ n_1^k - 1 \geqslant n_2^k - 1 \geqslant \cdots \geqslant n_m^k - 1 \geqslant 0 \end{cases}$

$\Rightarrow \sum_{i=1}^{m} n_i^k(n_i^k - 1) \geqslant \frac{1}{m}\left(\sum_{i=1}^{m} n_i^k\right)\sum_{i=1}^{m}(n_i^k - 1) = \frac{1}{m}\left(\sum_{i=1}^{m} n_i^k\right)\left(\sum_{i=1}^{m} n_i^k - m\right)$

$\qquad \geqslant p^k(mp^k - m)$

$\Rightarrow \sum_{i=1}^{m} n_i^k(n_i^k - 1) \geqslant p^k m(p^k - 1)$

$\Rightarrow \sum_{i=1}^{m} S(n_i^k) = \sum_{i=1}^{m} \left[n_i^k a_1 + \frac{n_i^k(n_i^k - 1)}{2}d\right] = a_1\sum_{i=1}^{m} n_i^k + \frac{1}{2}d\sum_{i=1}^{m} n_i^k(n_i^k - 1)$

$\qquad \geqslant mp^k a_1 + \frac{1}{2}d \cdot mp^k(p^k - 1) = m\left[p^k a_1 + \frac{1}{2}p^k(p^k - 1)d\right]$

$\qquad = mS(p^k)$

$$\Rightarrow \sum_{i=1}^{m} S(n_i^k) \geq mS(p^k) \tag{1}$$

等号成立仅当

$$n_1 = n_2 = \cdots = n_m = p$$

在式(1)中令 $k=1$ 得

$$\sum_{i=1}^{m} S_{n_i} \geq mS_p$$

即式(C)的左边成立.

应用平均值不等式有

$$\sum_{i=1}^{m} \frac{1}{S_{n_i}^\theta} \geq m\left(\prod_{i=1}^{m} \frac{1}{S_i^\theta}\right)^{\frac{1}{m}} = \frac{m}{\left(\prod_{i=1}^{m} S_{n_i}\right)^{\theta/m}} \geq \frac{m}{(S_p)^\theta}$$

即式(D)也成立.

特别地,在式(D)中取 $m=3$,得到等价的

$$\frac{1}{S_n^\theta} + \frac{1}{S_m^\theta} + \frac{1}{S_k^\theta} \geq \frac{3}{S_p^\theta} \tag{E}$$

其中 $\theta>0, n, m, k \in \mathbf{N}^+, n+m+k=3p$.

下面,我们为式(E)化妆美容,把它打扮得花枝招展:

推广 2 设 $\theta, \lambda, \mu, v>0, n, m, k, p \in \mathbf{N}^+$,且 $n+m+k=3p$,非负等差数列 $\{a_n\}$ 的公差 $d \neq 0$,前 n 项和为 S_n,则有

$$\frac{\mu+v}{S_n^\theta} + \frac{v+\lambda}{S_m^\theta} + \frac{\lambda+\mu}{S_k^\theta} \geq \frac{2\sqrt{3(\mu v + v\lambda + \lambda\mu)}}{S_p^\theta} \tag{F}$$

特别地,当 $\lambda=\mu=v$ 时,式(F)化为式(E).

证明 设 $x, y, z>0$,应用柯西不等式有

$$\lambda x + \mu y + vz + 2\left[\left(\sum \mu v\right)\left(\sum yz\right)\right]^{\frac{1}{2}} = \sum \lambda x + \left(2\sum \mu v\right)^{\frac{1}{2}} \cdot \left(2\sum yz\right)^{\frac{1}{2}}$$

$$\leq \left(\sum \lambda^2 + 2\sum \mu v\right)^{\frac{1}{2}} \cdot \left(\sum x^2 + 2\sum yz\right)^{\frac{1}{2}}$$

$$= \left(\sum \lambda\right)\left(\sum x\right)$$

$$\Rightarrow \left(\sum \lambda\right)\left(\sum x\right) - \sum \lambda x \geq 2\sqrt{\left(\sum \mu v\right)\left(\sum yz\right)}$$

$$\Rightarrow \sum (\mu+v)x \geq 2\sqrt{\left(\sum \mu v\right)\left(\sum yz\right)}$$

等号成立仅当

$$\frac{\lambda}{x} = \frac{\mu}{y} = \frac{\upsilon}{z}$$

再应用平均值不等式有

$$\sum (\mu + \upsilon) x \geq 2\sqrt{3(\sum \mu \upsilon)}(xyz)^{\frac{1}{3}} \qquad (1)$$

在式(1)中令

$$(x, y, z) = \left(\frac{1}{S_n^\theta}, \frac{1}{S_m^\theta}, \frac{1}{S_k^\theta}\right)$$

$$\Rightarrow (xyz)^{\frac{1}{3}} = (S_n \cdot S_m \cdot S_k)^{-\frac{\theta}{3}} \geq S_p^{-\theta}$$

$$\Rightarrow \sum \frac{\mu + \upsilon}{S_n^\theta} \geq \frac{2\sqrt{3 \sum \mu \upsilon}}{S_p^\theta}$$

这即为式(F),等号成立仅当

$$\begin{cases} m = n = k = p \\ \lambda = \mu = \upsilon \end{cases}$$

从定义的意义上讲,等差数列与等比数列互相配对,是一对雌雄数列,它们的部分优美结论,不仅显得妙趣无穷,而且也是成双成对的. 比如推广2中的式(C),就有:

配对1 设正项等比数列$\{a_n\}$的公比$q > 1$,前n项和为$S(n)$,$n_i \in \mathbf{N}^+ (i=1,2,\cdots,m, m \geq 2, m \in \mathbf{N}^+)$满足

$$n_1 + n_2 + \cdots + n_m = mp \quad (p \in \mathbf{N}^+)$$

则有

$$\frac{\sum_{i=1}^{m} S(n_i)}{m} \geq S_p \geq \left[\prod_{i=1}^{m} S(n_i)\right]^{\frac{1}{m}} \qquad (G)$$

证明 (ⅰ)我们设$x_i, y_i, b_i > 0$,且

$$x_i + y_i = b_i (i = 1, 2, \cdots, m, m \geq 2) \Rightarrow y_i = b_i - x_i$$

应用赫尔德不等式有

$$\left[\prod_{i=1}^{m}(x_i + y_i)\right]^{\frac{1}{m}} \geq \left(\prod_{i=1}^{m} x_i\right)^{\frac{1}{m}} + \left(\prod_{i=1}^{m} y_i\right)^{\frac{1}{m}}$$

$$\Rightarrow \left(\prod_{i=1}^{m} b_i\right)^{\frac{1}{m}} \geq \left(\prod_{i=1}^{m} x_i\right)^{\frac{1}{m}} + \left[\prod_{i=1}^{m}(b_i - x_i)\right]^{\frac{1}{m}}$$

$$\Rightarrow \prod_{i=1}^{m}(b_i - x_i)^{\frac{1}{m}} \leq \left(\prod_{i=1}^{m} b_i\right)^{\frac{1}{m}} - \left(\prod_{i=1}^{m} x_i\right)^{\frac{1}{m}}$$

等号成立仅当

$$\frac{x_1}{y_1} = \frac{x_2}{y_2} = \cdots = \frac{x_m}{y_m} \Rightarrow \frac{x_1}{b_1} = \frac{x_2}{b_2} = \cdots = \frac{x_m}{b_m}$$

注意到

$$S(n_i) = \frac{a_1(q^{n_i} - 1)}{q - 1} \Rightarrow \left(\prod_{i=1}^{m} S(n_i)\right)^{\frac{1}{m}} = \frac{a_1}{q - 1} \prod_{i=1}^{m} (q^{n_i} - 1)^{\frac{1}{m}}$$

$$\leq \frac{a_1}{q - 1}\left[\left(\prod_{i=1}^{m} q^{n_i}\right)^{\frac{1}{m}} - 1\right] = \frac{a_1}{q - 1}\left[q^{(\frac{1}{m}\sum_{i=1}^{m} n_i)} - 1\right] = \frac{a_1(q^p - 1)}{q - 1} = S_p$$

$$\Rightarrow S_p \geq \left[\prod_{i=1}^{m} S(n_i)\right]^{\frac{1}{m}} \tag{1}$$

（ⅱ）设 $k \in \mathbf{N}^+$，注意到

$$\sum_{i=1}^{m} n_i = mp \Rightarrow \sum_{i=1}^{m} n_i^k \geq mp^k$$

$$\sum_{i=1}^{m} S(n_i^k) = \frac{a_1}{q-1}\sum_{i=1}^{m}(q^{n_i^k} - 1) = \frac{a_1}{q-1}\left(\sum_{i=1}^{m} q^{n_i^k} - m\right)$$

$$\geq \frac{a_1}{q-1}\left[m\left(\prod_{i=1}^{m} q^{n_i^k}\right)^{\frac{1}{m}} - m\right] = \frac{ma_1}{q-1}\left[q^{\frac{1}{m}(\sum_{i=1}^{m} n_i^k)} - 1\right]$$

$$\geq \frac{ma_1}{q-1}(q^{p^k} - 1) = mS(p_k)$$

$$\Rightarrow \sum_{i=1}^{m} S(n_i^k) \geq mS(p^k) \tag{2}$$

式(2)是一个很强的结论，取 $k = 1$ 得到

$$\frac{\sum_{i=1}^{m} S(n_i)}{m} \geq S_p$$

式(1)与式(2)结合，即得式(G)，等号成立仅当

$$n_1 = n_2 = \cdots = n_m = p$$

二　以旧翻新

——关于一道数列妙题的探讨

原题　有两个等差数列 $\{a_n\}$，$\{b_n\}$ 满足

$$\frac{a_1+a_2+\cdots+a_n}{b_1+b_2+\cdots+b_n}=\frac{7n+2}{n+3} \tag{1}$$

求 $\dfrac{a_n}{b_n}$.

解　设两等差数列 $\{a_n\}$，$\{b_n\}$ 的公差分别为 d,e，在式(1)中，取

$$n=1 \Rightarrow \frac{a_1}{b_1}=\frac{7+2}{1+3}=\frac{9}{4}$$

令 $\begin{cases}a_1=9t\\b_1=4t\end{cases}(t>0) \Rightarrow \begin{cases}a_n=9t+(n-1)d\\b_n=4t+(n-1)e\end{cases}$

$\Rightarrow \begin{cases}S_n^{(a)}=\dfrac{n}{2}(a_1+a_n)=\dfrac{n}{2}[18t+(n-1)d]\\S_n^{(b)}=\dfrac{n}{2}(b_1+b_n)=\dfrac{n}{2}[8t+(n-1)e]\end{cases}$

$\Rightarrow \dfrac{7n+2}{n+3}=\dfrac{S_n^{(a)}}{S_n^{(b)}}=\dfrac{18t+(n-1)d}{8t+(n-1)e}$

$\Rightarrow (7n+2)[8t+(n-1)e]=(n+3)[18t+(n-1)d]$

$\Rightarrow [(n+3)d-(7n+2)e-38t](n-1)=0$

$\left.\begin{array}{l}\Rightarrow (n+3)d-(7n+2)e=38t\\\quad (因 n>1 \Rightarrow n-1\neq 0)\\\Rightarrow (n+2)d-(7n-5)e=38t\end{array}\right\} \tag{2}$

$\Rightarrow (n+3)d-(7n+2)e=(n+2)d-(7n-5)e$

$\Rightarrow d=7e$（代入式(2)）

$\Rightarrow (n+3)7e-(7n+2)e=38t$

$\Rightarrow e=2t \Rightarrow d=14t$

$$\Rightarrow \begin{cases} a_n = 9t + (n-1) \cdot 14t = (14n-5)t \\ b_n = 4t + (n-1) \cdot 2t = 2(n+1)t \end{cases}$$

$$\Rightarrow \frac{a_n}{b_n} = \frac{14n-5}{2(n+1)} \tag{3}$$

注 （ⅰ）本题颇具趣味性，上述解法也倍显灵活. 特别地，当取 $n=5$ 时，从式(3)得

$$\frac{a_5}{b_5} = \frac{14 \times 5 - 5}{2 \times (5+1)} = \frac{65}{12}$$

而且

$$\lim_{n \to +\infty} \frac{a_n}{b_n} = \lim_{n \to +\infty} \left(\frac{14 - \frac{5}{n}}{2 + \frac{2}{n}} \right) = \frac{14}{2} = 7$$

$$\lim_{n \to +\infty} \frac{S(a_n)}{S(b_n)} = \lim_{n \to +\infty} \left(\frac{7n+2}{n+3} \right) = \lim_{n \to +\infty} \left(\frac{7 + \frac{2}{n}}{1 + \frac{3}{n}} \right) = 7$$

即

$$\lim_{n \to +\infty} \frac{S_n^{(a)}}{S_n^{(b)}} = \lim_{n \to +\infty} \frac{a_n}{b_n} = 7$$

（ⅱ）将 $\begin{cases} e = 2t \\ d = 14t \end{cases}$ 代入 $S_n^{(a)}, S_n^{(b)}$ 求得

$$\begin{cases} S_n^{(a)} = \frac{n}{2}[18t + (n-1)14t] = n(7n+2)t \\ S_n^{(b)} = \frac{n}{2}[8t + (n-1)2t] = n(n+3)t \end{cases}$$

$$S_1^{(a)} + S_2^{(a)} + \cdots + S_n^{(a)} = \sum_{k=1}^{n} k(7k+2)t = 7t\sum_{k=1}^{n} k^2 + 2t\sum_{k=1}^{n} k$$

$$= \frac{7t}{6}n(n+1)(2n+1) + tn(n+1)$$

$$= \frac{1}{6}n(n+1)(14n+13)t$$

$$S_1^{(b)} + S_2^{(b)} + \cdots + S_n^{(b)} = \sum_{k=1}^{n} k(k+3)t = t\sum_{k=1}^{n} k^2 + 3t\sum_{k=1}^{n} k$$

$$= \frac{t}{6}n(n+1)(2n+1) + \frac{3}{2}tn(n+1)$$

$$= \frac{1}{3}n(n+1)(n+5)t$$

由以上的讨论我们可以自编：

> **新题 1** 设等差数列 $\{a_n\}$ 的前 n 项和为 $S_n^{(a)}$,等差数列 $\{b_n\}$ 的前 n 项和为 $S_n^{(b)}$,如果

$$\frac{S_1^{(a)}+S_2^{(a)}+\cdots+S_n^{(a)}}{S_1^{(b)}+S_2^{(b)}+\cdots+S_n^{(b)}}=\frac{14n+13}{2n+10} \tag{1}$$

求 $\dfrac{a_n}{b_n}$.

经过如此以旧翻新,这道新题目的妙度与难度就可与奥数题并驾齐驱了.

解 设等差数列 $\{a_n\}$ 的公差为 d,$\{b_n\}$ 的公差为 e,注意到 $S_1^{(a)}=a_1$,$S_1^{(b)}=b_1$

$$\begin{cases}a_n=a_1+(n-1)d\\ b_n=b_1+(n-1)e\end{cases},\quad \begin{cases}S_n^{(a)}=\dfrac{n}{2}[2a_1+(n-1)d]\\ S_n^{(b)}=\dfrac{n}{2}[2b_1+(n-1)e]\end{cases}$$

在式(1)中取 $n=1$ 得

$$\frac{a_1}{b_1}=\frac{14+13}{2+10}=\frac{9}{4}$$

令 $\begin{cases}a_1=9t\\ b_1=4t\end{cases}(t>0)\Rightarrow \begin{cases}S_n^{(a)}=\dfrac{n}{2}[18t+(n-1)d]\\ S_n^{(b)}=\dfrac{n}{2}[8t+(n-1)e]\end{cases}$

因此 $\displaystyle\sum_{k=1}^{n}S_k^{(a)}=\sum_{k=1}^{n}\frac{k}{2}[18t+(k-1)d]=\left(9t-\frac{d}{2}\right)\sum_{k=1}^{n}k+\frac{d}{2}\sum_{k=1}^{n}k^2$

$$=\frac{1}{4}n(n+1)(18t-d)+\frac{1}{12}n(n+1)(2n+1)d$$

$\displaystyle\sum_{k=1}^{n}S_k^{(b)}=\sum_{k=1}^{n}\frac{k}{2}[8t+(k-1)e]=\left(4t-\frac{e}{2}\right)\sum_{k=1}^{n}k+\frac{e}{2}\sum_{k=1}^{n}k^2$

$$=\frac{1}{4}n(n+1)(8t-e)+\frac{1}{12}n(n+1)(2n+1)e$$

又式(1)等价于

$$2(n+5)\sum_{k=1}^{n}S_k^{(a)}=(14n+13)\sum_{k=1}^{n}S_k^{(b)}$$

$\Rightarrow 2(n+5)[3(18t-d)+(2n+1)d]=(14n+13)[3(8t-e)+(2n+1)e]$

$\Rightarrow 2(n+5)[27t+(n-1)d]=(14n+13)[12t+(n-1)e]$

$\Rightarrow (n-1)[2(n+5)d-(14n+13)e]=114(n-1)t$

$\Rightarrow 2(n+5)d-(14n+13)e=114t \tag{2}$

$\Rightarrow 2(n+4)d-(14n-1)e=114t \tag{3}$

$\Rightarrow 2d - 14e = 0((2) - (3))$

$\Rightarrow d = 7e(代入(2))$

$\Rightarrow 14(n+5)e - (14n+13)e = 114t$

$\Rightarrow e = 2t \Rightarrow d = 14e$

$\Rightarrow \begin{cases} a_n = a_1 + (n-1)d = 9t + 14(n-1)t = (14n-5)t \\ b_n = b_1 + (n-1)e = 4t + 2(n-1)t = (2n+2)t \end{cases}$

$\Rightarrow \dfrac{a_n}{b_n} = \dfrac{14n-5}{2n+2}$

注 "百尺竿头,更进一步". 在通项公式中,作变换,有

$$\begin{cases} a_n = (14n-5)t \\ b_n = (2n+2)t \end{cases} \Rightarrow \begin{cases} na_n = (14n^2 - 5n)t \\ nb_n = (2n^2 + 2n)t \end{cases}$$

$$\sum_{k=1}^{n} ka_k = 14t \sum_{k=1}^{n} k^2 - 5t \sum_{k=1}^{n} k$$

$$= \dfrac{7}{3} n(n+1)(2n+1)t - \dfrac{5}{2} n(n+1)t$$

$$= \dfrac{t}{6} n(n+1)[14(2n+1) - 15]$$

$$= \dfrac{t}{6} n(n+1)(28n - 1)$$

$$\sum_{k=1}^{n} kb_k = 2t \sum_{k=1}^{n} k^2 + 2t \sum_{k=1}^{n} k$$

$$= \dfrac{t}{3} n(n+1)(2n+1) + tn(n+1)$$

$$= \dfrac{t}{3} n(n+1)[(2n+1) + 3]$$

$$= \dfrac{2}{3} tn(n+1)(n+2)$$

从以上两式我们又立刻得到:

新题 2 设 $\{a_n\}$, $\{b_n\}$ 为等差数列,且

$$\dfrac{a_1 + 2a_2 + \cdots + na_n}{b_1 + 2b_2 + \cdots + nb_n} = \dfrac{28n-1}{4n+8} \tag{1}$$

求 $\dfrac{a_n}{b_n}$, $\dfrac{S_n^{(a)}}{S_n^{(b)}}$.

相应地,如果设 p, q, λ, μ 为常数,使得 $c_n = pn + q \neq 0$, $\gamma_n = \lambda n + \mu \neq v(n = 1,2,\cdots)$,那么有形式

$$\frac{c_1 a_1 + c_2 a_2 + \cdots + c_n a_n}{\gamma_1 b_1 + \gamma_2 b_2 + \cdots + \gamma_n b_n} = f(n) \tag{2}$$

其中 $f(n)$ 是关于 $n \in \mathbf{N}^+$ 的分式函数.

随着常数 p, q, λ, μ 的选取, 可得多个 c_n, γ_n 的表达形式, 导致了式 (2) 的多种形式, 从而编制出多道漂亮的新题来. 如取 $c_n = \gamma_n = 2n - 1$, 有

$$\frac{a_1 + 3a_2 + \cdots + (2n-1)a_n}{b_1 + 3b_2 + \cdots + (2n-1)b_n} = f(n)$$

"欲穷千里目, 更上一层楼". 如果我们将原题中的已知条件 "$\{a_n\}, \{b_n\}$ 为等差数列" 去掉, 那么数列 $\{a_n\}, \{b_n\}$ 就会 "无拘无束, 自由飘荡", 就会 "海阔凭鱼跃, 天高任鸟飞" 我们就可以 "放开手脚" 大胆地新编妙题:

新题 3 设 $n \in \mathbf{N}^+$ 正整函数 $f(n), g(n)$ 满足 $f(n) \neq f(n-1), g(n) \neq g(n-1), n = 1, 2, \cdots, m$; 约定 $f(0) = g(0) = 0, 2 \leq m, m \in \mathbf{N}^+$ 为常数, p_n, q_n ($1 \leq n \leq m$) 均为正常数, 正数列 $\{a_n\}, \{b_n\}$ 满足

$$\frac{p_1 a_1 + 2p_2 a_2 + \cdots + np_n a_n}{q_1 b_1 + 2q_2 b_2 + \cdots + nq_n b_n} = \frac{f(n)}{g(n)}$$

求证: 存在正常数 λ, 使得

$$\sum_{i=1}^{m} \lambda_i \frac{a_i}{b_i} = \lambda$$

其中 $\lambda_1, \lambda_2, \cdots, \lambda_m$ 为正常数.

证明 本题较抽象, 我们该巧妙灵活处理. 令

$$\begin{cases} x_n = np_n a_n \\ y_n = nq_n b_n \end{cases} (n = 1, 2, \cdots, m)$$

$$\Rightarrow \frac{x_1 + x_2 + \cdots + x_n}{y_1 + y_2 + \cdots + y_n} = \frac{f(n)}{g(n)} \tag{1}$$

取 $n = 1 \Rightarrow \frac{x_1}{y_1} = \frac{f(1)}{g(1)} \Rightarrow \frac{p_1 a_1}{q_1 b_1} = \frac{f(1)}{g(1)} \Rightarrow \frac{a_1}{b_1} = \frac{q_1 f(1)}{p_1 g(1)}$

令 $\begin{cases} x_1 = tf(1) \\ y_1 = tg(1) \end{cases} (t > 0)$

在式 (1) 中取

$$n = 2 \Rightarrow \frac{f(2)}{g(2)} = \frac{x_1 + x_2}{y_1 + y_2} = \frac{tf(1) + x_2}{tg(1) + y_2}$$

令 $\begin{cases} tf(1) + x_2 = tf(2) \\ tg(1) + y_2 = tg(2) \end{cases} \Rightarrow \begin{cases} x_2 = (f(2) - f(1))t \\ y_2 = (g(2) - g(1))t \end{cases}$

$$\Rightarrow \frac{x_2}{y_2} = \frac{f(2)-f(1)}{g(2)-g(1)} \Rightarrow \frac{2p_2 a_2}{2q_2 b_2} = \frac{f(2)-f(1)}{g(2)-g(1)}$$

$$\Rightarrow \frac{a_2}{b_2} = \frac{q_2(f(2)-f(1))}{p_2(g(2)-g(1))}$$

如此继续取下去,直到

$$\begin{cases} x_n = (f(n)-f(n-1))t \\ y_n = (g(n)-g(n-1))t \end{cases} \quad (n=1,2,\cdots,m) \tag{2}$$

那么

$$\sum_{i=1}^{n} x_i = t\sum_{i=1}^{n}(f(i)-f(i-1)) = (f(n)-f(0))t$$

$$\sum_{i=1}^{n} y_i = t\sum_{i=1}^{n}(g(i)-g(i-1)) = (g(n)-g(0))t$$

应用式(1),对于 $n+1$,有

$$\frac{x_1+x_2+\cdots+x_n+x_{n+1}}{y_1+y_2+\cdots+y_n+y_{n+1}} = \frac{f(n+1)}{g(n+1)}$$

$$\Rightarrow \frac{(f(n)-f(0))t+x_{n+1}}{(g(n)-g(0))t+y_{n+1}} = \frac{f(n+1)}{g(n+1)}$$

$$\Rightarrow \frac{tf(n)+x_{n+1}}{tg(n)+y_{n+1}} = \frac{f(n+1)}{g(n+1)}$$

令

$$\begin{cases} tf(n)+x_{n+1} = tf(n+1) \\ tg(n)+y_{n+1} = tg(n+1) \end{cases}$$

$$\Rightarrow \begin{cases} x_{n+1} = (f(n+1)-f(n))t \\ y_{n+1} = (g(n+1)-g(n))t \end{cases}$$

因此,式(2)的取法是可行的.

从式(2)有

$$\frac{x_n}{y_n} = \frac{f(n)-f(n-1)}{g(n)-g(n-1)}$$

$$\Rightarrow \frac{np_n a_n}{nq_n b_n} = \frac{f(n)-f(n-1)}{g(n)-g(n-1)}$$

$$\Rightarrow \frac{a_n}{b_n} = \frac{q_n(f(n)-f(n-1))}{p_n(g(n)-g(n-1))}$$

$$\Rightarrow \sum_{i=1}^{m}\left(\lambda_i \frac{a_i}{b_i}\right) = \sum_{i=1}^{m} \frac{\lambda_i q_i(f(i)-f(i-1))}{p_i(g(i)-g(i-1))} = \lambda \tag{3}$$

因此,希望的正常数 λ 是存在的,它是式(3)右边的和式.

一个好的题目,它的解法是多种多样的,关于它的变化也是五彩缤纷的. 如将新题2中的等差数列改为等比数列,又将焕然一新.

新题 4 设 $\{a_n\},\{b_n\}$ 为等比数列,且满足

$$\frac{a_1+2a_2+\cdots+na_n}{b_1+2b_2+\cdots+nb_n}=\frac{4[(n-1)2^n+1]}{(2n-1)3^n+1} \tag{1}$$

求: $\dfrac{a_1+a_2+\cdots+a_n}{b_1+b_2+\cdots+b_n}$ 及 $\dfrac{a_n}{b_n}$.

解 设等比数列 $\{a_n\}$ 的公比为 x,$\{b_n\}$ 的公比为 y,则通项公式为

$$\begin{cases} a_n=a_1x^{n-1} \\ b_n=b_1y^{n-1} \end{cases} (x,y\neq 0, n\in \mathbf{N}^+)$$

在式(1)中取 $n=1$ 得 $\dfrac{a_1}{b_1}=1$,设

$$\begin{cases} a_1=t \\ b_1=t \end{cases} (t\neq 0)$$

取 $n=2\Rightarrow \dfrac{a_1+2a_2}{b_1+2b_2}=\dfrac{4(2^2+1)}{(2\times 2-1)3^2+1}$

$$\Rightarrow \frac{t+2tx}{t+2ty}=\frac{5}{7}\Rightarrow y=\frac{7x+1}{5}$$

取 $n=3\Rightarrow \dfrac{a_1+2a_2+3a_3}{b_1+2b_2+3b_3}=\dfrac{4(2\times 2^3+1)}{(2\times 3-1)3^3+1}$

$$\Rightarrow \frac{t+2tx+3tx^2}{t+2ty+3ty^2}=\frac{1}{2}$$

$$\Rightarrow 6x^2+4x+1=2y+3y^2=\frac{2}{5}(7x+1)+3\left(\frac{7x+1}{5}\right)^2$$

$$\Rightarrow x^2-4x+4=0\Rightarrow x=2$$

$$\Rightarrow y=\frac{7x+1}{5}=3$$

$$\Rightarrow \begin{cases} a_n=tx^{n-1}=t2^{n-1} \\ b_n=ty^{n-1}=t3^{n-1} \end{cases} \tag{2}$$

$$\Rightarrow \frac{a_1+a_2+\cdots+a_n}{b_1+b_2+\cdots+b_n}=\frac{t(2^n-1)}{2-1}\div\frac{t(3^n-1)}{3-1}=\frac{2(2^n-1)}{3^n-1} \tag{3}$$

为了完备性,我们还将式(2)代入式(1)进行验证. 我们记

$$\frac{S_x}{t}=a_1+2a_2+\cdots+na_n=1+2x+3x^2+\cdots+nx^{n-1}$$

$$\Rightarrow \frac{x}{t}S_x=x+2x^2+3x^3+\cdots+(n-1)x^{n-1}+nx^n \quad (x\neq 1)$$

$$\Rightarrow (1-x)\frac{S_x}{t} = 1 + x + x^2 + \cdots + x^{n-1} - nx^n = \frac{1-x^n}{1-x} - nx^n$$

$$\Rightarrow \frac{S_x}{t} = \frac{1-x^n}{(1-x)^2} - \frac{nx^n}{1-x}$$

$$= 1 - 2^n + n \cdot 2^n = (n-1)2^n + 1$$

$$\Rightarrow S_x = [(n-1)2^n + 1]t \tag{4}$$

同理可得

$$S_y = b_1 + 2b_2 + 3b_3 + \cdots + nb_n = \left[\frac{1-y^n}{(1-y)^2} - \frac{ny^n}{1-y}\right]t = \left[\frac{1-3^n}{(1-3)^2} - \frac{n \cdot 3^n}{1-3}\right]t$$

$$= \frac{1}{4}[(2n-1)3^n + 1]t \tag{5}$$

由(4),(5)两式得

$$\frac{S_x}{S_y} = \frac{4[(n-1)2^n + 1]}{(2n-1)3^n + 1}$$

这正好为式(1),因此式(3)为我们所求之值.

马不停蹄,我们再编新题:

新题5 设$\{a_n\}$,$\{b_n\}$均为等差数列,且

$$\frac{a_1^3 + a_2^3 + \cdots + a_n^3}{b_1 + b_2 + \cdots + b_n} = \left(\frac{n+1}{2}\right)^2 \tag{1}$$

求$\dfrac{a_1 + a_2 + \cdots + a_n}{b_1 + b_2 + \cdots + b_n}$, $\dfrac{a_1 a_2 \cdots a_n}{b_1 b_2 \cdots b_n}$与$\dfrac{a_n}{b_n}$.

解 设等差数列$\{a_n\}$的公差为x,$\{b_n\}$的公差为y,在式(1)中令$n=1$得

$$a_1^3 = b_1$$

设

$$a_1 = t, b_1 = t^3 \quad (t \neq 0)$$

取

$$n = 2 \Rightarrow \frac{a_1^3 + a_2^3}{b_1 + b_2} = \left(\frac{3}{2}\right)^2 \Rightarrow \frac{t^3 + (t+x)^3}{t^3 + (t^3+y)} = \frac{9}{4}$$

$$\Rightarrow 9y = 2(2x^3 + 6tx^2 + 6t^2x - 5t^3)$$

取

$$n = 3 \Rightarrow \frac{a_1^3 + a_2^3 + a_3^3}{b_1 + b_2 + b_3} = \left(\frac{4}{2}\right)^2$$

$$\Rightarrow \frac{t^3 + (t+x)^3 + (t+2x)^3}{t^3 + (t^3+y) + (t^3+2y)} = 4$$

$$\Rightarrow \begin{cases} 3x^3 + 5tx^2 + 3t^2x - 3t^3 = 4y \\ 2(2x^3 + 6tx^2 + 6t^2x - 5t^3) = 9y \end{cases}$$

$$\Rightarrow 9(3x^3 + 5tx^2 + 3t^2x - 3t^3) = 8(2x^3 + 6tx^2 + 6t^2x - 5t^3)$$

$$\Rightarrow 11x^3 - 3tx^2 - 21t^2x + 13t^3 = 0$$
$$\Rightarrow (x-t)(11x^2 + 8tx - 13t^2) = 0$$
$$\Rightarrow \begin{cases} x_1 = t \\ x_2 = (\dfrac{-4+\sqrt{159}}{11})t \\ x_3 = -(\dfrac{4+\sqrt{159}}{11})t \end{cases} \Rightarrow \begin{cases} y_1 = 2t^3 \\ y_2 = (p+q\sqrt{159})t \\ y_3 = (p-q\sqrt{159})t \end{cases}$$

$(1°)$ 当 $\begin{cases} x_1 = t \\ y_1 = 2t \end{cases}$ 时

$$\begin{cases} a_n = t + (n-1)t = nt \\ b_n = t^3 + 2(n-1)t^3 = nt^3 \end{cases} = (2n-1)t^3 \quad (2)$$

$$\Rightarrow \begin{cases} S_m^{(a)} = \sum_{i=1}^{m} a_i^3 = t^3 \sum_{i=1}^{m} i^3 = \left[\dfrac{n(n+1)}{2}\right]^2 t^3 \\ S_n^{(b)} = \sum_{i=1}^{n} b_i = t^3 \sum_{i=1}^{n} (2i-1) = n^2 t^3 \end{cases}$$

$$\Rightarrow \dfrac{a_1^3 + a_2^3 + \cdots + a_n^3}{b_1 + b_2 + \cdots + b_n} = \left(\dfrac{n+1}{2}\right)^2$$

这正好是式(1),因此式(2)为所求两数列 $\{a_n\}$,$\{b_n\}$ 的一个通项公式.

$(2°)$ $\theta = \dfrac{-4+\sqrt{159}}{11}$, $\gamma = -\left(\dfrac{4+\sqrt{159}}{11}\right)$, $\alpha = p + \sqrt{159}q$, $\beta = p - \sqrt{159}q$(其中 p,q 为有理常数).

当 $x_2 = \theta t$ 或 $x_2 = \gamma t$ 时,计算量较大,限于篇幅,我们指出验证方法即可.

当取 $x_2 = \theta t$ 时,此时

$$\begin{cases} a_n = [1 + (n-1)\theta]t \\ b_n = [1 + (n-1)\alpha]t^3 \end{cases}$$

$$\Rightarrow S_n^{(a)} = \sum_{i=1}^{n} a_i^3 = t^3 \sum_{i=1}^{n} [1 + (i-1)\theta]^3$$

$$= t \sum_{i=1}^{3n} [1 + 3(i-1)\theta + 3(i-1)^2\theta^2 + (i-1)^3\theta^3]$$

$$= t^3 [n + 3\theta \sum_{i=1}^{n} (i-1) + 3\theta^2 \sum_{i=1}^{n} (i-1)^2 + \theta^3 \sum_{i=1}^{n} (i-1)^3]$$

$$= t^3 [n + 3\theta \sum_{i=1}^{n-1} i + 3\theta^2 \sum_{i=1}^{n-1} i^2 + \theta^3 \sum_{i=1}^{n-1} i^3]$$

$$= t^3 \{n + \dfrac{3}{2}(n-1)n\theta + \dfrac{1}{2}n(2n-1)\theta^2 + \left[\dfrac{(n-1)n}{2}\right]^2 \theta^3\}$$

$$\Rightarrow S_n^{(a)} = \frac{n}{4}t^3[4 + 6(n-1)\theta + 2(n-1)(2n-1)\theta^2 + n(n-1)^2\theta^3]$$

$$S_n^{(b)} = \sum_{i=1}^{n} b_i = t^3 \sum_{i=1}^{n} [1 + (i-1)\alpha] = t^3[n + \alpha \sum_{i=1}^{n}(i-1)]$$

$$= t^3(n + \alpha \sum_{i=1}^{n-1} i) = t^3[n + \frac{1}{2}(n-1)n\alpha] = \frac{n}{2}t^3[2 + (n-1)\alpha]$$

因此,欲验证

$$\frac{S_n^{(a)}}{S_n^{(b)}} = \left[\frac{n(n+1)}{2}\right]^2$$

即可.

同理,当取 $x_2 = \gamma t$ 时

$$\begin{cases} a_n = [1 + (n-1)\gamma]t \\ b_n = [1 + (n-1)\beta]t^3 \end{cases}$$

可类似验证.

从外形结构上讲,我们还可以新编:

新题 6 已知 $\{a_n\},\{b_n\}$ 为等差数列,且 $a_1 = b_1 = 1$,并满足

$$a_1b_1 + 2a_2b_2 + \cdots + na_nb_n = \frac{1}{6}n(n+1)(3n^2 + n - 1) \quad (1)$$

求 a_n 与 b_n.

解 设 $\{a_n\}$ 的公差为 x,$\{b_n\}$ 的公差为 y. 在式(1)中取

$$a_n = 1 + (n-1)x$$
$$b_n = 1 + (n-1)y$$

$$n = 2 \Rightarrow a_1b_1 + 2a_2b_2 = \frac{1}{6} \times 2 \times 3 \times 13$$

$$\Rightarrow 1 + 2(1+x)(1+y) = 13$$

$$\Rightarrow (1+x)(1+y) = 6$$

取 $n = 3 \Rightarrow a_1 + 2a_2b_2 + 3a_3b_3 = \frac{1}{6} \times 3 \times 4 \times (3 \times 3^2 + 3 - 1)$

$$\Rightarrow 13 + 3(1+2x)(1+2y) = 58$$

$$\Rightarrow (1+2x)(1+2y) = 15$$

$$\Rightarrow \begin{cases} (1+2x)(1+2y) = 15 \\ (1+x)(1+y) = 6 \end{cases}$$

$$\Rightarrow \begin{cases} (x+y) + xy = 5 \\ (x+y) + 2xy = 7 \end{cases} \Rightarrow \begin{cases} x + y = 3 \\ xy = 2 \end{cases}$$

于是 x, y 是下面方程之根
$$t^2 - 3t + 2 = 0$$
$$\Rightarrow (t-1)(t-2) = 0 \Rightarrow \begin{cases} t_1 = 1 \\ t_2 = 2 \end{cases}$$
$$\Rightarrow \begin{cases} x_1 = 1 \\ y_1 = 2 \end{cases} \text{或} \begin{cases} x_2 = 2 \\ y_2 = 1 \end{cases}$$
$$\Rightarrow \begin{cases} a_n = n \\ b_n = 2n-1 \end{cases} \text{或} \begin{cases} a_n = 2n-1 \\ b_n = n \end{cases} \tag{2}$$

现在我们验证所求数列 $\{a_n\}, \{b_n\}$ 的通项公式为式(2).

$$\sum_{i=1}^{n} i a_i b_i = \sum_{i=1}^{n} i^2(2i-1) = 2\sum_{i=1}^{n} i^3 - \sum_{i=1}^{n} i^2$$
$$= 2\left[\frac{n(n+1)}{2}\right]^2 - \frac{1}{6}n(n+1)(2n+1)$$
$$= \frac{1}{6}n(n+1)[3n(n+1) - (2n+1)]$$
$$= \frac{1}{6}n(n+1)(3n^2 + n - 1)$$

这恰是式(1),故所求通项公式为式(2).

新题 7 设 $\{a_n\}, \{b_n\}$ 均为等比数列,且 $a_1 = b_1 = 1$,并满足

$$a_1 b_1 + 2a_2 b_2 + 3a_3 b_3 + \cdots + n a_n b_n = \frac{1}{25}[(5n-1)6^n + 1] \tag{1}$$

求 $S_n = a_1 b_1 + a_2 b_2 + \cdots + a_n b_n$.

提示 本题相对较简单,注意到
$$n a_n b_n = \frac{(5n-1)6^n + 1}{25} - \frac{[(5n-1)-1]6^{n-1} + 1}{25}$$
$$= \frac{6^{n-1}}{25}[6(5n-1) - (5n-6)]$$
$$\Rightarrow a_n b_n = 6^{n-1} \quad (n \in \mathbf{N}^+)$$
$$\Rightarrow S_n = \sum_{i=1}^{n} 6^{i-1} = \frac{1}{5}(6^n - 1)$$

最后再应用下述公式验证式(1)
$$1 + 2x + 3x^2 + \cdots + nx^{n-1} = \frac{1-x^n}{(1-x)^2} - \frac{nx^n}{1-x}$$

新题 8 已知 $\{a_n\}$ 为等差数列,$\{b_n\}$ 为等比数列,且 $a_1 = b_1 = 1$,并满足

$$a_1b_1 + a_2b_2 + \cdots + a_nb_n = \frac{(2n-1)3^n + 1}{4} \tag{1}$$

求 $\lambda = \dfrac{a_1 + a_2 + \cdots + a_n}{b_1 + b_2 + \cdots + b_n}$.

解法 1 设等差数列 $\{a_n\}$ 的公差为 x，等比数列 $\{b_n\}$ 的公比为 y，则在式 (1) 中

取 $\quad n = 2 \Rightarrow a_1b_1 + a_2b_2 = 7$
$\Rightarrow 1 \times 1 + (1+x)y = 7$
$\Rightarrow y + xy = 6$

取 $\quad n = 3 \Rightarrow a_1b_1 + a_2b_2 + a_3b_3 = 34$
$\Rightarrow 1 + (1+x)y + (1+2x)y^2 = 34$

$\Rightarrow \begin{cases} (1+2x)y^2 = 27 \\ y = \dfrac{6}{1+x} \end{cases} \Rightarrow 4(1+2x) = 3(1+x)^2$

$\Rightarrow 3x^2 - 2x - 1 = 0 \Rightarrow \begin{cases} x_1 = 1 \\ x_2 = -\dfrac{1}{3} \end{cases} \Rightarrow \begin{cases} y_1 = 3 \\ y_2 = 9 \end{cases}$

$\Rightarrow \begin{cases} a_n = n \\ b_n = 3^{n-1} \end{cases}$ 或 $\begin{cases} a_n = \dfrac{1}{3}(4-n) \\ b_n = 9^{n-1} \end{cases}$

现在我们利用公式验证

$$1 + 2x + 3x^2 + \cdots + nx^{n-1} = \frac{1-x^n}{(1-x)^2} - \frac{nx^n}{1-x}$$

$$\sum_{i=1}^{n} a_i b_i = \sum_{i=1}^{n} i \cdot 3^{n-1} = \frac{1-3^n}{(1-3)^2} - \frac{n \cdot 3^n}{1-3} = \frac{(2n-1)3^n + 1}{4}$$

但 $\sum_{i=1}^{n}\left[\dfrac{1}{3}(4-i) \cdot 9^{i-1}\right] = \dfrac{1}{3}\left[4\sum_{i=1}^{n} 9^{i-1} - \sum_{i=1}^{n} i \cdot 9^{i-1}\right]$

$= \dfrac{1}{3}\left\{\dfrac{4(9^n - 1)}{9 - 1} - \left[\dfrac{1-9^n}{(1-9)^2} - \dfrac{n \cdot 9^n}{1-9}\right]\right\}$

$= \dfrac{(33 - 8n)9^n - 33}{3 \times 64}$

与式 (1) 不相符. 因此，所求数列 $\{a_n\}, \{b_n\}$ 的通项公式为

$\begin{cases} a_n = n \\ b_n = 3^{n-1} \end{cases} \Rightarrow \lambda = \dfrac{\sum_{i=1}^{n} i}{\sum_{i=1}^{n} 3^{i-1}} = \dfrac{n(n+1)}{2} \cdot \dfrac{3-1}{3^n - 1} = \dfrac{n(n+1)}{(3^n - 1)}$

解法 2 由式 (1) 得

$$\begin{cases} a_1b_1 + \cdots + a_{n-1}b_{n-1} + a_nb_n = \dfrac{(2n-1)3^n + 1}{4} \\ a_1b_1 + \cdots + a_{n-1}b_{n-1} = \dfrac{(2n-3)3^{n-1} + 1}{4} \end{cases}$$

$$\Rightarrow a_nb_n = \dfrac{1}{4}[3(2n-1) - (2n-3)]3^{n-1}$$

$$\Rightarrow a_nb_n = n \cdot 3^{n-1}$$

注意到 $a_1 = b_1 = 1$,我们设等差数列 $\{a_n\}$ 的公差为 x,等比数列 $\{b_n\}$ 的公比为 y,则有递推公式

$$\begin{cases} a_n = 1 + (n-1)x \\ b_n = y^{n-1} \end{cases} \Rightarrow [1 + (n-1)x]y^{n-1} = n \cdot 3^n \Rightarrow \begin{cases} (1+x)y = 6 \\ (1+2x)y^2 = 27 \end{cases}$$

以下过程同解法 1.

新题 9 设 $\{a_n\}$ 为等差数列,$\{b_n\}$ 为等比数列,且满足 $a_1 = b_1 \neq 0$ 及

$$\dfrac{a_1}{b_1} + \dfrac{a_2}{b_2} + \cdots + \dfrac{a_n}{b_n} = \dfrac{(4n-1)5^n + 1}{16} \tag{1}$$

求 $\lambda = \dfrac{a_1 + a_2 + \cdots + a_n}{b_1 + b_2 + \cdots + b_n}$.

解 由已知可设 $a_1 = b_1 = t \neq 0$,等差数列 $\{a_n\}$ 的公差为 x,等比数列 $\{b_n\}$ 的公比为 y,在式(1)中取 $n = 2, 3$,得方程组

$$\begin{cases} 1 + \dfrac{t+x}{ty} = 11 \\ 1 + \dfrac{t+x}{ty} + \dfrac{t+2x}{ty^2} = 86 \end{cases}$$

$$\Rightarrow \begin{cases} x = 10ty - t \\ t + 2x = 75ty^2 \end{cases}$$

$$\Rightarrow 75y^2 - 20y + 1 = 0$$

$$\Rightarrow (5y - 1)(15y - 1) = 0$$

$$\Rightarrow \begin{cases} y_1 = \dfrac{1}{5} \\ y_2 = \dfrac{1}{15} \end{cases} \Rightarrow \begin{cases} x_1 = t \\ x_2 = -\dfrac{1}{3}t \end{cases}$$

$$\Rightarrow \begin{cases} a_n = t + (n-1)t = nt \\ b_n = t\left(\dfrac{1}{5}\right)^{n-1} \end{cases} \tag{2}$$

或 $\begin{cases} a_n = t - \dfrac{1}{3}(n-1)t = \left(\dfrac{4-n}{3}\right)t \\ b_n = t\left(\dfrac{1}{15}\right)^{n-1} \end{cases}$ (3)

应用公式

$$1 + 2x + 3x^2 + \cdots + nx^{n-1} = \frac{1-x^n}{(1-x)^2} + \frac{nx^n}{1-x}$$

进行验证:当数列 $\{a_n\},\{b_n\}$ 的通项公式为式(2)时

$$\sum_{i=1}^{n} \frac{a_i}{b_i} = \sum_{i=1}^{n}(i \cdot 5^{i-1}) = \frac{1-5^n}{(1-5)^2} - \frac{n \cdot 5^n}{1-5} = \frac{(4n-1)5^n + 1}{16}$$

这恰好是式(1),而从前题解答可知,式(3)不是所求数列的通项公式.因此,数列 $\{a_n\},\{b_n\}$ 的通项公式为

$$\begin{cases} a_n = nt \\ b_n = t\left(\dfrac{1}{5}\right)^{n-1} \end{cases} \quad (t \neq 0, n \in \mathbf{N}^+)$$

新题 10 已知数列 $\{a_n\},\{b_n\}$ 为等差正整数数列,且满足

$$a_1 = b_1 = 1$$

$$\frac{1}{a_1 b_2} + \frac{1}{a_2 b_3} + \cdots + \frac{1}{a_{n-1} b_n} + \frac{1}{a_n b_1} = 1 \tag{1}$$

求证: $a_1 b_2 + a_2 b_3 + \cdots + a_{n-1} b_n + a_n b_1 = \dfrac{1}{3}n(n^2 + 2)$,而且逆命题也成立.

证明 (1°)如果 $\{a_n\}$ 为常数数列,即

$$a_1 = a_2 = \cdots = a_n = 1$$

$$\Rightarrow \frac{1}{b_1} + \frac{1}{b_2} + \cdots + \frac{1}{b_n} = 1$$

$$\Rightarrow \frac{1}{b_2} + \frac{1}{b_3} + \cdots + \frac{1}{b_n} = 0$$

显然不存在这样的正整数等差数列,因此 $\{a_n\}$ 不可能为常数列 $a_n = 1$.

同理: $\{b_n\}$ 也不可能为常数列 $b_n = 1$.

(2°)因此 $\{a_n\},\{b_n\}$ 均为递增等差正整数数列.在式(1)中设

$$t = \frac{1}{a_1 b_2} + \frac{1}{a_2 b_3} + \cdots + \frac{1}{a_{n-2} b_{n-1}}$$

$$\Rightarrow \begin{cases} t + \dfrac{1}{a_{n-1} b_n} + \dfrac{1}{a_n b_1} = 1 \\ t + \dfrac{1}{a_{n-1} b_1} = 1(用 n-1 替换 n) \end{cases}$$

$$\Rightarrow \frac{1}{a_{n-1}b_n} + \frac{1}{a_n b_1} = \frac{1}{a_{n-1}b_1}$$

$$\Rightarrow \frac{1}{a_{n-1}b_n} + \frac{1}{a_n} = \frac{1}{a_{n-1}}$$

$$\Rightarrow (b_n - 1)a_n = a_{n-1}b_n \qquad (2)$$

注意到

$$\begin{cases} 1 = a_1 < a_2 < \cdots < a_n \\ 1 = b_1 < b_2 < \cdots < b_n \end{cases}$$

$$\Rightarrow \begin{cases} (a_{n-1}, a_n) = (b_n - 1, b_n) = 1 \\ a_n(b_n - 1) = a_{n-1}b_n \quad (n \geq 2, n \in \mathbf{N}^+) \end{cases}$$

$$\Rightarrow \begin{cases} a_n = b_n \\ a_{n-1} = b_n - 1 \end{cases} \Rightarrow \left. \begin{cases} a_n = b_n (n \geq 2) \\ a_n - a_{n-1} = 1 \\ a_1 = b_1 = 1 \end{cases} \right\}$$

$$\Rightarrow a_n = b_n = n \quad (n \in \mathbf{N}^+)$$

$$\Rightarrow \frac{1}{a_1 b_2} + \frac{1}{a_2 b_3} + \cdots + \frac{1}{a_{n-1}b_n} + \frac{1}{a_n b_1} = \frac{1}{1 \times 2} + \frac{1}{2 \times 3} + \cdots + \frac{1}{(n-1)n} + \frac{1}{n \times 1}$$

$$= (1 - \frac{1}{2}) + (\frac{1}{2} - \frac{1}{3}) + \cdots + (\frac{1}{n-1} - \frac{1}{n}) + \frac{1}{n} = 1$$

这充分表明验证已通过,所求等差数列 $\{a_n\}, \{b_n\}$ 的通项公式为

$$a_n = b_n = n \quad (n \in \mathbf{N}^+)$$

(3°)我们简记

$$\begin{aligned} S_n &= a_1 b_2 + a_2 b_3 + \cdots + a_{n-1} b_n + a_n b_1 \\ &= 1 \times 2 + 2 \times 3 + \cdots + (n-1)n + n \times 1 \\ &= (1^2 + 1) + (2^2 + 2) + \cdots + [(n-1)^2 + (n-1)] + n \\ &= [1^2 + 2^2 + \cdots + (n-1)^2] + (1 + 2 + \cdots + n) \\ &= \frac{n}{6}[(n-1)(2n-1) + 3(n+1)] \\ &= \frac{1}{3}n(n^2 + 2) \end{aligned}$$

$$\Rightarrow S_n = \frac{1}{3}n(n^2 + 2)$$

即式(2)成立.

(4°)现在我们证明逆命题,即只需应用式(2)证明式(1).

注意到 $a_1 = b_1 = 1$,设等差数列 $\{a_n\}$ 的公差为 x,$\{b_n\}$ 的公差为 y,则有通项公式

$$\begin{cases} a_n = 1 + (n-1)x \\ b_n = 1 + (n-1)y \end{cases} \quad (n \in \mathbf{N}^+)$$

在式(2)中分别取 $n = 2, 3$ 得

$$\begin{cases} a_1 b_2 + a_2 b_1 = 4 \\ a_1 b_2 + a_2 b_3 + a_3 b_1 = 11 \end{cases}$$

$$\Rightarrow \begin{cases} (1+y)(1+x) = 4 \\ (1+y) + (1+x)(1+2y) + (1+2x) = 11 \end{cases}$$

$$\Rightarrow \begin{cases} x + y = 2 \\ 3(x+y) + 2xy = 8 \end{cases} \Rightarrow \begin{cases} x + y = 2 \\ xy = 1 \end{cases}$$

$$\Rightarrow x = y = 1 \Rightarrow a_n = b_n = 1 + (n-1) = n$$

$$\Rightarrow \frac{1}{a_1 b_2} + \frac{1}{a_2 b_3} + \cdots + \frac{1}{a_{n-1} b_n} + \frac{1}{a_n b_1} = 1$$

所以本题逆命题成立.

我们在前面新编的十道题目中,均是两个数列 $\{a_n\}$ 与 $\{b_n\}$ 纵横交错、相依相存、和谐相处在一起,下面我们新编一道只涉及一个等差数列的新题.

新题 11 设 $\{a_n\}$ 为首项为 1 的等差数列,且满足对任意 $n(n \geq 2, n \in \mathbf{N}^+)$ 有

$$\left(\frac{3}{2}n - \frac{1}{2}\right) \leq \frac{a_1}{a_2} + \frac{a_2}{a_3} + \cdots + \frac{a_{n-1}}{a_n} + \frac{a_n}{a_1} \leq 2n - 2 + \frac{1}{n} \quad (1)$$

求 $\dfrac{1}{a_1 a_2} + \dfrac{1}{a_2 a_3} + \cdots + \dfrac{1}{a_{n-1} a_n} + \dfrac{1}{a_n a_1}$ 之值.

解 从式(1)可知 0 不为等差数列 $\{a_n\}$ 中的项,注意到首项 $a_1 = 1$,在式(1)中取 $n = 2$ 有

$$\frac{5}{2} \leq \frac{a_1}{a_2} + \frac{a_2}{a_1} \leq \frac{5}{2} \Rightarrow \frac{1}{a_2} + a_2 = \frac{5}{2} \Rightarrow 2a_2^2 - 5a_2 + 2 = 0 \Rightarrow (a_2 - 2)(2a_2 - 1) = 0$$

当 $a_2 = \dfrac{1}{2}$ 时,公差 $d = a_2 - a_1 = -\dfrac{1}{2}, a_3 = a_2 + d = 0$. 因此,此时 $\{a_n\}$ 只有两项,即

$$\{a_1, a_2\} = \left\{1, \frac{1}{2}\right\}$$

当 $a_2 = 2$ 时,公差 $d = a_2 - a_1 = 1$. 此时等差数列 $\{a_n\}$ 的通项公式为

$$a_n = n \quad (n \in \mathbf{N}^+)$$

现在我们验证式(1)成立:记

$$T_n = \frac{a_1}{a_2} + \frac{a_2}{a_3} + \cdots + \frac{a_{n-1}}{a_n} + \frac{a_n}{a_1}$$

$$\theta = \frac{1}{2} + \frac{1}{3} + \cdots + \frac{1}{n}$$

当 $n \geq 2$ 时

$$\left. \begin{array}{l} \theta \geq \dfrac{n-1}{n} = 1 - \dfrac{1}{n} \\ \theta \leq \dfrac{n-1}{2} = \dfrac{n}{2} - \dfrac{1}{2} \end{array} \right\}$$

$$\Rightarrow 1 - \frac{1}{n} \leq \theta \leq \frac{n}{2} - \frac{1}{2}$$

于是有

$$T_n = \frac{1}{2} + \frac{2}{3} + \cdots + \frac{n-1}{n} + \frac{n}{1} = n + (1 - \frac{1}{2}) + (1 - \frac{1}{3}) + \cdots + (1 - \frac{1}{n})$$

$$= n + (n-1) - \theta = 2n - 1 - \theta$$

$$\Rightarrow 2n - 1 - (\frac{n}{2} - \frac{1}{2}) \leq T_n \leq 2n - 1 - (1 - \frac{1}{n})$$

$$\Rightarrow \frac{3}{2}n - \frac{1}{2} \leq T_n \leq 2n - 2 + \frac{1}{n}$$

这正好是式(1),因此 $a_n = n$,且

$$\frac{1}{a_1 a_2} + \frac{1}{a_2 a_3} + \cdots + \frac{1}{a_{n-1} a_n} + \frac{1}{a_n a_1} = \frac{1}{1 \times 2} + \frac{1}{2 \times 3} + \cdots + \frac{1}{(n-1)n} + \frac{1}{n \times 1}$$

$$= (1 - \frac{1}{2}) + (\frac{1}{2} - \frac{1}{3}) + \cdots + (\frac{1}{n-1} - \frac{1}{n}) + \frac{1}{n}$$

$$= 1$$

我们从课本上的一道典型习题出发从一滴水中见到了太阳的光辉,让我们的思维活跃奔放、自由放飞、发散创新,最终新编了 11 道妙题,其中有的适合模拟高考,有的适合奥数训练.因此,只要我们辛勤劳动,必有春种秋收.

数学是万花筒,变化多端,五彩缤纷;数学是海洋,是天空,宽阔无边,探索无限.

比如,我们又可以从新的外观结构编出下题.

新题 12 设 $\{a_n\}$,$\{b_n\}$ 均为等差数列,且满足 $a_1 = b_1 = 1$ 及

$$\frac{a_1 a_2}{b_1} + \frac{a_2 a_3}{b_2} + \cdots + \frac{a_{n-1} a_n}{b_{n-1}} + \frac{a_n a_1}{b_n} = \frac{n(n+1)}{2} \tag{1}$$

求 a_n, b_n.

解 显然 0 不为等差数列 $\{b_n\}$ 中的项.

(1°)如果 $a_n b_n \in \mathbf{N}^+$,在式(1)中令 $n = 2$,可得

$$\frac{a_1a_2}{b_1}+\frac{a_2a_1}{b_2}=3$$

$$\Rightarrow \left.\begin{array}{l} a_2+\dfrac{a_2}{b_2}=3 \Rightarrow (b_2+1)a_2=3b_2 \\ (b_2,b_2+1)=1 \end{array}\right\}$$

$$\Rightarrow a_n=b_n=n\,(n\in \mathbf{N}^+)$$

$$\Rightarrow T_n=\frac{a_1a_2}{b_1}+\frac{a_2a_3}{b_2}+\cdots+\frac{a_{n-1}a_n}{b_{n-1}}+\frac{a_na_1}{b_n}=2+3+\cdots+(n+1)=\frac{n}{2}(n+1)$$

这恰好与式(1)一致.

所以 $a_n=b_n=n\,(n\in \mathbf{N}^+)$ 是所求等差数列 $\{a_n\}$ 与 $\{b_n\}$ 的一个通项公式.

(2°) 当 $a_n,b_n\in \mathbf{Z}$ 时,设等差数列 $\{a_n\}$ 的公差为 x,$\{b_n\}$ 的公差为 y,则通项公式为

$$\begin{cases} a_n=1+(n-1)x \\ b_n=1+(n-1)y \end{cases}(n\in \mathbf{N}^+,x,y\in \mathbf{Z})$$

$$\Rightarrow \begin{cases} a_2=1+x \\ b_2=1+y \end{cases}\text{(代入式(2))}$$

$$\Rightarrow (2+y)(1+x)=3(1+y)$$

$$\Rightarrow (2-x)(y+2)=3 \tag{2}$$

方程(2)的整数解有四种情况

$$\begin{cases} 2-x=1 \\ y+2=3 \end{cases}\Rightarrow \begin{cases} x=1 \\ y=1 \end{cases}\Rightarrow \begin{cases} a_n=n \\ b_n=n \end{cases}$$

$$\begin{cases} 2-x=-1 \\ y+2=-3 \end{cases}\Rightarrow \begin{cases} x=3 \\ y=-5 \end{cases}\Rightarrow \begin{cases} a_n=3n-2 \\ b_n=6-5n \end{cases}$$

$$\begin{cases} 2-x=3 \\ y+2=1 \end{cases}\Rightarrow \begin{cases} x=-1 \\ y=-1 \end{cases}\Rightarrow \begin{cases} a_n=2-n \\ b_n=2-n \end{cases}$$

$$\begin{cases} 2-x=-3 \\ y+2=-1 \end{cases}\Rightarrow \begin{cases} x=5 \\ y=-3 \end{cases}\Rightarrow \begin{cases} a_n=5n-4 \\ b_n=4-3n \end{cases}$$

当 $n\geqslant 2,\in \mathbf{N}^+$ 时

$$b_n=6-5n<0,T_n<\frac{a_1a_2}{b_1}=4$$

这与式(1)矛盾;

当 $n=2$ 时,$a_n=b_n=2-n=0$ 不合题意;

当 $n\geqslant 2$ 时,$b_n=4-3n<0$ 同样与式(1)矛盾.

因此当 $a_n,b_n\in \mathbf{Z}$ 时,等差数列的通项公式只能是 $a_n=b_n=n$.

($3°$) 当 $a_n, b_n \in \mathbf{R}$ 时,在式(1)中取

$$n = 3 \Rightarrow T_3 = \frac{a_1 a_2}{b_1} + \frac{a_2 a_3}{b_2} + \frac{a_3 a_1}{b_3} = 6$$

$$\Rightarrow a_2 + \frac{a_2 a_3}{b_2} + \frac{a_3}{b_3} = 6$$

$$\Rightarrow (1+x) + \frac{(1+x)(1+2x)}{1+y} + \frac{1+2x}{1+2y} = 6$$

$$\Rightarrow x + \frac{(1+x)(1+2x)}{1+y} + \frac{1+2x}{1+2y} = 5 \tag{3}$$

又从式(2)得

$$x = \frac{2y+1}{y+2} (代入式(3))$$

$$\Rightarrow (5y+4)(7y+5) = 3(y+2)(y+3)(2y+1)$$

$$\Rightarrow 3y^3 - y^2 - y - 1 = 0$$

$$\Rightarrow (y-1)(3y^2 + 2y + 1) = 0$$

由于 $\quad 3y^2 + 2y + 1 = 3(y + \frac{1}{3})^2 + \frac{2}{3} > 0$

$$\Rightarrow y = 1 \Rightarrow x = 1 \Rightarrow a_n = b_n = n$$

综合前述讨论,等差数列 $\{a_n\}, \{b_n\}$ 的通项公式为 $a_n = b_n = n$.

注 ($1°$) 在新题 12 中,我们是在实数集内求等差数列 $\{a_n\}, \{b_n\}$ 的通项公式,且为

$$a_n = b_n = n$$

如果在复数集内求通项公式,那么

$$3y^2 + 2y + 1 = 0$$

$$\Rightarrow \begin{cases} y_1 = -\frac{1}{3} - \frac{\sqrt{2}}{3}\mathrm{i} \\ y_2 = -\frac{1}{3} - \frac{\sqrt{2}}{3}\mathrm{i} \end{cases} \Rightarrow \begin{cases} x_1 = \frac{1}{3} - \frac{4\sqrt{2}}{27}\mathrm{i} \\ x_2 = \frac{1}{3} + \frac{4\sqrt{2}}{27}\mathrm{i} \end{cases}$$

$$\Rightarrow \begin{cases} a_n = 1 + (\frac{1}{3} - \frac{4\sqrt{2}}{27}\mathrm{i})(n-1) \\ b_n = 1 - (\frac{1}{3} + \frac{\sqrt{2}}{3}\mathrm{i})(n-1) \end{cases} \tag{4}$$

或 $\begin{cases} a_n = 1 + (\frac{1}{3} + \frac{4\sqrt{2}}{27}\mathrm{i})(n-1) \\ b_n = 1 - (\frac{1}{3} - \frac{\sqrt{2}}{3}\mathrm{i})(n-1) \end{cases} \quad (n = 1, 2, 3, \cdots)$ $\tag{5}$

式(4),(5)是否为数列$\{a_n\},\{b_n\}$的另外两个通项公式,还应代入式(1)验证,但计算量太复杂,也是惊人的. 不过,在式(4),(5)中取$n=1,2,3$却是千真万确的.

(2°) 如果我们记

$$t = \frac{a_1 a_2}{b_1} + \frac{a_2 a_3}{b_2} + \cdots + \frac{a_{n-2} a_{n-1}}{b_{n-2}}$$

$$\Rightarrow \begin{cases} T_n = t + \dfrac{a_{n-1} a_n}{b_{n-1}} + \dfrac{a_n b_1}{b_n} = \dfrac{n(n+1)}{2} \\ T_{n-1} = t + \dfrac{a_{n-1} b_1}{b_{n-1}} = \dfrac{n}{2}(n-1) \end{cases}$$

$$\Rightarrow \frac{a_{n-1} a_n}{b_{n-1}} + \frac{a_n}{b_n} - \frac{a_{n-1}}{b_{n-1}} = n \tag{6}$$

$$\Rightarrow a_n b_{n-1}(a_{n-1}+1) = b_n(a_{n-1} + n b_{n-1}) \tag{7}$$

同理可得

$$\frac{a_n a_{n+1}}{b_n} + \frac{a_{n+1}}{b_{n+1}} - \frac{a_n}{b_n} = n+1 \tag{8}$$

$$\Rightarrow a_{n+1} b_n (a_n + 1) = b_{n+1}[a_n + (n+1) b_n] \tag{9}$$

式(8) - (6)得

$$\frac{a_n a_{n+1}}{b_n} + \frac{a_{n+1}}{b_{n+1}} - \frac{2 a_n}{b_n} + \frac{a_{n-1}}{b_{n-1}} = 1$$

若再将通项公式

$$\begin{cases} a_n = 1 + (n-1)x \\ b_n = 1 + (n-1)y \end{cases}$$

代入式(7),(9),便可得到关于公差x,y的方程组,但求解相当复杂.

新题 13 设等差数列$\{a_n\}$与$\{b_n\}$的首项均为1,且满足

$$T_n = \frac{a_1 b_1}{a_1 + b_1} + \frac{a_2 b_2}{a_2 + b_2} + \cdots + \frac{a_n b_n}{a_n + b_n} = \frac{n(n+1)}{4}$$

求:a_n, b_n.

解法 1 设等差数列$\{a_n\}$的公差为x,$\{b_n\}$的公差为y,则通项公式为

$$\begin{cases} a_n = 1 + (n-1)x \\ b_n = 1 + (n-1)y \end{cases} \quad (n \in \mathbf{N}^+)$$

$$T_n - T_{n-1} = \sum_{i=1}^{n} \frac{a_i b_i}{a_i + b_i} - \sum_{i=1}^{n-1} \frac{a_i b_i}{a_i + b_i} = \frac{a_n b_n}{a_n + b_n}$$

$$\Rightarrow \frac{a_n b_n}{a_n + b_n} = \frac{n(n+1)}{4} - \frac{n(n-1)}{4} = \frac{n}{2}$$

53

$$\Rightarrow \frac{a_{n+1}b_{n+1}}{a_{n+1}+b_{n+1}} = \frac{n+1}{2}$$

$$\Rightarrow \frac{a_{n+1}b_{n+1}}{a_{n+1}+b_{n+1}} - \frac{a_n b_n}{a_n+b_n} = \frac{1}{2}$$

$$\Rightarrow \frac{a_n b_n}{a_n+b_n} - \frac{a_{n-1}b_{n-1}}{a_{n-1}+b_{n-1}} = \frac{1}{2}$$

$$\Rightarrow \frac{a_n b_n}{a_n+b_n} - \frac{a_1 b_1}{a_1+b_1} = \frac{1}{2}(n-1)$$

$$\Rightarrow \frac{a_n b_n}{a_n+b_n} = \frac{1}{2} + \frac{1}{2}(n-1) = \frac{n}{2}$$

$$\Rightarrow \begin{cases} a_2 b_2 = a_2 + b_2 \\ a_3 b_3 = \dfrac{3}{2}(a_3+b_3) \end{cases}$$

$$\Rightarrow \begin{cases} (1+x)(1+y) = (1+x)+(1+y) \\ (1+2x)(1+2y) = \dfrac{3}{2}(2+2x+2y) \end{cases}$$

$$\Rightarrow x = y = 1 \Rightarrow a_n = b_n = n$$

$$\Rightarrow T_n = \frac{1}{2}(1+2+\cdots+n) = \frac{n(n+1)}{4}$$

故所求等差数列 $\{a_n\},\{b_n\}$ 的通项公式为 $a_n = b_n = n.$

解法2 将通项公式

$$\begin{cases} a_n = 1+(n-1)x \\ b_n = 1+(n-1)y \end{cases} (n \in \mathbf{N}^+)$$

代入

$$\begin{cases} 2a_n b_n = n(a_n+b_n) \\ 2a_{n+1}b_{n+1} = (n+1)(a_{n+1}+b_{n+1}) \end{cases}$$

$$\Rightarrow \begin{cases} (n-2)(x+y) - 2(n-1)xy = -2 \\ (n-1)(x+y) - 2nxy = -2 \end{cases}$$

$$\Rightarrow x+y = 2xy = 2 \Rightarrow x = y = 1$$

$$\Rightarrow a_n = b_n = n$$

如果我们有百倍的信心,千倍的耐心,又可以编制:

新题 14 设 $\{a_n\},\{b_n\}$ 均为首项为 1 的等差数列,且满足

$$T_n = \sum_{i=1}^n \left(\frac{a_i^3+b_i^3}{a_i b_i} \right) = n(n+1)$$

求 a_n, b_n.

分析 由已知有 $a_1 = b_1 = 1$,设等差数列 $\{a_n\}$ 的公差为 x,$\{b_n\}$ 的公差为 y,且 $p = x + y, q = xy$,那么有通项公式

$$\begin{cases} a_n = 1 + (n-1)x \\ b_n = 1 + (n-1)y \end{cases}$$

又

$$\frac{a_n^3 + b_n^3}{a_n b_n} = T_n - T_{n-1} = n(n+1) - n(n-1)$$

$$\Rightarrow a_n^3 + b_n^3 = 2n a_n b_n$$

在式(1)中分别取 $n = 2, 3$ 得

$$\begin{cases} a_2^3 + b_2^3 = 4 a_2 b_2 \\ a_3^3 + b_3^3 = 6 a_3 b_3 \end{cases}$$

$$\Rightarrow \begin{cases} (1+x)^3 + (1+y)^3 = 4(1+x)(1+y) \\ (1+2x)^3 + (1+2y)^3 = 6(1-2x)(1+2y) \end{cases}$$

$$\Rightarrow \begin{cases} x^3 + y^3 + 3(x^2 + y^2) - (x+y) = 2 + 4xy \\ 4(x^3 + y^3) + 6(x^2 + y^2) - 3(x+y) = 2 + 12xy \end{cases}$$

$$\Rightarrow \begin{cases} (p^3 - 3pq) + 3(p^2 - 2q) - p = 2 + 4q \\ 4(p^3 - 3pq) + 6(p^2 - 2q) - 3p = 2 + 12q \end{cases}$$

$$\Rightarrow \begin{cases} 4(p^3 + 3p^2 - 3pq - p) = 4(2 + 10q) \\ 4p^3 + 6p^2 - 12pq - 3p = 2 + 24q \end{cases} \tag{2}$$

$$\Rightarrow 6p^2 - p = 6 + 16q$$

$$\Rightarrow q = \frac{1}{16}(6p^2 - p - 6) \tag{3}$$

代入式(2)得

$$2p^3 + 9p^2 - 12p - 28 = 0$$

$$\Rightarrow (p-2)(2p^2 + 13p + 14) = 0$$

(1°)当 $p = 2$ 时,代入式(6)求得 $q = 1$,于是

$$\begin{cases} x + y = p = 2 \\ xy = q = 1 \end{cases} \Rightarrow \begin{cases} x = 1 \\ y = 1 \end{cases} \Rightarrow \begin{cases} a_n = n \\ b_n = n \end{cases}$$

$$\Rightarrow T_n = 2(1 + 2 + \cdots + n) = n(n+1)$$

即 $a_n = b_n = n$ 是等差数列 $\{a_n\}, \{b_n\}$ 的一个通项公式.

(2°)当 $2p^2 + 13p + 14 = 0$ 时

$$\begin{cases} p_1 = -(\dfrac{13 + \sqrt{57}}{4}) \\ p_2 = -(\dfrac{13 - \sqrt{57}}{4}) \end{cases}$$

$$\Rightarrow q = \frac{1}{16}(6p^2 - p - 6) = \frac{1}{16}[3(2p^2 + 13p + 14) - 40p - 48]$$

$$= -\frac{1}{2}(5p + 6)$$

$$\Rightarrow \begin{cases} q_1 = \frac{1}{8}(41 + 5\sqrt{57}) \\ q_2 = \frac{1}{8}(41 - 5\sqrt{57}) \end{cases}$$

再结合 $x + y = p, xy = q$. 因此 x, y 或者是方程

$$t^2 + \frac{1}{4}(13 + \sqrt{57})t + \frac{1}{8}(41 + 5\sqrt{57}) = 0 \tag{4}$$

的两根,或者是方程

$$t^2 + \frac{1}{4}(13 - \sqrt{57})t + \frac{1}{8}(41 - 5\sqrt{57}) = 0 \tag{5}$$

的两根.

但方程(4),(5)的根太复杂,导致得到的通项公式 a_n, b_n 太复杂,不利于验证.

在数学探索中,我们发现:有时提出一个问题比解决一个问题更有意义:

问题1 设等差数列 $\{a_n\}, \{b_n\}$ 的首项均为1,满足

$$T_n = (a_1^{b_1} b_1^{a_1})^{\frac{1}{a_1+b_1}} + \cdots + (a_n^{b_n} b_n^{a_n})^{\frac{1}{a_n+b_n}} = \frac{1}{2}n(n+1) \tag{1}$$

或者

$$T_n = (a_1^{b_1} b_1^{a_1})^{\frac{1}{a_1+b_1}} + \cdots + (a_n^{b_n} b_n^{a_n})^{\frac{1}{a_n+b_n}} = \frac{1}{2}n(n+1) \tag{2}$$

求 a_n, b_n.

分析 观察式(1)或(2)知,当 $a_n = b_n$ 时,虽然有 $a_n = b_n = n$,这便是等差数列 $\{a_n\}, \{b_n\}$ 的一个通项公式. 但是, $\{a_n\}, \{b_n\}$ 还存在其他形式的通项公式吗?

我们仍然设等差数列 $\{a_n\}$ 的公差为 $x, \{b_n\}$ 的公差为 y,则

$$\begin{cases} a_n = 1 + (n-1)x \\ b_n = 1 + (n-1)y \end{cases}$$

$$(a_n^{b_n} b_n^{a_n})^{\frac{1}{a_n+b_n}} = T_n - T_{n-1} = \frac{n(n+1)}{2} - \frac{n(n-1)}{2} = n$$

$$\Rightarrow a_n^{b_n} b_n^{a_n} = n^{a_n + b_n}$$

$$\Rightarrow [1 + (n-1)x]^{1+(n-1)y} \cdot [1 + (n-1)y]^{1+(n-1)x} = n^{2+(n-1)(x+y)} \tag{3}$$

同理可得
$$a_{n+1}^{b_{n+1}} \cdot b_{n+1}^{a_{n+1}} = (n+1)^{a_{n+1}+b_{n+1}}$$
$$\Rightarrow (1+nx)^{1+ny} \cdot (1+ny)^{1+nx} = (n+1)^{2+n(x+y)} \tag{4}$$

观察式(3),(4)可知,它们联合组成超越方程组,欲求其解,是不容易的.

新题 15 设等差数列$\{a_n\}$的首项为1,$\{b_n\}$的首项为3,且满足

$$\sum_{i=1}^{n} \sqrt{a_i^2 + b_i} = \frac{n}{2}(n+3) \tag{1}$$

求 a_n, b_n.

解 从式(1)设 $a_n = 1 + (n-1)x, b_n = 3 + (n-1)y$

$$\sqrt{a_n^2 + b_n} = \sum_{i=1}^{n} \sqrt{a_i^2 + b_i} - \sum_{i=1}^{n-1} \sqrt{a_i^2 + b_i}$$

$$= \frac{n}{2}(n+3) - \frac{n-1}{2}(n+2)$$

$$= n+1$$

$$\Rightarrow a_n^2 + b_n = (n+1)^2$$

$$\Rightarrow \begin{cases} a_2^2 + b_2 = 9 \\ a_3^2 + b_3 = 16 \end{cases} \Rightarrow a_3^2 - a_2^2 + b_3 - b_2 = 7$$

$$\Rightarrow (1+2x)^2 - (1+x)^2 + y = 7$$

$$\Rightarrow y = 7 - 3x^2 - 2x$$

又从
$$a_2^2 + b_2 = 9$$
$$\Rightarrow (1+x)^2 + 3 + y = 9$$
$$\Rightarrow x^2 = 1 \Rightarrow x = \pm 1$$

当 $x = 1 \Rightarrow y = 2 \Rightarrow \begin{cases} a_n = n \\ b_n = 2n+1 \end{cases} \tag{2}$

$$\Rightarrow \sqrt{a_n^2 + b_n} = n+1$$

$$\Rightarrow \sum_{i=1}^{n} \sqrt{a_i^2 + b_i} = \sum_{i=1}^{n} (i+1)$$

$$= n + \sum_{i=1}^{n} i = n + \frac{n}{2}(n+1) = \frac{n}{2}(n+3)$$

即式(2)为等差数列$\{a_n\},\{b_n\}$的一个通项公式.

当 $x = -1 \Rightarrow y = 6$

$$\Rightarrow \begin{cases} a_n = 2 - n \\ b_n = 3 + 6(n-1) = 6n - 3 \end{cases} \tag{3}$$

$$\Rightarrow \sqrt{a_n^2+b_n} = \sqrt{(2-n)^2+(6n-3)} = n+1$$

因此,等差数列 $\{a_n\}$, $\{b_n\}$ 均还有第二个通项公式,即式(3).

综合上述,等差数列 $\{a_n\}$, $\{b_n\}$ 的通项公式为

$$\begin{cases} a_n = n \\ b_n = 2n+1 \end{cases} \text{或} \begin{cases} a_n = 2-n \\ b_n = 6n-3 \end{cases}$$

新题 15 又可以改进为:

新题 16 设等差数列 $\{a_n\}$, $\{b_n\}$ 的首项分别为 1 和 3,且满足

$$T_n = \sqrt{a_1 b_1 + 1} + \sqrt{a_2 b_2 + 1} + \cdots + \sqrt{a_n b_n + 1} = \frac{n}{2}(n+3)$$

求 $a_1 b_1 + a_2 b_2 + \cdots + a_n b_n$ 及通项.

解 等差数列 $\{a_n\}$ 的公差为 x,$\{b_n\}$ 的公差为 y,则通项为

$$\begin{cases} a_n = 1+(n-1)x \\ b_n = 3+(n-1)y \end{cases}$$

$$\sqrt{a_n b_n + 1} = T_n - T_{n-1} = \frac{n}{2}(n+3) - \frac{n-1}{2}(n+2)$$

$$= n+1$$

$$\Rightarrow a_n b_n = (n+1)^2 - 1 = n(n+2)$$

$$\Rightarrow \begin{cases} a_2 b_2 = 8 \\ a_3 b_3 = 15 \end{cases} \Rightarrow \begin{cases} (1+x)(3+y) = 8 \\ (1+2x)(3+2y) = 15 \end{cases}$$

$$\Rightarrow \begin{cases} 4(xy+3x+y) = 20 \\ 4xy + 6x + 2y = 12 \end{cases}$$

$$\Rightarrow \begin{cases} y = 4 - 3x \\ (1+x)(3+y) = 8 \end{cases} \Rightarrow (1+x)(7-3x) = 8$$

$$\Rightarrow 3x^2 - 4x + 1 = 0 \Rightarrow (x-1)(3x-1) = 0$$

$$\Rightarrow \begin{cases} x_1 = 1 \\ y_1 = 1 \end{cases} \text{或} \begin{cases} x_2 = \frac{1}{3} \\ y_2 = 3 \end{cases}$$

$$\Rightarrow \begin{cases} a_n = n \\ b_n = n+2 \end{cases} \text{或} \begin{cases} a_n = 1 + \frac{n+1}{3} = \frac{n+2}{3} \\ b_n = 3 + 3(n-1) = 3n \end{cases}$$

$$\Rightarrow S_n = \sum_{i=1}^{n} a_i b_i = \sum_{i=1}^{n} i(i+2) = \sum_{i=1}^{n} i^2 + 2\sum_{i=1}^{n} i$$

$$= \frac{1}{6}n(n+1)(2n+1) + n(n+1) = \frac{1}{6}n(n+1)(2n+7)$$

新题 17 设数列 $\{a_n\}$ 满足:$a_1=3,a_2=7,a_n^2=a_{n-1}a_{n+1}-5(n\geqslant 2,n\in \mathbf{N}^+)$.

证明:若 $a_n+(-1)^n$ 为质数,那么必存在某个非负整数 m,使得 $n=3^m$.

证明 我们只要证明对任意 $k,l\in\mathbf{N}$,当 $n=3^l(1+3k)$ 或 $n=3^l(2+3k)$ 时,$a_n+(-1)^n$ 都不是素数. 由

$$\begin{cases} a_1=3 \\ a_2=7 \end{cases} \Rightarrow a_3=\frac{a_2^2+5}{a_1}=18$$

$$\begin{cases} a_n^2=a_{n-1}a_{n+1}-5 \\ a_{n-1}^2=a_{n-2}a_n-5 \end{cases} \Rightarrow a_n^2-a_{n-1}^2=a_{n-1}a_{n+1}-a_{n-2}a_n$$

$$\Rightarrow a_n(a_n+a_{n-2})=a_{n-1}(a_{n+1}+a_{n-1})$$

$$\Rightarrow \frac{a_{n+1}+a_{n-1}}{a_n}=\frac{a_n+a_{n-2}}{a_{n-1}}$$

$$\Rightarrow \frac{a_n+a_{n-2}}{a_{n-1}}=\frac{a_{n-1}+a_{n-3}}{a_{n-2}}$$

$$=\cdots=\frac{a_3+a_1}{a_2}=3$$

$$\Rightarrow a_n=3a_{n-1}-a_{n-2} \quad (n\geqslant 3)$$

$$\Rightarrow a_n=\alpha^n+\beta^n$$

其中 $\alpha=\dfrac{3+\sqrt{5}}{2},\beta=\dfrac{3-\sqrt{5}}{2}$

令 $b_n=a_n+(-1)^n=\alpha^n+\beta^n+(-1)^n$

由 $\alpha\beta=1\Rightarrow(\alpha^n+\beta^n-1)(\alpha^n+\beta^n+1)=\alpha^{2n}+\beta^{2n}+1=b_{2n}\Rightarrow b_n|b_{2n}$

对奇数 m 和

$$(\alpha^m+\beta^m-1)(\alpha^{n+m}+\beta^{n+m}+\alpha^{n+2m}+\beta^{n+2m})=\alpha^n+\beta^n+\alpha^{n+3m}+\beta^{n+3m}$$
$$=b_n+b_{n+3m}$$

$\Rightarrow b_m|(b_n+b_{n+3m})$

于是,若 $b_m|b_n\Rightarrow b_m|b_{n+3m}$,同理可推出,对任意正整数,当 m 为奇数且 $b_m|b_n\Rightarrow b_m|b_{n+(3m)k}$ 时,我们取

$$m=3^l=n$$
$$\Rightarrow b_{3^l+(3\times 3^l)k}=b_{3^l(1+3k)}$$
$$\Rightarrow b_{3^l}|b_{3^l(1+3k)}$$

又因为

$$b_{3^l}|b_{2\times 3^l}\Rightarrow b_{3^l}|b_{2\times 3^l+(3\times 3^l)k}=b_{3^l(2+3k)}$$

对任意正整数 n,若 n 不为 3 的某个幂次则能写成 $3^l(1+3k)$ 或 $3^l(2+$

59

$3k$),这时 b_n 有真因子 b_{3l},从而 b_n 不是质数,故命题成立.

新题 18 关于 x 的方程 $x^2-x+a=0$ 和 $x^2-x+b=0$ ($a\neq b$) 的四个根组成首项为 $\dfrac{1}{4}$ 的等差数列,求 $a+b$ 的值.

解法 1 已知方程为

$$\begin{cases} x^2-x+a=0 & (1) \\ x^2-x+b=0 & (2)\end{cases} (a\neq b)$$

当 $\dfrac{1}{4}$ 是方程(1)的一个根时

$$\left(\dfrac{1}{4}\right)^2 - \dfrac{1}{4} + a = 0 \Rightarrow a = \dfrac{3}{16}$$

$$\Rightarrow x^2 - x + \dfrac{3}{16} = 0 \Rightarrow \begin{cases} x_1 = \dfrac{1}{4} \\ x_2 = \dfrac{3}{4} \end{cases}$$

设 $\alpha > \beta$ 为方程(2)的两根,当 $A=\left\{\dfrac{1}{4},\beta,\alpha,\dfrac{3}{4}\right\}$ 四个数成等差数列时,公差为

$$d = \left(\dfrac{3}{4} - \dfrac{1}{4}\right) \div 3 = \dfrac{1}{6}$$

$$\Rightarrow \begin{cases} \beta = \dfrac{1}{4}+\dfrac{1}{6}=\dfrac{5}{12} \\ \alpha = \dfrac{1}{4}+2\times\dfrac{1}{6}=\dfrac{7}{12} \end{cases} \begin{cases} \alpha+\beta=1 \\ b=\alpha\beta=\dfrac{35}{144} \end{cases}$$

$$\Rightarrow a+b = \dfrac{3}{16}+\dfrac{35}{144}=\dfrac{31}{72}$$

当 $B=\left\{\dfrac{1}{4},\beta,\dfrac{3}{4},\alpha\right\}$ 组成等差数列时 $\alpha+\beta=2\times\dfrac{3}{4}\neq 1$ 与方程(2)矛盾.

当 $C=\left\{\dfrac{1}{4},\dfrac{1}{4},\beta,\alpha\right\}$ 组成等差数列时,显然有 $\alpha+\beta>\dfrac{1}{4}+\dfrac{3}{4}=1$ 也和方程(2)矛盾.

当 $\dfrac{1}{4}$ 是方程(2)的两根时,同样可得

$$a+b=\dfrac{31}{72}$$

注 从上述解答可知,如果题目中设有约束条件 "$a\neq b$",那么,当 $a=b$

时,(1),(2)表示同一方程,四个数成等差数列无从谈起.

解法2 设两方程
$$\begin{cases} x^2 - x + a = 0 & (1) \\ x^2 - x + b = 0 \end{cases} \quad (a \neq b) \qquad (2)$$

的四个根组成的等差数列的公差为 d,由于 $a \neq b \Rightarrow d \neq 0$,且方程(1)与(2)的结构特征相同,故只需考虑 $\frac{1}{4}$ 是方程(1)的一个根即可,而且由韦达定理知,四个数

$$\frac{1}{4}, \frac{1}{4} + d, \frac{1}{4} + 2d, \frac{1}{4} + 3d$$

中只能是 $\frac{1}{4}, \frac{1}{4} + 3d$ 是方程(1)的两根,$\frac{1}{4} + d, \frac{1}{4} + 2d$ 是方程(2)的两根,于是

$$\frac{1}{4} + (\frac{1}{4} + 3d) = (\frac{1}{4} + d) + (\frac{1}{4} + 2d) = 1$$

$$\Rightarrow d = \frac{1}{6} \Rightarrow \begin{cases} a = \frac{1}{4}(\frac{1}{4} + 3d) = \frac{3}{16} \\ b = (\frac{1}{4} + d)(\frac{1}{4} + 2d) = \frac{35}{144} \end{cases}$$

$$\Rightarrow a + b = \frac{3}{16} + \frac{35}{144} = \frac{31}{72}$$

解法3 因为 $a \neq b$,不妨设 $a > b$,已知方程组
$$\begin{cases} x^2 - x + a = 0 \\ x^2 - x + b = 0 \end{cases} \quad (a \neq b)$$

的四个根从小到大排列为

$$\frac{1}{2}(1 - \sqrt{1 - 4b}), \frac{1}{2}(1 - \sqrt{1 - 4a}), \frac{1}{2}(1 + \sqrt{1 - 4a}), \frac{1}{2}(1 + \sqrt{1 - 4b})$$

设其公差为 d,则

$$\frac{1}{2}(1 - \sqrt{1 - 4b}) = \frac{1}{4} \Rightarrow b = \frac{3}{16}$$

$$\Rightarrow \frac{1}{2}(1 + \sqrt{1 - 4b}) = \frac{3}{4}$$

$$\Rightarrow d = (\frac{3}{4} - \frac{1}{4}) \div 3 = \frac{1}{6}$$

$$\Rightarrow \frac{1}{2}(1 - \sqrt{1 - 4a}) = \frac{1}{4} + \frac{1}{6} \Rightarrow a = \frac{35}{144}$$

$$\Rightarrow a + b = \frac{35}{144} + \frac{3}{16} = \frac{31}{72}$$

又由于

$$\frac{1}{2}(1+\sqrt{1-4b}) \geqslant \frac{1}{2} > \frac{1}{4}$$

所以只能有 $a+b=\frac{31}{72}$.

本题并不难,但显得简洁趣味,且上述解法也各呈新意. 现在我们创编两个具有新意的趣味问题:

新题 19 设 $\{a_n\}$ 为递增等差正数列,公差 $d>0$,如果 $A_n=\{a_1,a_2,\cdots,a_n\}$ 中任意连续 3 项均可构成一个三角形的三边,求 a_n 与 d 之间应满足的关系?再设 S_n 为 $\{a_n\}$ 的前 n 项和,如果 $P_n=\{S_1,S_2,\cdots,S_n\}$ 中任意连续 3 项之和仍然能构成一个三角形的三边,那么 a_n 与 d 应满足什么关系?

解 设 $m\in\{1,2,\cdots,n\}$,依题意 $d>0 \Rightarrow a_1>0 \Rightarrow a_m<a_{m+1}<a_{m+2}$,因此只需满足关系

$$a_m+a_{m+1}>a_{m+2}$$
$$\Rightarrow [a_1+(m-1)d]+[a_1+md] > a_1+(m+1)d$$
$$\Rightarrow a_1 > (2-m)d$$
$$\Rightarrow a_1 > \max_{1\leqslant m\leqslant n}(2-m)d = d$$
$$\Rightarrow a_n = a_1+(n-1)d > d+(n-1)d$$
$$\Rightarrow a_n > nd \quad (n\in\mathbf{N}^+)$$

同理,后一问题中由于 $\{S_n\}$ 是递增正数列,故只需满足关系

$$S_m+S_{m+1}>S_{m+2}$$
$$\Rightarrow [ma_1+\frac{m}{2}(m-1)d]+[(m+1)a_1+\frac{m}{2}(m+1)d]$$
$$> (m+2)a_1+\frac{1}{2}(m+1)(m+2)d$$
$$\Rightarrow (m-1)a_1 > -\frac{1}{2}(m^2-3m-2)d$$

显然 $m\geqslant 2$,否则当 $m=1$ 时,有 $0>2d>0$,矛盾.

当 $m=2$ 时,$a_1>2d$;当 $m=3$ 时,$a_1>\frac{1}{2}d$,当 $m\geqslant 4$ 时,$a_1\leqslant -\frac{1}{3}d<0$ 矛盾,因此,必须 $a_1>2d \Rightarrow a_n=a_1+(n-1)d>2d+(n-1)d=(n+1)d$,即 $a_n>(n+1)d(n\in\mathbf{N}^+)$.

新题 20 设 $\{b_n\}$ 为递增等比正数列,公比为 q,首项为 b_1,如果集合 $B_n=\{b_1,b_2,\cdots,b_n\}$ 中任意连续 3 项能构成三角形的三边,那么 b_n 与 b_1 应满足

什么关系?

解 显然有 $b_1 > 0, q > 1$,因此对于 $m \in \{1, 2, \cdots, n\}$ 有 $b_m < b_{m+1} < b_{m+2}$,故只需满足关系

$$b_m + b_{m+1} > b_{m+2}$$
$$\Rightarrow b_1 q^{m-1} + b_1 q^m > b_1 q^{m+1}$$
$$\left. \begin{array}{l} \Rightarrow 1 + q > q^2 \Rightarrow \dfrac{1}{2}(1-\sqrt{5}) < q < \dfrac{1}{2}(1+\sqrt{5}) \\ \qquad\qquad\qquad\qquad\qquad\qquad q > 1 \end{array} \right\}$$

$$\left. \begin{array}{l} q_n = q^{n-1} b_1 \\ \Rightarrow 1 < q < \dfrac{1}{2}(1+\sqrt{5}) \end{array} \right\}$$

$$\Rightarrow b_1 < b_n < b_1 \left(\dfrac{1+\sqrt{5}}{2}\right)^{n-1} \quad (n \geqslant 2, n \in \mathbf{N}^+)$$

如果我们再设递增等比正数列 $\{b_n\}$ 的前 n 项和组成的递增正数列 $\{S_n\}$,那么,数列 $\{S_n\}$ 中任意连续三项还能构成三角形的三边长吗?

分析 我们对于 $1 \leqslant m \leqslant n$,有

$$t = S_m + S_{m+1} - S_{m+2}$$
$$= \dfrac{b_1(q^m - 1)}{q-1} + \dfrac{a_1(q^{m+1} - 1)}{q-1} - \dfrac{a_1(q^{m+2} - 1)}{q-1}$$
$$= b_1 [(q^{m-1} + q^{m-2} + \cdots + q + 1) + (q^m + q^{m-1} + \cdots + q + 1) -$$
$$\qquad (q^{m+1} + q^m + \cdots + q + 1)]$$
$$= b_1 [(q^{m-1} + q^{m-2} + \cdots + q + 1) - q^{m+1}]$$
$$> b_1 [m(q^{m-1} \cdot q^{m-2} \cdot \cdots \cdot q \cdot 1)^{\frac{1}{m}} - q^{m+1}]$$
$$= b_1 (m q^{\frac{1}{2}(m-1)} - q^{m+1})$$
$$= b_1 q^{\frac{1}{2}(m-1)} (m - q^{\frac{1}{2}(m+3)})$$

由于,对于一切 $1 \leqslant m \leqslant n (n \geqslant 3, n \in \mathbf{N})$ 必有 $t > 0$,因此,当 $m = 1$ 时

$$t = b_1(1 - q^2) < 0$$

就不合要求.因此,需增加条件:从第 2 项起,$\{S_n\}$ 里任意连续三项构成三角形的三边长,从

$$t > 0 \Rightarrow m - q^{\frac{m+3}{2}} > 0$$
$$\Rightarrow 1 < q < m^{\frac{2}{m+3}}$$

由于在 $\{2, \cdots, n\}$ 内,$m^{\frac{2}{m+3}}$ 之值有待考察.

三 两个趣味几何不等式的推广

(一)

从内容上讲,不等式可分为代数不等式,几何不等式及三角不等式. 对一个好的不等式,若从代数方面建立它的系数推广、指数推广、组数推广,那将会使它变得花枝招展,靓丽迷人,自然显得今非昔比,焕然一新,比如:

例1 如图1所示,设 D,E,F 分别是正 $\triangle ABC$ 的边 BC,AC,AB 上的内点,$\triangle DEF$,$\triangle AEF$,$\triangle BDF$,$\triangle CED$ 的面积依次为 S_0,S_1,S_2,S_3,证明

$$\frac{\lambda}{S_1}+\frac{\mu}{S_2}+\frac{\upsilon}{S_3}\geq \frac{k}{S_0} \tag{A}$$

其中 λ,μ,υ 为任意正常数

$$k=(\sqrt{\lambda}+\sqrt{\mu}+\sqrt{\upsilon})^2-2(\lambda+\mu+\upsilon)$$

特别地,当 $\lambda=\mu=\upsilon=1$ 时,$k=3$,式(A)简化为一个纯粹的几何不等式

$$\frac{1}{S_1}+\frac{1}{S_2}+\frac{1}{S_3}\geq \frac{3}{S_0} \tag{B}$$

因此,式(B)是式(A)的特例,而式(A)却是式(B)的加权推广(也可称为系数推广).

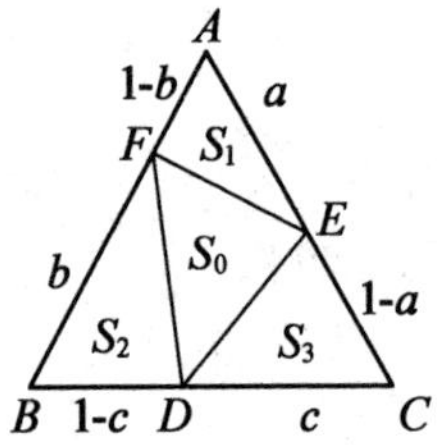

证明 不妨设正 $\triangle ABC$ 的边长为1,且再设 $AE=a,BF=b,CD=c$,则 $CE=1-a$,$AF=1-b,BD=1-c$,且 $a,b,c\in(0,1)$. 注意到

$$S_{\triangle ABC}=\frac{1}{2}\sin 60°=\frac{\sqrt{3}}{4},S_1=\frac{\sqrt{3}}{4}a(1-b)$$

图1

$$S_2 = \frac{\sqrt{3}}{4}b(1-c), S_3 = \frac{\sqrt{3}}{4}c(1-a)$$

则
$$S_0 = \frac{\sqrt{3}}{4}[1 - a(1-b) - b(1-c) - c(1-a)]$$

故式(A)等价于

$$\left[\frac{\lambda}{a(1-b)} + \frac{\mu}{b(1-c)} + \frac{\upsilon}{c(1-a)}\right] \cdot [1 - a(1-b) - b(1-c) - c(1-a)] \geq k$$

$$\Leftrightarrow \frac{\lambda}{a(1-b)} + \frac{\mu}{b(1-c)} + \frac{\upsilon}{c(1-a)} - \frac{\lambda}{a(1-b)}[b(1-c) + c(1-a)] -$$
$$\frac{\mu}{b(1-c)}[c(1-a) + a(1-b)] - \frac{\upsilon}{c(1-a)}[a(1-b) + b(1-c)]$$
$$\geq k + \lambda + \mu + \upsilon$$

$$\Leftrightarrow \frac{\lambda}{a(1-b)}[1 - b(1-c) - c(1-a)] + \frac{\mu}{b(1-c)}[1 - c(1-a) - a(1-b)] +$$
$$\frac{\upsilon}{c(1-a)}[1 - a(1-b) - b(1-c)]$$
$$\geq 2(\sqrt{\lambda\mu} + \sqrt{\mu\upsilon} + \sqrt{\upsilon\lambda})$$

$$\Leftrightarrow \frac{\lambda}{a(1-b)}[(1-b)(1-c) + ac] + \frac{\mu}{b(1-c)}[(1-c)(1-a) + ab] + \frac{\upsilon}{c(1-a)}$$
$$[(1-a)(1-b) + bc]$$
$$\geq 2(\sqrt{\lambda\mu} + \sqrt{\mu\upsilon} + \sqrt{\upsilon\lambda})$$

$$\Leftrightarrow \lambda\left(\frac{1-c}{a} + \frac{c}{1-b}\right) + \mu\left(\frac{1-a}{b} + \frac{a}{1-c}\right) + \upsilon\left(\frac{1-b}{c} + \frac{b}{1-a}\right)$$
$$\geq 2(\sqrt{\lambda\mu} + \sqrt{\mu\upsilon} + \sqrt{\upsilon\lambda})$$

$$\Leftrightarrow P_\lambda = \left[\frac{\lambda(1-c)}{a} + \frac{\mu a}{1-c}\right] + \left[\frac{\mu(1-a)}{b} + \frac{\upsilon b}{1-a}\right] + \left[\frac{\upsilon(1-b)}{c} + \frac{\lambda c}{1-b}\right]$$
$$\geq 2(\sqrt{\lambda\mu} + \sqrt{\mu\upsilon} + \sqrt{\upsilon\lambda}) \tag{1}$$

应用平均值不等式有
$$P_\lambda \geq 2(\sqrt{\lambda\mu} + \sqrt{\mu\upsilon} + \sqrt{\upsilon\lambda})$$

即式(1)成立,逆推可知式(A)成立,等号成立仅当

$$\frac{\lambda(1-c)}{a} = \frac{\mu a}{1-c}, \frac{\mu(1-a)}{b} = \frac{\upsilon b}{1-a}, \frac{\upsilon(1-b)}{c} = \frac{\lambda c}{1-b}$$

即 $abc = (1-a)(1-b)(1-c)$.

(二)

有一道非常优美的几何不等式题是:

例2 设 $\triangle ABC$ 的三边长为 a,b,c. h_a, m_b, t_c 分别为对应边上的高,中线和角平分线,求证

$$h_a + m_b + t_c \leqslant \frac{\sqrt{3}}{2}(a+b+c) \qquad (A)$$

证明 由角平分线公式知

$$t_a = \frac{2bc}{b+c}\cos\frac{A}{2}$$

$$\Rightarrow t_a^2 = \frac{4b^2c^2}{(b+c)^2}\left(\cos\frac{A}{2}\right)^2 = \frac{2b^2c^2}{(b+c)^2}(1+\cos A) = \frac{2b^2c^2}{(b+c)^2}\left(1+\frac{b^2+c^2-a^2}{2bc}\right)$$

$$= \frac{bc}{(b+c)^2}[(b+c)^2 - a^2] \leqslant \frac{1}{4}[(b+c)^2 - a^2]$$

应用柯西不等式得

$$m_b + 2t_a \leqslant \sqrt{3(m_b^2 + 2t_a^2)} \leqslant \sqrt{\frac{3}{4}[2(a^2+c^2) - b^2 + 2(b+c)^2 - 2a^2]}$$

$$= \frac{\sqrt{3}}{2}(b+2c)$$

$$\left.\begin{array}{l}\Rightarrow m_b + 2t_a \leqslant \dfrac{\sqrt{3}}{2}(b+2c)\\ \text{同理}: m_b + 2t_c \leqslant \dfrac{\sqrt{3}}{2}(b+2a)\end{array}\right\}$$

$$\Rightarrow h_a + m_b + t_c \leqslant t_a + m_b + t_c = \frac{1}{2}[(m_b + 2t_a) + (m_b + 2t_c)]$$

$$\leqslant \frac{1}{2} \times \frac{\sqrt{3}}{2}[(b+2c) + (b+2a)]$$

$$\Rightarrow h_a + m_b + t_c \leqslant \frac{\sqrt{3}}{2}(a+b+c)$$

即式(A)成立,等号成立仅当 $a=b=c$,即 $\triangle ABC$ 为正三角形.

式(A)的奇趣之处在于它左边的结构.

为了探讨方便,我们简记 $L = a+b+c$,$(x,y,z) = (h_a, m_b, t_c)$,那么式(A)可简化为

$$x+y+z \leqslant \frac{\sqrt{3}}{2}L \qquad (A)$$

应用柯西不等式有

$$\frac{\sqrt{3}}{2}L\left(\frac{1}{x}+\frac{1}{y}+\frac{1}{z}\right) \geqslant (x+y+z)\left(\frac{1}{x}+\frac{1}{y}+\frac{1}{z}\right) \geqslant 9$$

$$\Rightarrow \frac{1}{h_a} + \frac{1}{m_b} + \frac{1}{t_c} \geq \frac{18\sqrt{3}}{3L} \tag{B}$$

从外形结构上讲,可视式(B)为式(A)的配对形式.

我们先建立式(B)的指数、系数推广

$$\frac{\mu+v}{h_a^k} + \frac{v+\lambda}{m_b^k} + \frac{\lambda+\mu}{t_c^k} \geq 2\sqrt{3(\mu v + v\lambda + \lambda\mu)} \left(\frac{2\sqrt{3}}{L}\right)^k \tag{C}$$

其中 $\lambda, \mu, v, k > 0$.

证明 记号同前,应用式(A)、三元对称不等式、杨克昌不等式、权方和不等式有

$$P_\lambda = \sum \frac{\mu+v}{h_a^k} = \sum \frac{\mu+v}{x^k}$$

$$x + y + z \leq \frac{\sqrt{3}}{2} L$$

$$\Rightarrow \sum yz \leq \frac{1}{3}\left(\sum x\right)^2 \leq \frac{1}{3}\left(\frac{\sqrt{3}}{2}L\right)^2 = \left(\frac{L}{2}\right)^2$$

$$\Rightarrow P_\lambda = \sum \frac{\mu+v}{x^k} \geq 2\sqrt{\sum \mu v}\left[\sum \frac{1}{(yz)^k}\right]^{\frac{1}{2}}$$

$$\geq 2\sqrt{\sum \mu v} \cdot \left[\frac{3^{1+k}}{\left(\sum yz\right)^k}\right]^{\frac{1}{2}}$$

$$\geq 2\sqrt{\sum \mu v} \cdot \left[\frac{3^{1+k}}{\left(\frac{1}{2}L\right)^{2k}}\right]^{\frac{1}{2}}$$

$$\Rightarrow P_\lambda \geq 2\sqrt{3\sum \mu v} \cdot \left(\frac{2\sqrt{3}}{L}\right)^k$$

即式(C)成立,等号成立仅当 $\triangle ABC$ 为正三角形,且 $\lambda = \mu = v$.

相应地,式(C)的配对式为

$$\frac{\lambda^{1+k}}{h_a^k} + \frac{\mu^{1+k}}{m_b^k} + \frac{v^{1+k}}{t_c^k} \geq \frac{(\lambda+\mu+v)^{1+k}}{\left(\frac{\sqrt{3}}{2}L\right)^k} \tag{D}$$

证明 记号同前,记式(D)左边为 T_λ,直接应用式(A)与权方和不等式,有

$$T_\lambda = \frac{\lambda^{1+k}}{x^k} + \frac{\mu^{1+k}}{y^k} + \frac{v^{1+k}}{z^k} \geq \frac{(\lambda+\mu+v)^{1+k}}{(x+y+z)^k} \geq \frac{(\lambda+\mu+v)^{1+k}}{\left(\frac{\sqrt{3}L}{2}\right)^k}$$

这即为式(D),等号成立的条件与式(C)一致.

漂亮的不等式(D)可以从一个三角形推广到多个三角形中去.

推广1 设 $\triangle A_iB_iC_i$ 的三边长 $B_iC_i=a_i, C_iA_i=b_i, A_iB_i=c_i$,且周长 $L_i = a_i+b_i+c_i(1\leq i\leq n, n\in \mathbf{N}^+)$. a_i 边上的高记为 h_{a_i},b_i 边上的中线长为 m_{b_i},c_i 所对 $\angle C_i$ 的角平分线长为 t_{c_i},常数 $k>0, \theta_i>0, \sum_{i=1}^n \theta_i=1$,系数 $\lambda,\mu,\upsilon>0$,则有

$$F_n = \frac{\lambda^{1+k}}{(\prod_{i=1}^n h_{a_i}^{\theta_i})^k} + \frac{\mu^{1+k}}{(\prod_{i=1}^n m_{b_i}^{\theta_i})^k} + \frac{\upsilon^{1+k}}{(\prod_{i=1}^n t_{c_i}^{\theta_i})^k} \geq \frac{(\lambda+\mu+\upsilon)^{1+k}}{(\frac{\sqrt{3}}{2}\prod_{i=1}^n L_i^{\theta_i})^k} \quad (\text{E})$$

证明 记 $x_i=h_{a_i}, y_i=m_{b_i}, z_i=t_{c_i}(i=1,2,\cdots,n)$. 由式(A)有

$$x_i+y_i+z_i \leq \frac{\sqrt{3}}{2}L_i \quad (1\leq i\leq n)$$

应用赫尔德不等式有

$$S = \prod_{i=1}^n x_i^{\theta_i} + \prod_{i=1}^n y_i^{\theta_i} + \prod_{i=1}^n z_i^{\theta_i} \leq \prod_{i=1}^n (x_i+y_i+z_i)^{\theta_i} \leq \prod_{i=1}^n (\frac{\sqrt{3}}{2}L_i)^{\theta_i} = \frac{\sqrt{3}}{2}\prod_{i=1}^n L_i^{\theta_i}$$

$$\Rightarrow S \leq \frac{\sqrt{3}}{2}\prod_{i=1}^n L_i^{\theta_i}$$

再应用权方和不等式有

$$F_n = \sum \frac{\lambda^{1+k}}{(\prod_{i=1}^n x_i^{\theta_i})^k} \geq \frac{(\lambda+\mu+\upsilon)^{1+k}}{S^k} \geq \frac{(\lambda+\mu+\upsilon)^{1+k}}{(\frac{\sqrt{3}}{2}\prod_{i=1}^n L_i^{\theta_i})^k}$$

这即为式(E),等号成立仅当 $\triangle A_iB_iC_i(1\leq i\leq n)$ 为正三角形,且 $\lambda=\mu=\upsilon$,相应地,式(C)的推广便是式(E)的配对式

$$F_n = \frac{\mu+\upsilon}{(\prod_{i=1}^n h_{a_i}^{\theta_i})^k} + \frac{\upsilon+\lambda}{(\prod_{i=1}^n m_{b_i}^{\theta_i})^k} + \frac{\lambda+\mu}{(\prod_{i=1}^n t_{c_i}^{\theta_i})^k} \geq 2\sqrt{3(\mu\upsilon+\upsilon\lambda+\lambda\mu)}(\frac{2\sqrt{3}}{\prod_{i=1}^n L_i^{\theta_i}})^k$$

四　一个代数不等式的探讨

通常，我们记 $n(n \geq 2, n \in \mathbf{N}^+)$ 个正实数 $a_1, a_2, \cdots, a_n$ 的算术平均数为 A_n，几何平均数为 G_n，即

$$A_n = \frac{\sum_{i=1}^{n} a_i}{n} = \frac{a_1 + a_2 + \cdots + a_n}{n}$$

$$G_n = \left(\prod_{i=1}^{n} a_i\right)^{\frac{1}{n}} = (a_1 a_2 \cdots a_n)^{\frac{1}{n}}$$

如果再设参数 $\lambda > 0$，则有

$$(n+1)(A_{n+1} - \lambda^{\frac{1}{n+1}} G_{n+1}) \geq n(A_n - \lambda^{\frac{1}{n}} G_n) \quad \text{(A)}$$

$$\left(\frac{A_n}{G_n^\lambda}\right)^n \geq K\left(\frac{A_n^\theta}{G_n^\lambda}\right)^{n-1} \quad (0 < \lambda < n) \quad \text{(B)}$$

其中 $k = \frac{1}{\lambda^\lambda}\left(\frac{n-1}{n-\lambda}\right)^{n-\lambda} = 1, \theta = \frac{n-\lambda}{n-1} = 1$

特别地，当取 $\lambda = 1$ 时，式(A)化为拉多不等式

$$(n+1)(A_{n+1} - G_{n+1}) \geq n(A_n - G_n) \quad \text{(a)}$$

式(B)化为波波维奇不等式

$$\left(\frac{A_n}{G_n}\right)^n \geq \left(\frac{A_{n-1}}{G_{n-1}}\right)^{n-1} \quad \text{(b)}$$

从外观结构上讲，式(a)与式(b)可谓是一对雌雄配对式，将它们发散拉长，就成为奔腾壮观的"双龙入海".

$$n(A_n - G_n) \geq (n-1)(A_{n-1} - G_{n-1}) \geq \cdots \geq 2(A_2 - G_2)$$

$$\left(\frac{A_n}{G_n}\right)^n \geq \left(\frac{A_{n-1}}{G_{n-1}}\right)^{n-1} \geq \cdots \geq \left(\frac{A_2}{G_2}\right)^2$$

自然，式(A)也可以拉长为

$$n(A_n - \lambda^{\frac{1}{n}} G_n) \geq (n-1)(A_{n-1} - \lambda^{\frac{1}{n-1}} G_{n-1})$$

$$\geq \cdots \geq 2(A_2 - \lambda^{\frac{1}{2}} G_2)$$

但当我们仔细观察式(B)时,却发现它如凝固的钢铁,不便拉长,那么,我们能新建一个利于发散拉长的不等式吗？其实,只要努力,我们就有希望成功：

结论 1 设指数 $t \geq \lambda > 0, a_i \geq 1 (i=1,2,\cdots,n; n \geq 2)$,则有

$$\left(\frac{A_n^t}{G_n^\lambda}\right)^n \geq m^n \left(\frac{A_{n-1}^t}{G_{n-1}^\lambda}\right)^{n-1}, m = \left(\frac{\lambda}{t}\right)^t \tag{C}$$

显然,当取 $t=1$ 时,$1 \geq \lambda > 0, m = \lambda$,式(C)简化为

$$\left(\frac{A_n}{G_n^\lambda}\right)^n \geq \lambda^n \left(\frac{A_{n-1}}{G_{n-1}^\lambda}\right)^{n-1}$$

证明 因为 $a_i \geq 1 (1 \leq i \leq n)$,于是

$$A_n \geq G_n \geq 1 (n \geq 2) \text{ 及 } \frac{t}{\lambda} \geq 1$$

注意到

$$\begin{cases} nA_n = (n-1)A_{n-1} + a_n \\ G_n^n = a_n G_{n-1}^{n-1} \end{cases}$$

将式(C)变形为

$$m^n \cdot A_{n-1}^{(n-1)t} \cdot \left(\frac{G_n^n}{G_{n-1}^n}\right)^\lambda \leq A_n^{nt}$$

$$\Leftrightarrow P = m^n \cdot A_{n-1}^{(n-1)t} \cdot a_n^\lambda \leq A_n^{nt} \tag{1}$$

应用加权不等式有

$$A_{n-1}^{(n-1)t} \cdot a_n^\lambda \leq \left[\frac{(n-1)tA_{n-1} + \lambda a_n}{(n-1)t + \lambda}\right]^{(n-1)t+\lambda}$$

$$\leq \left[\frac{(n-1)tA_{n-1} + ta_n}{(n-1)\lambda + \lambda}\right]^{(n-1)t+\lambda}$$

$$= \left(\frac{nt(A_n)}{n\lambda}\right)^{(n-1)t+\lambda}$$

$$= \left[\left(\frac{t}{\lambda}\right) \cdot A_n\right]^{(n-1)t+\lambda}$$

$$\leq \left[\left(\frac{t}{\lambda}\right) \cdot A_n\right]^{(n-1)t+t}$$

$$= \left(\frac{t}{\lambda}\right)^{nt} \cdot A_n^{nt} = \frac{A_n^{nt}}{m^n}$$

$$\Rightarrow P = m^n \cdot A_{n-1}^{(n-1)t} \cdot a_n^\lambda \leq A_n^{nt}$$

即式(1)成立,从而式(C)成立,等号成立仅当 $\lambda = t > 0$ 及 $a_n = A_{n-1}$.

如果我们将式(C)作为"弹簧",就可以将它拉长为

四 一个代数不等式的探讨

$$\left(\frac{A_n^t}{G_n^\lambda}\right)^n \geq m^n \left(\frac{A_{n-1}^t}{G_{n-1}^\lambda}\right)^{n-1} \geq m^{2n-1} \cdot \left(\frac{A_{n-2}^t}{G_{n-2}^\lambda}\right)^{n-2} \geq \cdots \geq m^{S'(n)} \cdot \left(\frac{A_2^t}{G_2^\lambda}\right)^2$$

其中 $S(n) = 2 + 3 + \cdots + n = \frac{1}{2}(n-1)(n+2)$，$0 < \lambda \leq t, a_i \geq 1 (1 \leq i \leq n, n \geq 2)$，$m = \left(\frac{t}{\lambda}\right)^{-t} = \left(\frac{\lambda}{t}\right)^t$.

若设 $a_i > 0, q_i > 0, \lambda > 0 (i = 1, 2, \cdots, n, n \geq 2, n \in \mathbf{N}^+)$，记 $S_n = \sum_{i=1}^n q_i$，那么，加权算术平均为

$$A_n' = \frac{\sum_{i=1}^n q_i a_i}{S_n}$$

加权几何平均为

$$G_n' = \left(\prod_{i=1}^n a_i^{q_i}\right)^{\frac{1}{S_n}}$$

加权不等式为 $A_n' \geq G_n'$

于是，相应地，式(A)可以推广为

$$S_{n+1}(A_{n+1}' - \lambda^{\frac{1}{S_{n+1}}} G_{n+1}') \geq S_n(A_n' - \lambda^{\frac{1}{S_n}} G_n')$$

式(C)可以推广为

$$\left(\frac{A_n'^t}{G_n'^\lambda}\right)^{S_n} \geq m^{S_n} \left(\frac{A_{n-1}'^t}{G_{n-1}'^\lambda}\right)^{S_{n-1}}$$

五 一个创新不等式的研究

以前,笔者自编了一个创新不等式:

原题 1 设正数 a,b,c 满足

$$\frac{bc}{a}+\frac{ca}{b}+\frac{ab}{c}\leq 6$$

求证

$$\frac{1}{\sqrt{a^3+1}}+\frac{1}{\sqrt{b^3+1}}+\frac{1}{\sqrt{c^3+1}}\geq 1 \qquad (A)$$

本题的已知条件颇显特别,而要求证的式(A)的左边是三个无理分式倒数之和,分母根号的各字母 a,b,c 的指数均高达 3. 可见欲证本题,只能智取,不可强攻.

证明 我们设

$$S = \frac{bc}{a}+\frac{ca}{b}+\frac{ab}{c}$$

$$\Rightarrow S^2 = (\frac{bc}{a})^2+(\frac{ca}{b})^2+(\frac{ab}{c})^2+2(a^2+b^2+c^2)$$

$$= \frac{1}{2}\sum\left[(\frac{ca}{b})^2+(\frac{ab}{c})^2\right]+2\sum a^2 \geq \sum a^2+2\sum a^2$$

$$= 3\sum a^2$$

$$\Rightarrow \sum a^2 \leq \frac{1}{3}S^2 \leq 12$$

等号成立仅当 $a=b=c=2$.

又因为

$$2\sqrt{a^3+1}=2\sqrt{(a+1)(a^2-a+1)}\leq (a+1)+(a^2-a+1)$$
$$=a^2+2$$

$$\Rightarrow \frac{1}{\sqrt{a^3+1}}\geq\frac{2}{a^2+2} \qquad (1)$$

等号成立仅当

$$a^2-a+1=a+1\Rightarrow a=2$$

同理可得
$$\frac{1}{\sqrt{b^3+1}} \geq \frac{2}{b^2+2}, \quad \frac{1}{\sqrt{c^3+1}} \geq \frac{2}{c^2+2} \qquad (2)$$

等号成立仅当 $b=2$ 及 $c=2$.

(1)+(2)，并应用柯西不等式有
$$\sum \frac{1}{\sqrt{a^3+1}} \geq \sum \frac{2}{\sqrt{a^2+2}} \geq \frac{2\times 3^2}{\sum(a^2+2)}$$
$$= \frac{18}{\sum a^2+6} \geq \frac{18}{12+6} = 1$$
$$\Rightarrow \sum \frac{1}{\sqrt{a^3+1}} \geq 1$$

即式(A)成立，等号成立仅当 $a=b=c=2$.

不等式(A)有一定的美妙性，我们可以先从指数、系数两个方面将其推广为：

推广 1 设正数 a,b,c 满足
$$\frac{bc}{a}+\frac{ca}{b}+\frac{ab}{c} \leq 6$$

指数 $\theta>0$，系数 $\lambda,\mu,\nu>0$，则有
$$\frac{\lambda^{1+\theta}}{(\sqrt{a^3+1})^\theta} + \frac{\mu^{1+\theta}}{(\sqrt{b^3+1})^\theta} + \frac{\nu^{1+\theta}}{(\sqrt{c^3+1})^\theta} \geq 9^{-\theta}(\lambda+\mu+\nu)^{1+\theta} \qquad (B)$$

显然，当取 $\theta=1,\lambda=\mu=\nu$ 时，式(B)化为式(A).

证明 从式(A)的证明过程知
$$\frac{\lambda^{1+\theta}}{(\sqrt{a^3+1})^\theta} \geq \frac{2^\theta \lambda^{1+\theta}}{(a^2+2)^\theta}$$
$$\frac{\mu^{1+\theta}}{(\sqrt{b^3+1})^\theta} \geq \frac{2^\theta \mu^{1+\theta}}{(b^2+2)^\theta}$$
$$\frac{\nu^{1+\theta}}{(\sqrt{c^3+1})^\theta} \geq \frac{2^\theta \nu^{1+\theta}}{(c^2+2)^\theta}$$

记式(B)左边为 P，应用权方和不等式有
$$P = \sum \frac{\lambda^{1+\theta}}{(\sqrt{a^3+1})^\theta} \geq \sum \frac{2^\theta \lambda^{1+\theta}}{(a^2+2)^\theta} \geq \frac{2^\theta(\sum \lambda)^{1+\theta}}{[\sum(a^2+2)]^\theta}$$
$$= \frac{2^\theta(\sum \lambda)^{1+\theta}}{[\sum(a^2+6)]^\theta} \geq \frac{2^\theta(\sum \lambda)^{1+\theta}}{(12+6)^\theta} = \frac{(\sum \lambda)^{1+\theta}}{9^\theta}$$

$$\Rightarrow P \geq 9^{-\theta}(\lambda + \mu + \upsilon)^{1+\theta}$$

即式(B)成立,等号成立仅当 $\lambda = \mu = \upsilon$ 及 $a = b = c = 2$.

为了建立更好的推广,我们需要建立下面的引理.

引理 1　设 x, y, z, a, b, c 均为正数,则有

$$(b+c)x + (c+a)y + (a+b)z \geq 2\sqrt{(bc+ca+ab)(yz+zx+xy)} \quad (*)$$

等号成立仅当

$$\frac{a}{x} = \frac{b}{y} = \frac{c}{z}$$

证明　应用柯西不等式有

$$\sum ax + 2\sqrt{\left(\sum bc\right)\left(\sum yz\right)} \leq \left(\sum a^2 + 2\sum bc\right)^{\frac{1}{2}} \cdot \left(\sum x^2 + 2\sum yz\right)^{\frac{1}{2}}$$

$$= \left(\sum a\right)\left(\sum x\right)$$

$$\Rightarrow \left(\sum a\right)\left(\sum x\right) - \sum ax \geq 2\sqrt{\left(\sum bc\right)\left(\sum yz\right)}$$

$$\Rightarrow \sum (b+c)x \geq 2\sqrt{\left(\sum bc\right)\left(\sum yz\right)}$$

即式(*)成立,等号成立仅当

$$\frac{a}{x} = \frac{b}{y} = \frac{c}{z}$$

利用引理我们可以建立式(A)的第二个推广:

推广 2　设正数 a, b, c 满足

$$\frac{bc}{a} + \frac{ca}{b} + \frac{ab}{c} \leq 6$$

设 $\theta, \lambda, \mu, \upsilon > 0$,则有

$$\frac{\mu+\upsilon}{(a^3+1)^\theta} + \frac{\upsilon+\lambda}{(b^3+1)^\theta} + \frac{\lambda+\mu}{(c^3+1)^\theta} \geq \sqrt{3^{1-4\theta} \cdot (\mu\upsilon + \mu\lambda + \lambda\mu)} \times 2 \quad (C)$$

特别地,取 $\theta = \frac{1}{2}$, $\lambda = \mu = \upsilon$ 时,式(C)化为式(A).

证明　应用引理有

$$P_\lambda = \sum \frac{\mu+\upsilon}{(a^3+1)^\theta} \geq 4^\theta \sum \frac{\mu+\upsilon}{(a^2+2)^{2\theta}}$$

$$\geq 2 \times 4^\theta \sqrt{\sum \mu\upsilon \left(\sum \frac{1}{[(b^2+2)(c^2+2)]^{2\theta}}\right)^{\frac{1}{2}}}$$

五 一个创新不等式的研究

$$\geq 2 \times 4^{\theta} \sqrt{\sum \mu v} \cdot \left\{ \frac{3^{1+2\theta}}{\left[\sum (b^2+2)(c^2+2)\right]^{2\theta}} \right\}^{\frac{1}{2}}$$

又

$$\sum (b^2+2)(c^2+2) \leq \frac{1}{3}\left[\sum (a^2+2)\right]^2 \tag{1}$$

$$= \frac{1}{3}\left(\sum a^2 + 6\right)^2 \leq (12+6)^2 = 4 \times 3^3 \tag{2}$$

式(1),式(2)结合得

$$P_{\lambda} \geq 2 \times 4^{\theta} \sqrt{\sum \mu v} \cdot \left[\frac{3^{1+2\theta}}{(4 \times 3^3)^{2\theta}}\right]^{\frac{1}{2}} \Rightarrow P_{\lambda} \geq 2\sqrt{3^{1-4\theta}\left(\sum \mu v\right)}$$

即式(C)成立,等号成立仅当 $\lambda = \mu = v$ 及 $a = b = c = 2$.

在推广1的基础上,将已知条件略加变动,就会得到:

┌─────────┐
│ 推广 3 │ 设正数 a,b,c 满足
└─────────┘

$$\frac{bc}{a} + \frac{ca}{b} + \frac{ab}{c} \leq 3m \quad (m \geq 2)$$

$\theta, \lambda, \mu, v > 0$,则有

$$\frac{\lambda^{1+\theta}}{(\sqrt{a^3+1})^{\theta}} + \frac{\mu^{1+\theta}}{(\sqrt{b^3+1})^{\theta}} + \frac{v^{1+\theta}}{(\sqrt{c^3+1})^{\theta}} \geq \frac{(\lambda+\mu+v)^{1+\theta}}{(3\sqrt{m^3+1})^{\theta}} \tag{D}$$

显然,当取 $m=2$ 时,式(D)化为式(B),因此式(D)是式(B)的参数推广,自然比式(B)更美妙,更迷人.

证明 当 $m=2$ 时式(D)化为式(B),已证. 当 $m>2$ 时,记

$$t = \frac{m^2-m+1}{m+1} = \frac{m(m-2)}{m+1} + 1 > 1$$

由于有

$$\sum a^2 \leq 3m^2$$

$$\Rightarrow \sum a \leq \sqrt{3\sum a^2} \leq 3m$$

再记(等号成立仅当 $a=b=c=m$)

$$\begin{cases} A = a^2 + (t-1)a + t + 1 > 0 \\ B = b^2 + (t-1)b + t + 1 > 0 \\ C = c^2 + (t-1)c + t + 1 > 0 \end{cases}$$

$$\Rightarrow \sum A = \sum a^2 + (t-1)\sum a + 3(t+1)$$

$$\leq 3m^2 + \frac{m(m-2)}{m+1} \cdot 3m + 3\left(\frac{m^2-m+1}{m+1}+1\right) = \frac{6(m^3+1)}{m+1}$$

应用平均值不等式有

$$2\sqrt{t(a^3+1)} = 2\sqrt{t(a+1) \cdot (a^2-a+1)} \leq t(a+1) + (a^2-a+1)$$

$$= a^2 + (t-1)a + t + 1 = A$$

$$\Rightarrow \frac{1}{\sqrt{a^3+1}} \geq \frac{2\sqrt{t}}{A}$$

$$\Rightarrow \frac{\lambda^{1+\theta}}{(\sqrt{a^3+1})^{\theta}} \geq \frac{(2\sqrt{t})^{\theta} \lambda^{1+\theta}}{A^{\theta}} \tag{1}$$

等号成立仅当

$$t(a+1) = a^2 - a + 1$$

同理可得

$$\frac{\mu^{1+\theta}}{(\sqrt{b^3+1})^{\theta}} \geq \frac{(2\sqrt{t})^{\theta} \mu^{1+\theta}}{B^{\theta}} \tag{2}$$

等号成立仅当 $t(b+1) = b^2 - b + 1$

$$\frac{v^{1+\theta}}{(\sqrt{c^3+1})^{\theta}} \geq \frac{(2\sqrt{t})^{\theta} v^{1+\theta}}{C^{\theta}} \tag{3}$$

等号成立仅当 $t(c+1) = c^2 - c + 1$.

记式(D)左边为 P,(1) + (2) + (3)得

$$P \geq (2\sqrt{t})^{\theta} \left(\frac{\lambda^{1+\theta}}{A^{\theta}} + \frac{\mu^{1+\theta}}{B^{\theta}} + \frac{v^{1+\theta}}{C^{\theta}} \right) \geq (2\sqrt{t})^{\theta} \frac{(\lambda+\mu+v)^{1+\theta}}{(A+B+C)^{\theta}}$$

$$\geq \left(\frac{2\sqrt{m^3+1}}{m+1} \right)^{\theta} \cdot \frac{(\lambda+\mu+v)^{1+\theta}}{\left[\frac{6(m^3+1)}{m+1} \right]^{\theta}}$$

$$\Rightarrow P \geq \frac{(\lambda+\mu+v)^{1+\theta}}{(3\sqrt{m^3+1})^{\theta}}$$

即式(D)成立,等号成立仅当 $\lambda = \mu = v$ 及 $a = b = c = m$.

进一步地,式(C)可以推广为

$$\frac{\mu+v}{(a^3+1)^{\theta}} + \frac{\mu+\lambda}{(b^3+1)^{\theta}} + \frac{\lambda+\mu}{(c^3+1)^{\theta}} \geq \frac{2\sqrt{3(\mu v+\mu\lambda+\lambda\mu)}}{(m^3+1)^{\theta}} \tag{E}$$

前面的不等式(A)~(D),其主元素是一组 (a,b,c),如果我们利用赫尔德不等式,即可将式(C),(D)从一组主元素 (a,b,c) 推广到任意多组的情况:

推广 4 设正数 a_i, b_i, c_i 满足

$$\frac{b_i c_i}{a_i} + \frac{c_i a_i}{b_i} + \frac{a_i b_i}{c_i} \leq 3m \quad (i = 1, 2, \cdots, n; n \in \mathbf{N}^+, m \geq 2)$$

指数 $\beta_i > 0, \theta > 0$,且 $\sum_{i=1}^{n} \beta_i = 1$,系数 $\lambda, \mu, v > 0$,记

$$P_n = \frac{\lambda^{1+\theta}}{\left[\prod_{i=1}^{n}(\sqrt{a_i^3+1})^{\beta_i}\right]^\theta} + \frac{\mu^{1+\theta}}{\left[\prod_{i=1}^{n}(\sqrt{b_i^3+1})^{\beta_i}\right]^\theta} + \frac{v^{1+\theta}}{\left[\prod_{i=1}^{n}(\sqrt{c_i^3+1})^{\beta_i}\right]^\theta}$$

则有

$$P_n \geq \frac{(\lambda+\mu+v)^{1+\theta}}{(3\sqrt{m^3+1})^\theta} \qquad (F)$$

提示 由已知有

$$\sum a_i \leq 3\sqrt{\sum a_i^2} \leq 3m$$

设

$$\begin{cases} A_i = a_i^2 + (t-1)a_i + t+1 \\ B_i = b_i^2 + (t-1)b_i + t+1 \quad (1 \leq i \leq n) \\ C_i = c_i^2 + (t-1)c_i + t+1 \end{cases}$$

则有

$$\sum A_i = A_i + B_i + C_i \leq \frac{6(m^3+1)}{m+1}$$

注意到对于 $t > 0$ 有（令 $t = \frac{m^2 - m + 1}{m+1}$）

$$\prod_{i=1}^{n} t^{\beta_i} = t^{\sum_{i=1}^{n}\beta_i} = 1$$

$$\Rightarrow \sum \prod_{i=1}^{n} A_i^{\beta_i} \leq \prod_{i=1}^{n}(\sum A_i)^{\beta_i} \leq \frac{6(m^3+1)}{m+1}$$

由

$$\frac{1}{\sqrt{a_i^3+1}} \geq \frac{2\sqrt{t}}{A_i}$$

$$\Rightarrow \frac{\lambda^{1+\theta}}{(\sqrt{a_i^3+1})^{\theta\beta_i}} \geq \left(\frac{2\sqrt{t}}{A_i}\right)^{\theta\beta_i} \cdot \lambda^{1+\theta}$$

$$\Rightarrow \frac{\lambda^{1+\theta}}{\left[\prod_{i=1}^{n}(\sqrt{a_i^3+1})^{\beta_i}\right]^\theta} \geq \frac{(2\sqrt{t})^\theta \lambda^{1+\theta}}{(\prod_{i=1}^{n} A_i^{\beta_i})^\theta}$$

同理可得另外两式为

$$\frac{\mu^{1+\theta}}{\left[\prod_{i=1}^{n}(\sqrt{b_i^3+1})^{\beta_i}\right]^\theta} \geq \frac{(2\sqrt{t})^\theta \mu^{1+\theta}}{(\prod_{i=1}^{n} B_i^{\beta_i})^\theta}$$

$$\frac{v^{1+\theta}}{\left[\prod_{i=1}^{n}(\sqrt{c_i^3+1})^{\beta_i}\right]^\theta} \geq \frac{(2\sqrt{t})^\theta v^{1+\theta}}{(\prod_{i=1}^{n} C_i^{\beta_i})^\theta}$$

将以上三式相加，并应用权方和不等式与赫尔德不等式得

$$P_n \geq (2\sqrt{t})^\theta \sum \frac{\lambda^{1+\theta}}{(\prod_{i=1}^n A_i^{\beta_i})^\theta}$$

$$\geq \frac{(2\sqrt{t})^\theta (\sum \lambda)^{1+\theta}}{(\sum \prod_{i=1}^n A_i^{\beta_i})^\theta}$$

$$\geq \frac{(2\sqrt{t})^\theta (\sum \lambda)^{1+\theta}}{\left[\frac{6(m^3+1)}{m+1}\right]^\theta}$$

$$\Rightarrow P_n \geq \frac{(\lambda+\mu+\upsilon)^{1+\theta}}{(3\sqrt{m^3+1})^\theta}$$

等号成立仅当 $\lambda = \mu = \upsilon$ 及 $a_i = b_i = c_i = m(i=1,2,\cdots,n)$.

若记

$$P_n' = \frac{\mu+\upsilon}{\left[\prod_{i=1}^n (a_i^3+1)^{\beta_i}\right]^\theta} + \frac{\mu+\lambda}{\left[\prod_{i=1}^n (b_i^3+1)^{\beta_i}\right]^\theta} + \frac{\lambda+\mu}{\left[\prod_{i=1}^n (c_i^3+1)^{\beta_i}\right]^\theta}$$

那么,相应地,式(E)可推广为

$$P_n' \geq \frac{2\sqrt{3(\mu\upsilon+\upsilon\lambda+\lambda\mu)}}{(m^3+1)^\theta} \tag{G}$$

许多优美的不等式都有漂亮的配对式,不等式(A)也不例外,即:

配对 1 设正数 $a,b,c > 1$. 满足

$$\frac{bc}{a} + \frac{ca}{b} + \frac{ab}{c} \leq 6 \tag{1}$$

证明

$$T = \frac{1}{\sqrt{a^3-1}} + \frac{1}{\sqrt{b^3-1}} + \frac{1}{\sqrt{c^3-1}} \geq \frac{3}{\sqrt{7}} \tag{A_1}$$

证明 由式(1)有

$$6^2 \geq \left(\frac{bc}{a} + \frac{ca}{b} + \frac{ab}{c}\right)^2$$

$$= \left(\frac{bc}{a}\right)^2 + \left(\frac{ca}{b}\right)^2 + \left(\frac{ab}{c}\right)^2 + 2(a^2+b^2+c^2)$$

$$= \frac{1}{2}\sum\left[\left(\frac{ca}{b}\right)^2 + \left(\frac{ab}{c}\right)^2\right] + 2\sum a^2$$

$$\geq \sum a^2 + 2\sum a^2$$

$$\geq \sum a^2 \leq 12$$

等号成立仅当 $a=b=c=2$.

又由 $a,b,c \geqslant 1$ 得

$$12 \geqslant a^2+b^2+c^2 > a^2+2 \Rightarrow 1 < a < \sqrt{10}$$

同理可得

$$1 < b < \sqrt{10}, 1 < c < \sqrt{10}$$

于是

$$\begin{cases} a^2+8a-6 > 3 > 0 \\ b^2+8b-6 > 3 > 0 \\ c^2+8c-6 > 3 > 0 \end{cases}$$

而且

$$2\sqrt{7(a^3-1)} = 2\sqrt{7(a-1)(a^2+a+1)}$$

$$\leqslant 7(a-1)+(a^2+a+1) = a^2+8a-6$$

$$\Rightarrow \frac{1}{\sqrt{a^3-1}} \geqslant \frac{2\sqrt{7}}{a^2+8a-6}$$

同理 $\begin{cases} \dfrac{1}{\sqrt{b^3-1}} \geqslant \dfrac{2\sqrt{7}}{b^2+8b-6} \\ \dfrac{1}{\sqrt{c^3-1}} \geqslant \dfrac{2\sqrt{7}}{c^2+8c-6} \end{cases}$

$$\Rightarrow T = \sum \frac{1}{\sqrt{a^3-1}} \geqslant \sum \left(\frac{2\sqrt{7}}{a^2+8a-6} \right) \tag{2}$$

等号成立仅当

$$\begin{cases} 7(a-1) = a^2+a+1 \\ 7(b-1) = b^2+b+1 \\ 7(c-1) = c^2+c+1 \end{cases} \Rightarrow \begin{cases} (a-2)(a-4) = 0 \\ (b-2)(b-4) = 0 \\ (c-2)(c-4) = 0 \end{cases}$$

$$\Rightarrow a=b=c=2$$

在式(2)中应用柯西不等式得

$$T \geqslant \sum \left(\frac{2\sqrt{7}}{a^2+8a-6} \right)$$

$$\geqslant \frac{18\sqrt{7}}{\sum (a^2+8a-6)}$$

$$= \frac{18\sqrt{7}}{\sum a^2 + \sum 8a - 18}$$

$$\geqslant \frac{18\sqrt{7}}{12 + 8\sum a + 18} = \frac{9\sqrt{7}}{4\sum a - 3}$$

$$\geqslant \frac{9\sqrt{7}}{4\sqrt{3\sum a^2 - 3}} = \frac{9\sqrt{7}}{4\sqrt{3\times 12 - 3}}$$

$$\Rightarrow T \geqslant \frac{3}{\sqrt{7}}$$

即式(A_1)成立,等号成立仅当 $a=b=c=2$.

（ⅰ）以上解法自然流畅,一气呵成,它还暗示我们:若将题目中的已知条件 $a,b,c>1$ 及 $\frac{bc}{a}+\frac{ca}{b}+\frac{ab}{c}\leqslant 6$ 改为 $\frac{bc}{a}+\frac{ca}{b}+\frac{ab}{c}\leqslant 12$ 及 $a,b,c>1$ 时,有

$$\sum a^2 = a^2 + b^2 + c^2 \leqslant 48$$

等号成立仅当 $a=b=c=4$.

此时仍然有

$$\begin{cases} 7(a-1)=a^2+a+1 \\ 7(b-1)=b^2+b+1 \\ 7(c-1)=c^2+c+1 \end{cases} \Rightarrow \begin{cases} (a-2)(a-4)=0 \\ (b-2)(b-4)=0 \\ (c-2)(c-4)=0 \end{cases} \Rightarrow a=b=c=2$$

推导过程与前面一致,而相应的结论改为

$$T' = \sum \frac{1}{\sqrt{a^3-1}} \geqslant \frac{1}{\sqrt{7}} \qquad (A_2)$$

等号成立仅当 $a=b=c=4$.

可见,这是一个非常有趣的现象.

如果我们设 $a,b,c,m>1$,且满足

$$\frac{bc}{a}+\frac{ca}{b}+\frac{ab}{c}\leqslant 3m$$

那么当 m 满足什么条件时,关系式

$$f = \frac{1}{\sqrt{a^3-1}} + \frac{1}{\sqrt{b^3-1}} + \frac{1}{\sqrt{c^3-1}} \qquad (B_1)$$

取到最小值?

由三元对称不等式有

$$(3m)^2 \geqslant (\sum \frac{bc}{a})^2 \geqslant 3\sum(\frac{ca}{b}\cdot\frac{ab}{c}) = 3\sum a^2 \Rightarrow \sum a^2 \leqslant 3m^2$$

于是等号成立仅当 $a=b=c=m$.

且

$$3m^2 \geqslant a^2+b^2+c^2 > a^2+2$$

$$\Rightarrow 1 < a < \sqrt{3m^2-2}$$

同理 $1 < b < \sqrt{3m^2-2},\ 1 < c < \sqrt{3m^2-2}$

设 $t>0$ 为待定系数,有

$$2\sqrt{t(a^3-1)} = 2\sqrt{t(a-1)(a^2+a+1)} \leq t(a-1)+(a^2+a+1) = A_t$$
$$= a^2 + (t+1)a + (1-t)$$

等号成立仅当
$$t(a-1) = a^2+a+1 \Rightarrow t = \frac{a^3-1}{(a-1)^2}$$

又
$$A_t = a^2+a+1+(a-1)t > 0$$

所以
$$\frac{1}{\sqrt{a^3-1}} \geq \frac{2\sqrt{t}}{A_t}$$

同理可得
$$\frac{1}{\sqrt{b^3-1}} \geq \frac{2\sqrt{t}}{B_t}, \frac{1}{\sqrt{c^3-1}} \geq \frac{2\sqrt{t}}{C_t}$$

其中
$$\begin{cases} B_t = b^2+(t+1)b+(1-t) > 0 \\ C_t = c^2+(t+1)c+(1-t) > 0 \end{cases}$$

等号成立仅当
$$t = \frac{b^3-1}{(b-1)^2} = \frac{c^3-1}{(c-1)^2}$$

应用柯西不等式有
$$f = \sum \frac{1}{\sqrt{a^3-1}} \geq \sum \frac{2\sqrt{t}}{A_t} \geq \frac{2\sqrt{t} \times 9}{\sum A_t}$$

又
$$\sum A_t = \sum [a^2+(t+1)a+(1-t)]$$
$$= \sum a^2 + (t+1)\sum a + 3(1-t)$$
$$\leq \sum a^2 + (t+1)\sqrt{3\sum a^2} + 3(1-t)$$
$$\leq 3m^2 + 3(t+1)m + 3(1-t)$$
$$\Rightarrow f \geq \frac{18\sqrt{t}}{M}$$

其中 $M = 3m^2 + 3(t+1)m + 3(1-t)$.

而显然,欲使 f 取到最小值,必须
$$a = b = c = m \Rightarrow t = \frac{m^3-1}{(m-1)^2}$$
$$\Rightarrow M = 3[m^2+(m-1)t+(m+1)] = 3(m^2+m+1+\frac{m^3-1}{m-1})$$
$$= 6(m^2+m+1) = \frac{6(m^3-1)}{m-1}$$

$$\Rightarrow f \geq 3\left(\frac{\sqrt{m^3-1}}{m-1}\right) \cdot \frac{m-1}{(\sqrt{m^3-1})^2} = \frac{3}{\sqrt{m^3-1}}$$

$$\Rightarrow f_{\min} = \frac{3}{\sqrt{m^3-1}}$$

综合上述知，当 $a=b=c=m$ 时，f 取到最小值为 $\frac{3}{\sqrt{m^3-1}}$.

为了进一步研究配对式(A_1)，我们考虑从参数上推广它.

现设 a,b,c,m,k,x,h,z,θ 均为正数，满足 $\min(a,b,c) > \sqrt[3]{k}$，且

$$\frac{bc}{a} + \frac{ca}{b} + \frac{ba}{c} \leq 3m$$

记 $$f(\theta) = \frac{y+z}{(\sqrt{a^3-k})^\theta} + \frac{z+x}{(\sqrt{b^3-k})^\theta} + \frac{x+y}{(\sqrt{c^3-k})^\theta}$$

再记 $A = \sqrt{a^3-k}, B = \sqrt{b^3-k}, C = \sqrt{c^3-k}, k = \beta^3 (\beta > 0), p > 0$ 为待定系数.

$$2\sqrt{p(a^3-k)} = 2\sqrt{p(a^3-\beta^3)} = 2\sqrt{p(a-\beta) \cdot (a^2+a\beta+\beta^2)}$$
$$\leq p(a-\beta) + (a^2+a\beta+\beta^2)$$
$$\Rightarrow 2\sqrt{p}A \leq A_1 \tag{3}$$

其中
$$A_1 = a^2 + (p+\beta)a + (\beta^2 - p\beta)$$

等号成立仅当
$$p(a-\beta) = a^2 + a\beta + \beta^2$$
$$\Rightarrow \beta^2 + (a+p)\beta + (a^2 - ap) = 0$$

同理可得
$$2\sqrt{p}B \leq B_1, 2\sqrt{p}C \leq C_1 \tag{4}$$

其中
$$\begin{cases} B_1 = b^2 + (p+\beta)b + (\beta^2 - p\beta) \\ C_1 = c^2 + (p+\beta)c + (\beta^2 - p\beta) \end{cases}$$

等号成立仅当
$$\begin{cases} \beta^2 + (b+p)\beta + (b^2 - bp) = 0 \\ \beta^2 + (c+p)\beta + (c^2 - cp) = 0 \end{cases}$$

式(3)+式(4)得

$$2\sqrt{p}(A+B+C) \leq A_1 + B_1 + C_1 = \sum a^2 + (p+\beta)\sum a + 3(\beta^2 - p\beta)$$
$$\leq \sum a^2 + (p+\beta)\sqrt{3\sum a^2} + 3(\beta^2 - p\beta)$$

$$\leqslant 3m^2 + 3(p+\beta)m + 3(\beta^2 - p\beta)$$

等号成立仅当
$$a = b = c = m$$
$$\Rightarrow p(m-\beta) = m^2 + m\beta + \beta^2$$
$$\Rightarrow p = \frac{m^2 + m\beta + \beta^2}{m - \beta}$$
$$\Rightarrow 2\sqrt{p}(A+B+C) \leqslant 3(m^2 + m\beta + \beta^2) + 3p(m-\beta)$$
$$= 3(m^2 + m\beta + \beta^2) + 3(m^2 + m\beta + \beta^2)$$
$$\Rightarrow A+B+C \leqslant \frac{3(m^2 + m\beta + \beta^2)}{\sqrt{p}} = 3\sqrt{(m-\beta)(m^2 + m\beta + \beta^2)}$$
$$\Rightarrow \sum A = A+B+C \leqslant 3\sqrt{m^3 - \beta^3}$$
$$\Rightarrow \sum BC \leqslant \frac{1}{3}\left(\sum A\right)^2 \leqslant 3(m^3 - \beta^3)$$

利用我们前面的引理及权方和不等式有
$$f(\theta) = \sum \frac{y+z}{A^\theta} \geqslant 2\sqrt{\sum yz}\left[\sum \frac{1}{(BC)^\theta}\right]^{\frac{1}{2}}$$

又
$$\sum \frac{1}{(BC)^\theta} \geqslant \frac{3^{1+\theta}}{\left(\sum BC\right)^\theta} \geqslant \frac{3^{1+\theta}}{[3(m^3-\beta^3)]^\theta}$$
$$\Rightarrow f(\theta) \geqslant \frac{2\sqrt{3\sum yz}}{(\sqrt{m^3-\beta^3})^\theta} = \frac{2\sqrt{3\sum yz}}{(\sqrt{m^3-k})^\theta}$$

我们的上述分析是正确的. 于是,我们得到了配对式(B_1)的新推广:

$\dashv$ **推广 5** $\vdash$ 设 a,b,c,m,k,x,y,z,θ 均为正数,满足

$$\min(a,b,c) > \sqrt[3]{k}, \frac{bc}{a} + \frac{ca}{b} + \frac{ab}{c} \leqslant 3m$$

则有
$$f(\theta) = \sum \frac{y+z}{(\sqrt{a^3-k})^\theta} \geqslant \frac{2\sqrt{3\sum yz}}{(\sqrt{m^3-k})^\theta} \qquad (C_1)$$

等号成立仅当
$$a = b = c = m \text{ 及 } x = y = z$$

进一步地,还可将上式推广为:

$\dashv$ **推广 6** $\vdash$ 设 $a_i, b_i, c_i, \varphi_i > 0, \theta, k, x, y, z > 0$,满足

$$\sum_{i=1}^{n} \varphi_i = 1$$

$$\min(a_i, b_i, c_i) > \sqrt[3]{k}$$

$$\frac{b_i c_i}{a_i} + \frac{c_i a_i}{b_i} + \frac{a_i b_i}{c_i} \leq 3m \quad (i=1,2,\cdots,n, n \in \mathbf{N}^+)$$

则有

$$F_m^{(\theta)} = \sum \frac{y+z}{\left[\prod_{i=1}^{n}(\sqrt{a_i^3-k})^{\varphi_i}\right]^\theta} \geq \frac{2\sqrt{3\sum yz}}{(\sqrt{m^3-k})^\theta} \quad (D_1)$$

提示 记 $A_i = \sqrt{a_i^3-k}, B_i = \sqrt{b_i^3-k}, C_i = \sqrt{c_i^3-k}\,(i=1,2,\cdots,n)$. 由前面的结论有

$$\sum B_i C_i \leq 3(m^3 - \beta^3) \quad (\beta = \sqrt[3]{k})$$

$$\Rightarrow \sum \prod_{i=1}^{n}(B_i C_i)^{\varphi_i} \leq \prod_{i=1}^{n}\left(\sum B_i C_i\right)^{\varphi_i} \leq \prod_{i=1}^{n}[3(m^3-\beta^3)]^{\varphi_i}$$

$$= [3(m^3-\beta^3)]^{\sum \varphi_i} = 3(m^3 - \beta^3)$$

$$\Rightarrow \sum \frac{1}{\left[\prod_{i=1}^{n}(B_i C_i)^{\varphi_i}\right]^\theta} \geq \frac{3^{1+\theta}}{\left[\sum \prod_{i=1}^{n}(B_i C_i)^{\varphi_i}\right]^\theta}$$

$$\Rightarrow F_n^{(\theta)} = \sum \frac{y+z}{\left(\prod_{i=1}^{n} A_i^{\varphi_i}\right)^\theta} \geq 2\sqrt{\sum yz}\left\{\sum \frac{1}{\left[\prod_{i=1}^{n}(B_i C_i)^{\varphi_i}\right]^\theta}\right\}^{\frac{1}{2}}$$

$$\geq 2\sqrt{\sum yz}\left\{\frac{3^{1+\theta}}{[3(m^3-\beta^3)]^\theta}\right\}^{\frac{1}{2}}$$

$$\Rightarrow F_n^{(\theta)} \geq \frac{2\sqrt{3\sum yz}}{(\sqrt{m^3-k})^\theta}$$

等号成立仅当 $x = y = z$ 及

$$a_i = b_i = c_i = m \quad (i=1,2,\cdots,n)$$

进一步地有:

推广 7 设 $a, b, c > 1, m, \theta, x, y, z$ 均为正数,$k \in \mathbf{N}^+, \beta = 2 + \dfrac{1}{k}$,且满足

$$\frac{bc}{a} + \frac{ca}{b} + \frac{ab}{c} \leq 3m$$

记

$$P(\theta) = \frac{y+z}{(\sqrt{a^\beta-1})^\theta} + \frac{z+x}{(\sqrt{b^\beta-1})^\theta} + \frac{x+y}{(\sqrt{c^\beta-1})^\theta}$$

则有
$$P(\theta) \geq \frac{2\sqrt{3(yz+zx+xy)}}{(\sqrt{m^\beta-1})^\theta} \qquad (E_1)$$

证明 （ⅰ）当 $k=1$ 时，$\beta=3$，式（E_1）也成立，等号成立仅当 $x=y=z$ 及 $a=b=c=m$.

（ⅱ）当 $k \geq 2(k \in \mathbf{N}^+)$ 时，设 $m=p^k$，令 $(a,b,c)=(a_1^k, b_1^k, c_1^k)$. 由

$$(3m)^2 \geq \left(\sum \frac{bc}{a}\right)^2 \geq 3\sum a^2$$
$$\Rightarrow \sum a_1^k = a_1^{2k} + b_1^{2k} + c_1^{2k} \leq 3p^{2k}$$

等号成立仅当 $a_1 = b_1 = c_1 = p = \sqrt[k]{m}$.

再记
$$\begin{cases} A = \sqrt{a^\beta - 1} = \sqrt{a_1^{2k+1} - 1} \\ B = \sqrt{b^\beta - 1} = \sqrt{b_1^{2k+1} - 1} \\ C = \sqrt{c^\beta - 1} = \sqrt{c_1^{2k+1} - 1} \end{cases}$$

于是，可设 $t>0$ 为待定系数，有

$$2\sqrt{tA^2} = 2\sqrt{t(a_1^{2k+1}-1)} = 2\left[t(a_1-1)\left(\frac{a_1^{2k+1}-1}{a_1-1}\right)\right]^{\frac{1}{2}}$$
$$\leq t(a_1-1) + \frac{a_1^{2k+1}-1}{a_1-1}$$
$$\Rightarrow 2\sqrt{t} \cdot A \leq A_1 = t(a_1-1) + \frac{a_1^{2k+1}-1}{a_1-1}$$

等号成立仅当

$$t(a_1-1) = \frac{a_1^{2k+1}-1}{a_1-1} \Rightarrow t = \frac{a_1^{2k+1}-1}{(a_1-1)^2}$$

同理可得

$$2\sqrt{t} \cdot B \leq B_1 = t(b_1-1) + \frac{b_1^{2k+1}-1}{b_1-1}$$
$$2\sqrt{t} \cdot C \leq C_1 = t(c_1-1) + \frac{c_1^{2k+1}-1}{c_1-1}$$

等号成立仅当

$$t = \frac{b_1^{2k+1}-1}{(b_1-1)^2} = \frac{c_1^{2k+1}-1}{(c_1-1)^2}$$

将以上三式相加得

$$2\sqrt{t}(A+B+C) \leq A_1 + B_1 + C_1$$

等号成立仅当

$$a_1 = b_1 = c_1 = p = \sqrt[k]{m}$$
$$\Rightarrow a = b = c = m$$
$$\Rightarrow t = \frac{(\sqrt[k]{m})^{2k+1} - 1}{(\sqrt[k]{m} - 1)^2} = \frac{p^{2k+1} - 1}{(p - 1)^2}$$

再设 $0 < \gamma \leq 2k$,则有

$$\left(\frac{\sum a_1^\gamma}{3}\right)^{\frac{1}{\gamma}} \leq \left(\frac{\sum a_1^{2k}}{3}\right)^{\frac{1}{2k}} \leq p$$

$$\Rightarrow \sum a_1^\gamma = a_1^\gamma + b_1^\gamma + c_1^\gamma \leq 3p^\gamma$$

$$\Rightarrow \sum (1 + a_1 + a_1^2 + \cdots + a_1^{2k})$$

$$= 3 + \sum a_1 + \sum a_1^2 + \cdots + \sum a_1^{2k}$$

$$\leq 3 + 3p + 3p^2 + \cdots + 3p^{2k} = 3\left(\frac{p^{2k+1} - 1}{p - 1}\right)$$

$$\Rightarrow \sum \left(\frac{a_1^{2k+1} - 1}{a_1 - 1}\right) \leq 3\left(\frac{a_1^{2k+1} - 1}{p - 1}\right)$$

$$\Rightarrow \sum A_1 = A_1 + B_1 + C_1 = \sum \left[t(a_1 - 1) + \frac{a_1^{2k+1} - 1}{a_1 - 1}\right]$$

$$= t\sum (a_1) - 3t + \sum \left(\frac{a_1^{2k+1} - 1}{a_1 - 1}\right) \leq 3tp - 3t + 3\left(\frac{a_1^{2k+1} - 1}{p - 1}\right)$$

$$= 6\left(\frac{p^{2k+1} - 1}{p - 1}\right)$$

$$\Rightarrow \sum A \leq \frac{\sum A_1}{2\sqrt{t}}$$

$$\leq 6\left(\frac{p^{2k+1} - 1}{p - 1}\right) \cdot \frac{p - 1}{2\sqrt{p^{2k+1} - 1}} = 3\sqrt{p^{2k+1} - 1}$$

$$\Rightarrow \sum BC \leq \frac{1}{3}\left(\sum A\right)^2 \leq 3(p^{2k+1} - 1)$$

$$\Rightarrow P(\theta) = \sum \frac{y + z}{(\sqrt{a^\beta - 1})^\theta} = \sum \left(\frac{y + z}{A^\theta}\right)$$

$$\geq 2\sqrt{\sum yz}\left[\sum \frac{1}{(BC)^\theta}\right]^{\frac{1}{2}}$$

$$\geq 2\sqrt{\sum yz}\left[\frac{3^{1+\theta}}{(\sum BC)^\theta}\right]^{\frac{1}{2}}$$

$$\geq 2\sqrt{\sum yz}\left\{\frac{3^{1+\theta}}{[3(p^{2k+1} - 1)]^\theta}\right\}^{\frac{1}{2}}$$

$$\Rightarrow P(\theta) \geq \frac{2\sqrt{3(yz+zx+xy)}}{(\sqrt{m^\beta-1})^\theta}$$

即式(E_1)成立,等号成立仅当 $a=b=c=m$ 及 $x=t=z$.

相应地,若另设 λ,μ,υ 为正系数,则应用权方和不等式有

$$T_\lambda = \frac{\lambda^{1+\theta}}{(\sqrt{a^\beta-1})^\theta} + \frac{\mu^{1+\theta}}{(\sqrt{b^\beta-1})^\theta} + \frac{\upsilon^{1+\theta}}{(\sqrt{c^\beta-1})^\theta} = \frac{\lambda^{1+\theta}}{A^\theta} + \frac{\mu^{1+\theta}}{B^\theta} + \frac{\upsilon^{1+\theta}}{C^\theta}$$

$$\geq \frac{(\lambda+\mu+\upsilon)^{1+\theta}}{(A+B+C)^\theta} \geq \frac{(\lambda+\mu+\upsilon)^{1+\theta}}{(3\sqrt{p^{2k+1}-1})^\theta}$$

$$\Rightarrow T_\lambda \geq \frac{(\lambda+\mu+\upsilon)^{1+\theta}}{(3\sqrt{m^\beta-1})^\theta} \tag{F_1}$$

这即为式(E_1)的配对结果.

下面我们将前面不等式中的 3 个主元素 a,b,c 推广到 n 个主元素的情形:

推广 8 设 $n \in \mathbf{N}^+, n \geq 3, k \in \mathbf{N}^+, \theta > 0, a_i > 1, \lambda_i > 0 (i=1,2,\cdots,n)$

满足
$$\beta = n - 1 + \frac{1}{k}$$

$$a_1 a_2 \cdots a_n \left(\frac{1}{a_1^{n-1}} + \frac{1}{a_2^{n-1}} + \cdots + \frac{1}{a_n^{n-1}} \right) \leq nm \quad (m>0)$$

记 $F_n = \sum_{i=1}^{n} \frac{\lambda_i^{1+\theta}}{(\sqrt{a_i^\beta-1})^\theta}$,则有

$$F_n \geq \frac{(\sum_{i=1}^{n} \lambda_i)^{1+\theta}}{(n\sqrt{m^\beta-1})^\theta} \tag{G_1}$$

证明 由平均值不等式有

$$nm \geq n(\prod_{i=1}^{n} a_i)(\prod_{i=1}^{n} a_i)^{-\frac{n-1}{n}} = n(\prod_{i=1}^{n} a_i)^{\frac{1}{n}} > n \Rightarrow m > 1$$

记
$$G = \prod_{i=1}^{n} a_i, x_i = \frac{G}{a_i^{n-1}} \quad (1 \leq i \leq n)$$

应用 n 元对称不等式有

$$m^{n-1} \geq \left(\frac{\sum_{i=1}^{n} x_i}{n}\right)^{n-1} \geq \frac{1}{n}(\prod_{i=1}^{n} x_i)\left(\sum_{i=1}^{n} \frac{1}{x_i}\right)$$

$$= \frac{1}{n}\left(\prod_{i=1}^{n} \frac{G}{a_i^{n-1}}\right)\left(\sum_{i=1}^{n} \frac{a_i^{n-1}}{G}\right)$$

$$= \frac{1}{n} \cdot \frac{G}{a^{n-1}} \cdot \frac{1}{G}\left(\sum_{i=1}^{n} a_i^{n-1}\right)$$

$$\Rightarrow \sum_{i=1}^{n} a_i^{n-1} \leq nm^{n-1}$$

令
$$a_i = b_i^k \Rightarrow a_i^\beta = b_i^{(n-1)k+1} \quad (1 \leq i \leq n)$$

$$\Rightarrow \sum_{i=1}^{n} b_i^{(n-1)k} \leq nm^{n-1}$$

设 $0 < \gamma \leq (n-1)k$ 有

$$\left(\frac{\sum_{i=1}^{n} b_i^\gamma}{n}\right)^{\frac{1}{\gamma}} \leq \left[\frac{\sum_{i=1}^{n} b_i^{k(n-1)}}{n}\right]^{\frac{1}{(n-1)k}} \leq m^{\frac{1}{k}}$$

$$\Rightarrow \sum_{i=1}^{n} b_i^\gamma \leq ne^\gamma$$

其中 $e = m^{\frac{1}{k}}$,于是

$$B = \sum_{i=1}^{n}\left(\frac{b_i^{(n-1)k+1} - 1}{b_i - 1}\right)$$

$$= \sum_{i=1}^{n}(1 + b_i + b_i^2 + \cdots + b_i^{(n-1)k})$$

$$= n + \sum_{i=1}^{n} b_i + \sum_{i=1}^{n} b_i^2 + \cdots + \sum_{i=1}^{n} b_i^{(n-1)k}$$

$$\leq n + ne + ne^2 + \cdots + ne^{(n-1)k}$$

$$= \frac{n(e^{(n-1)k+1} - 1)}{e - 1} = \frac{n(e^{k\beta} - 1)}{e - 1}$$

设 $t = \frac{m^{n-1+\frac{1}{k}} - 1}{(m^{\frac{1}{k}} - 1)^2} = \frac{m^\beta - 1}{(e-1)^2} = \frac{e^{k\beta} - 1}{(e-1)^2}, B_i = \frac{b_i^{(n-1)k+1} - 1}{b_i - 1} \quad (i = 1, 2, \cdots, n)$

因此有
$$B = \sum_{i=1}^{n} B_i \leq \frac{n(e^{k\beta} - 1)}{e - 1}$$

$$2\sqrt{t(a_i^\beta - 1)} = 2\sqrt{t(b_i^{(n-1)k+1} - 1)} = 2\sqrt{t(b_i - 1)B_i}$$
$$\leq t(b_i - 1) + B_i \quad (1 \leq i \leq n)$$

再简记 $A_i = \sqrt{a_i^\beta - 1} \quad (1 \leq i \leq n)$

$$\Rightarrow \sum_{i=1}^{n} A_i \leq \frac{1}{2\sqrt{t}} \sum_{i=1}^{n}[t(b_i - 1) + B_i]$$

$$= \frac{1}{2\sqrt{t}}\left[t\sum_{i=1}^{n} b_i - nt + \sum_{i=1}^{n} B_i\right]$$

$$\leq \frac{1}{2\sqrt{t}}\left[t \cdot ne - nt + \frac{n(e^{k\beta} - 1)}{e - 1}\right]$$

$$= \frac{1}{2\sqrt{t}} \left[nt(e-1) + \frac{n(e^{k\beta}-1)}{e-1} \right]$$

$$= \frac{n}{2} \left(\frac{e-1}{\sqrt{e^{k\beta}-1}} \right) \left(\frac{e^{k\beta}-1}{e-1} + \frac{e^{k\beta}-1}{e-1} \right)$$

$$= n\sqrt{e^{k\beta}-1} = n\sqrt{m^\beta - 1}$$

于是,应用权方和不等式有

$$F_n = \sum_{i=1}^n \left(\frac{\lambda_i^{1+\theta}}{A_i^\theta} \right) \geq \frac{\left(\sum_{i=1}^n \lambda_i \right)^{1+\theta}}{\left(\sum_{i=1}^n A_i \right)^\theta} \geq \frac{\left(\sum_{i=1}^n \lambda_i \right)^{1+\theta}}{(n\sqrt{m^\beta - 1})^\theta}$$

即式(G_1)成立,等号成立仅当

$$\begin{cases} \lambda_1 = \lambda_2 = \cdots = \lambda_n \\ a_1 = a_2 = \cdots = a_n = m \end{cases}$$

回首展望迷人的不等式(G_1),当取 $k=1$ 时,$\beta = n$;再取 $n=3$ 时,就回到了我们当初的情形:如果取 $k \to +\infty$,则 $\beta \to 2$,因此指数 β 的取值范围是 $2 \leq \beta \leq 3$.

现在,我们建立推广 8 的配对结论.

推广 9 设 $n \geq 3, n \in \mathbf{N}^+, \theta > 0, 0 < \varphi \leq \frac{3}{2}(n-1), m^\varphi \geq 8, a_i > 0$, $\lambda_i > 0 (i=1,2,\cdots,n)$ 满足 $\left(\prod_{i=1}^n a_i \right)\left(\sum_{i=1}^n a_i^{1-n} \right) \leq nm$,则有

$$T_n = \sum_{i=1}^n \frac{\lambda_i^{1+\theta}}{(\sqrt{a_i^\varphi + 1})^\theta} \geq \frac{\left(\sum_{i=1}^n \lambda_i \right)^{1+\theta}}{(n\sqrt{m_i^\varphi + 1})^\theta} \tag{H_1}$$

证明 由推广 8 的证明知

$$\sum_{i=1}^n a_i^{n-1} \leq nm^{n-1}$$

等号成立仅当 $a_1 = a_2 = \cdots = a_n = m$.

于是,对于 $0 < \gamma \leq n-1$ 有

$$\sum_{i=1}^n a_i^\gamma \leq nm^\gamma$$

等号成立仅当 $a_1 = a_2 = \cdots = a_n = m$.

令 $\varphi = 3\beta \Rightarrow 0 < \beta \leq \frac{1}{2}(n-1)$

且 $m^\beta > 2$.

令 $t = \frac{m^{3\beta} + 1}{(m^\beta + 1)^2} = \frac{m^{2\beta} - m^\beta + 1}{m^\beta + 1} \geq 1$

记

$$A_i = \sqrt{a_i^\varphi + 1} = \sqrt{a_i^{3\beta} + 1} \quad (1 \leq i \leq n)$$

$$B_i = a_i^{2\beta} + (t-1)a_i^\beta + (t+1) > 0 \quad (1 \leq i \leq n)$$

$$\Rightarrow \sum_{i=1}^n B_i = \sum_{i=1}^n a_i^{2\beta} + (t-1)\sum_{i=1}^n a_i^\beta + n(t-1)$$

$$\leq nm^{2\beta} + n(t-1)m^\beta + n(t+1)$$

$$= n[(m^{2\beta} - m^\beta + 1) + t(m^\beta + 1)]$$

$$= \frac{2n(m^{3\beta} + 1)}{m^\beta + 1}$$

于是

$$2\sqrt{t}A_i = 2\sqrt{t(a_i^{3\beta} + 1)}$$

$$= 2\sqrt{t(a_i^\beta + 1)(a_i^{2\beta} - a_i^\beta + 1)}$$

$$\leq t(a_i^\beta + 1) + (a_i^{2\beta} - a_i^\beta + 1)$$

$$= B_i$$

$$\Rightarrow 2\sqrt{t}\sum_{i=1}^n A_i \leq \sum_{i=1}^n B_i \leq \frac{2n(m^{3\beta} + 1)}{m^\beta + 1}$$

$$\Rightarrow \frac{\sqrt{m_i^{3\beta} + 1}}{m_i^\beta + 1}\left(\sum_{i=1}^n A_i\right) \leq \frac{n(m^{3\beta} + 1)}{m^\beta + 1}$$

$$\Rightarrow \sum_{i=1}^n A_i \leq n\sqrt{m^\varphi + 1}$$

$$\Rightarrow T_n = \sum_{i=1}^n \frac{\lambda_i^{1+\theta}}{\sqrt{a_i^\lambda + 1}} = \sum_{i=1}^n \left(\frac{\lambda_i^{1+\theta}}{A_i^\theta}\right)$$

$$\geq \frac{\left(\sum_{i=1}^n \lambda_i\right)^{1+\theta}}{\left(\sum_{i=1}^n A_i\right)^\theta} \geq \frac{\left(\sum_{i=1}^n \lambda_i\right)^{1+\theta}}{(n\sqrt{m^\varphi + 1})^\theta}$$

这即为式(H_1),等号成立仅当

$$\begin{cases} a_1 = a_2 = \cdots = a_n = m \\ t(a_i^\beta + 1) = a_i^{2\beta} - a_i^\beta + 1 \end{cases} \quad (i = 1, 2, \cdots, n)$$

$$\Rightarrow a_1 = a_2 = \cdots = a_n = m$$

最后,我们考虑原不等式(A)的新的参数推广.

推广10 设 $a, b, c, m, \lambda, \mu, \nu$ 均为正数,且满足 $0 < \lambda, \mu, \nu \leq 1$,及

$$\frac{bc}{a} + \frac{ca}{b} + \frac{ab}{c} \leq m$$

记
$$P_\lambda = \frac{1}{\sqrt{a^3+\lambda}} + \frac{1}{\sqrt{b^3+\mu}} + \frac{1}{\sqrt{c^3+\upsilon}}$$

则有
$$P_\lambda \geq \frac{54}{M} \tag{I_1}$$

其中
$$M = m^2 + m\sqrt{3\sum(1-\sqrt[3]{\lambda})^2} + 3\sum\sqrt[3]{\lambda^2} + 3\sum\sqrt[3]{\lambda}$$

且等号何时成立？

证明 （i）由前面的证明知
$$\sum a^2 \leq \frac{1}{3}m^2$$

等号成立仅当 $a = b = c = \frac{m}{3}$. $\tag{1}$

令
$$(\lambda,\mu,\upsilon) = (\lambda_1^3, \mu_1^3, \upsilon_1^3)$$
$$\Rightarrow 0 < \lambda_1, \mu_1, \upsilon_1 \leq 1$$

由于可设
$$\begin{cases} A = \sqrt{a^3+\lambda} \\ B = \sqrt{b^3+\mu} \\ C = \sqrt{c^3+\upsilon} \end{cases}, \begin{cases} A_1 = a^2 + (1-\lambda_1)a + (\lambda_1^2+\lambda_1) > 0 \\ B_1 = b^2 + (1-\mu_1)a + (\mu_1^2+\mu_1) > 0 \\ C_1 = c^2 + (1-\upsilon_1)a + (\upsilon_1^2+\upsilon_1) > 0 \end{cases}$$

那么
$$\sum A_1 = A_1 + B_1 + C_1$$
$$= \sum a^2 + \sum(1-\lambda_1)a + \sum(\lambda_1^2+\lambda_1)$$
$$\leq \sum a^2 + \sqrt{\sum(1-\lambda_1)^2 \cdot \sum a^2} + \sum(\lambda_1^2+\lambda_1)$$
$$\leq \frac{1}{3}m^2 + m\sqrt{\frac{1}{3}\sum(1-\lambda_1)^2} + \sum(\lambda_1^2+\lambda_1)$$
$$= \frac{1}{3}M$$

于是
$$P_\lambda = \sum \frac{1}{A}$$

又
$$2\sqrt{a^3+\lambda} = 2\sqrt{a^3+\lambda_1^3}$$
$$= 2\sqrt{(a+\lambda_1)(a^2-\lambda_1 a+\lambda_1^2)}$$
$$\leq (a+\lambda_1) + (a^2-\lambda_1 a+\lambda_1^2) = A_1 > 0$$
$$\Rightarrow 2A \leq A_1$$

同理可得：$2B \leq B_1, 2C \leq C_1$.

等号成立仅当

$$\begin{cases} a + \lambda_1 = a^2 - \lambda_1 a + \lambda_1^2 \\ b + \mu_1 = b^2 - \mu_1 b + \mu_1^2 \\ c + v_1 = c^2 - v_1 c + v_1^2 \end{cases} \qquad (2)$$

$$A + B + C \leqslant \frac{1}{2}(A_1 + B_1 + C_1) \leqslant \frac{1}{6}M$$

应用柯西不等式有

$$P_\lambda = \sum \frac{1}{A} \geqslant \frac{9}{\sum A} \geqslant \frac{54}{M}$$

即式(I_1)成立.

(ⅱ)现在,我们讨论等号成立的条件:

综合前面的式(1)、(2)知,必须设

$$\lambda_1 = \mu_1 = v_1 = t \Rightarrow \lambda = \mu = v = t^3$$

得

$$\left(\frac{m}{3}\right)^2 - \left(1 + \frac{m}{3}\right)(t+1) + (t^2 - t) = 0$$

$$t^2 - \left(1 + \frac{m}{3}\right)t + \left(\frac{m^2}{9} - \frac{m}{3}\right) = 0$$

方程(3)的判别式

$$\Delta_t = \left(1 + \frac{m}{3}\right)^2 - 4\left(\frac{m^2}{9} - \frac{m}{3}\right) = -\frac{1}{3}(m^2 - 6m - 3) \geqslant 0$$

$$\Rightarrow m^2 - 6m - 3 \leqslant 0$$

$$\Rightarrow 0 < m \leqslant 3 + 2\sqrt{3}$$

这是参数 m 的定义域.

又方程(3)的两根为

$$\begin{cases} t_1 = \frac{1}{2}\left(1 + \frac{m}{3} - \sqrt{\Delta_t}\right) \\ t_2 = \frac{1}{2}\left(1 + \frac{m}{3} + \sqrt{\Delta_t}\right) \end{cases}$$

显然 $t_1 \leqslant t_2$.

(1°)当 $\lambda_1 = \mu_1 = v_1 = t_1$ 时,必须

$$0 < t_1 \leqslant 1 \Rightarrow \frac{m}{3} - 1 \leqslant \sqrt{\Delta_t} < 1 + \frac{m}{3}$$

必须 $m \geqslant 3$ 及 $3 \leqslant m \leqslant 3 + 2\sqrt{3}$

于是还应有

$$\frac{m}{3} - 1 \leqslant \sqrt{-\frac{1}{3}(m^2 - 6m - 3)} < \frac{m}{3} + 1 \Rightarrow 3 < m \leqslant 6$$

($2°$) 当 $\lambda_1 = \mu_1 = \upsilon_1 = t_2$ 时, 必须

$$0 < t_2 \leq 1 \Rightarrow \frac{1}{2}(1 + \frac{m}{3} + \sqrt{\Delta_t}) \leq 1$$

$$\Rightarrow \sqrt{\Delta_t} \leq 1 - \frac{m}{3}$$

$$\Rightarrow -\frac{1}{3}(m^2 - 6m - 3) \leq (1 - \frac{m}{3})^2$$

$$\Rightarrow -3(m^2 - 6m - 3) \leq (3 - m)^2$$

$$\Rightarrow -3[(m-3)^2 - 12] \leq (3 - m)^2$$

$$\Rightarrow (3 - m)^2 \geq 9$$

又从 $\sqrt{\Delta_t} \leq 1 - \frac{m}{3}$ 知必须 $0 < m < 3 \Rightarrow (3-m)^2 < 9$.

这与 $(3-m)^2 \geq 9$ 矛盾,因此

$$\lambda_1 = \mu_1 = \upsilon_1 \neq t_2$$

综合上述知,不等式 (I_1) 等号成立的条件是

其中
$$\begin{cases} 3 < m \leq 6 \\ a = b = c = \frac{m}{3} \\ \lambda = \mu = \upsilon = t^3 \end{cases}$$

$$\begin{cases} t = \frac{1}{2}(1 + \frac{m}{3} - \sqrt{\Delta_t}) \\ \Delta_t = \frac{-1}{3}(m^2 - 6m - 3) \end{cases}$$

特别地,当取 $m = 6$ 时,得

$$\Delta_t = 1, t = 1, M = 54, \begin{cases} a = b = c = 2 \\ \lambda = \mu = \upsilon = t = 1 \end{cases}$$

此时式 (I_1) 简化为最初的式 (A).

如果应用前面的引理与权方和不等式,我们可以建立更好更妙的结论:

推广 11 设 $3 < m \leq 6, a, b, c, x, y, z > 0, \theta > 0, 0 < \lambda, \mu, \upsilon \leq 1$,且满足

$$\frac{bc}{a} + \frac{ca}{b} + \frac{ab}{c} \leq m$$

则有

$$P_\lambda = \frac{y+z}{(\sqrt{a^3 + \lambda})^\theta} + \frac{z+x}{(\sqrt{b^3 + \mu})^\theta} + \frac{x+y}{(\sqrt{c^3 + \upsilon})^\theta} \geq 2\sqrt{3(yz + zx + xy)} \left(\frac{18}{M}\right)^\theta$$

$$(J_1)$$

$$T_\lambda = \frac{x^{1+\theta}}{(\sqrt{a^3+\lambda})^\theta} + \frac{y^{1+\theta}}{(\sqrt{b^3+\mu})^\theta} + \frac{z^{1+\theta}}{(\sqrt{c^3+\upsilon})^\theta} \geq (x+y+z)^{1+\theta}\left(\frac{6}{M}\right)^\theta \quad (K_1)$$

其中记号 M 同推广 10.

证明 由式(I_1)的证明知

$$A + B + C \leq \frac{1}{6}M$$

$$\Rightarrow \frac{1}{(BC)^\theta} + \frac{1}{(CA)^\theta} + \frac{1}{(AB)^\theta} \geq \frac{(1+1+1)^{1+\theta}}{(BC+CA+AB)^\theta} \geq \frac{3^{1+\theta}}{\left[\frac{1}{3}(A+B+C)^2\right]^\theta}$$

$$= \frac{3^{1+\theta}}{(A+B+C)^{2\theta}} \geq \frac{3^{1+2\theta}}{\left(\frac{M}{6}\right)^{2\theta}}$$

$$\Rightarrow \sum \frac{1}{(BC)^\theta} \geq 3\left(\frac{18}{M}\right)^{2\theta}$$

$$\Rightarrow P_\lambda = \sum \frac{y+z}{(\sqrt{a^3+\lambda})^\theta} = \sum \left(\frac{y+z}{A^\theta}\right)$$

$$\geq 2\sqrt{\sum yz}\left[\sum \frac{1}{(BC)^\theta}\right]^{\frac{1}{2}}$$

$$\geq 2\sqrt{3}\sum yz\left(\frac{18}{M}\right)^\theta$$

即式(J_1)成立,又

$$T_\lambda = \sum \frac{x^{1+\theta}}{(\sqrt{a^3+\lambda})^\theta} = \sum \left(\frac{x^{1+\theta}}{A^\theta}\right) \geq \frac{(\sum x)^{1+\theta}}{(\sum A)^\theta} \geq (\sum x)^{1+\theta} \cdot \left(\frac{6}{M}\right)^\theta$$

即式(K_1)也成立,等号成立的条件同推广 10.

借着本文的东风,我们用四种方法证明一道传统妙题.

题 1 设 $x,y,z > 0$,求证

$$\left(\frac{y+z}{2}\right)^2 \left(\frac{z+x}{2}\right)^2 \left(\frac{x+y}{2}\right)^2 \geq xyz\left(\frac{x+y+z}{3}\right)^2 \quad (A)$$

分析 放眼观望,式(A)的外形优美庞大,好像在向我们挑战,如果按照常规思路将式(A)的两边展开,再进行配方比较,那复杂程度简直让人望而却步,因此,对付这类题目宜用代换法智取.

证法 1 令

$$\begin{cases} y+z = 2a > 0 \\ z+x = 2b > 0 \\ x+y = 2c > 0 \end{cases} \Rightarrow \begin{cases} x+y+z = a+b+c \\ x = b+c-a > 0 \\ y = c+a-b > 0 \\ z = a+b-c > 0 \end{cases}$$

由此可得以 a,b,c 为三边长,可以构成面积为 Δ 的 $\triangle ABC$,由海伦(Helen)公式有
$$16\Delta^2 = (a+b+c)(b+c-a)(c+a-b)(a+b-c)$$
且式(A)化为
$$(abc)^2 \geq \frac{1}{27}(a+b+c) \cdot 16\Delta^2$$
联想到公式 $\Delta = \dfrac{abc}{4R}$ (R 为 $\triangle ABC$ 的外接圆半径,得
$$a+b+c \leq 3\sqrt{3}R$$
$$\Leftrightarrow \sin A + \sin B + \sin C \leq \frac{3}{2}\sqrt{3} \tag{1}$$
而式(1)是我们熟知的三角形正弦和不等式,等号成立仅当
$$A = B = C = 60° \Leftrightarrow a = b = c \Leftrightarrow x = y = z$$

以上简洁漂亮的代换证法,简直是"智取华山",难题巧解. 其实,万事万物只有相对,并非绝对,只要方法得当,不用代换法,我们仍然可以巧解难题.

证法2 由于
$$\sum \left(\frac{1}{x} - \frac{1}{y}\right)^2 \geq 0 \Rightarrow \sum \frac{1}{x^2} \geq \sum \frac{1}{yz}$$
$$\Rightarrow \left(\sum \frac{1}{x}\right)^2 \geq 3\sum \frac{1}{yz}$$
$$\Rightarrow \left(\sum yz\right)^2 \geq 3xyz\left(\sum x\right)$$
$$\Rightarrow \left[\frac{1}{9}\left(\sum x\right)\left(\sum yz\right)\right] \geq xyz\left(\frac{\sum x}{3}\right)^3 \tag{2}$$

从式(2)知,欲证明式(A),只需证明
$$\prod \left(\frac{y+z}{2}\right) \geq \frac{1}{9}\left(\sum x\right)\left(\sum yz\right) \tag{3}$$
记
$$t = \sum x(y^2 + z^2) \geq \sum 2xyz = 6xyz$$
又式(3)两边展开得
$$9(t + 2xyz) \geq 8(t + 3xyz)$$
$$\Leftrightarrow t \geq 6xyz$$
即式(3)成立,从而式(A)成立,等号成立仅当 $x = y = z$.

证法3 令
$$x + y + z = 3$$
$$\Rightarrow xyz \leq \left(\frac{x+y+z}{3}\right)^3 = 1$$
于是式(A)等价于

$$\left(\frac{3-x}{2}\right)^2\left(\frac{3-y}{2}\right)^2\left(\frac{3-z}{2}\right)^2 \geq xyz$$

$$\Leftrightarrow (3-x)(3-y)(3-z) \geq 8\sqrt{xyz}$$

$$\Leftrightarrow 27 - 9\left(\sum x\right) + 3\sum yz - xyz \geq 8\sqrt{xyz}$$

$$\Leftrightarrow 3\sum yz \geq xyz + 8\sqrt{xyz} \tag{4}$$

又
$$\sum yz \geq \sqrt{3xyz\left(\sum x\right)} = 3\sqrt{xyz}$$

故欲证式(4),只需证

$$9\sqrt{xyz} \geq xyz + 8\sqrt{xyz}$$

$$\Leftrightarrow \sqrt{xyz} \geq xyz \Leftrightarrow xyz \leq 1$$

因此式(4)显然成立,所以式(A)成立,等号成立仅当 $x = y = z$.

证法 4 令 $xyz = 1$,则

$$t = \frac{x+y+z}{3} \geq \sqrt[3]{xyz} = 1$$

于是式(A)等价于

$$\left(\frac{3t-x}{2}\right)^2\left(\frac{3t-y}{2}\right)^2\left(\frac{3t-z}{2}\right)^2 \geq t^3$$

$$\Leftrightarrow (3t-x)(3t-y)(3t-z) \geq 2t^{\frac{3}{2}}$$

$$\Leftrightarrow (3t)^3 - (3t)^2\sum x + 3t\left(\sum yz\right) - xyz \geq 2t^{\frac{3}{2}}$$

$$\Leftrightarrow (3t)^3 - (3t)^2\cdot(3t) + 3t\left(\sum yz\right) - 1 \geq 2t^{\frac{3}{2}}$$

$$\Leftrightarrow 3t\left(\sum yz\right) \geq 2t^{\frac{3}{2}} + 1 \tag{5}$$

因此,欲证式(A)成立,只需证明式(5)成立,又

$$\sum yz \geq \sqrt{3xyz\sum x} = 3\sqrt{t}$$

所以,欲证式(5),只需证

$$3t\sqrt{t} \geq 2t\sqrt{t} + 1$$

$$\Leftrightarrow t\sqrt{t} \geq 1 \Leftrightarrow t \geq 1$$

这是显然的,从而式(5)成立,式(A)自然成立,等号成立仅当 $x = y = z$.

注 (1°)从外观上看,不等式(A)虽然结构对称优美,却比较庞大复杂,但证法1却代换得巧,证法2从最显然的基本不等式

$$\sum\left(\frac{1}{x} - \frac{1}{y}\right)^2 \geq 0$$

出发,轻松自然地证明了式(A),而证法3与证法4分别巧妙地设 $x+y+z=3$ 与 $xyz=1$ 简洁明快地证明了式(A),它们互为配对证法.

(2°)耐人寻味的是,若设 $xyz = \left(\dfrac{3}{2}\right)^2$,则式(A)简化为
$$(x+y)^2(y+z)^2(z+x)^2 \geqslant (x+y+z)^3 \qquad (B)$$
在证法2的式(3)中
$$(x+y)^2(y+z)^2(z+x)^2 \geqslant \dfrac{8}{9}(x+y+z)(xy+yz+zx) \qquad (6)$$
令
$$(x,y,z) = \left(\tan\dfrac{A}{2}, \tan\dfrac{B}{2}, \tan\dfrac{C}{2}\right)$$
其中 A,B,C 为 $\triangle ABC$ 的三个内角,利用三角恒等式
$$xy+yz+zx = \tan\dfrac{A}{2}\tan\dfrac{B}{2} + \tan\dfrac{B}{2}\tan\dfrac{C}{2} + \tan\dfrac{C}{2}\tan\dfrac{A}{2} = 1$$
得到一个意味深长的三角不等式
$$(\tan\dfrac{A}{2} + \tan\dfrac{B}{2})(\tan\dfrac{B}{2} + \tan\dfrac{C}{2})(\tan\dfrac{C}{2} + \tan\dfrac{A}{2}) \geqslant \dfrac{8}{9}(\tan\dfrac{A}{2} + \tan\dfrac{B}{2} + \tan\dfrac{C}{2})$$
$$\qquad (C)$$

(3°)若令
$$(x,y,z) = (\tan^2\dfrac{A}{2}, \tan^2\dfrac{B}{2}, \tan^2\dfrac{C}{2})$$
$$\Rightarrow \sum yz = \sum \tan^2\dfrac{B}{2}\tan^2\dfrac{C}{2} = \sum (\tan\dfrac{B}{2}\tan\dfrac{C}{2})^2$$
$$\geqslant \dfrac{1}{3}(\sum \tan\dfrac{B}{2}\tan\dfrac{C}{2})^2 = \dfrac{1}{3}$$
利用式(6)得
$$\prod(\tan^2\dfrac{B}{2} + \tan^2\dfrac{C}{2}) \geqslant \dfrac{8}{9}(\sum \tan^2\dfrac{A}{2}) \cdot \dfrac{1}{3} = (\dfrac{2}{3})^3 (\sum \tan^2\dfrac{A}{2})$$
再结合著名的邦克夫不等式
$$\sum \tan^2\dfrac{A}{2} \geqslant 2 - 8\prod \sin\dfrac{A}{2}$$
得到
$$\prod(\tan^2\dfrac{B}{2} + \tan^2\dfrac{C}{2}) \geqslant (\dfrac{2}{3})^3 (2 - 8\prod \sin\dfrac{A}{2})$$
再由 λ,μ,υ 为正系数,则有
$$\sum(\mu+\upsilon)\tan^2\dfrac{A}{2} = \sum \lambda(\tan^2\dfrac{B}{2} + \tan^2\dfrac{C}{2})$$
$$\geqslant 3\sqrt[3]{\lambda\mu\upsilon}[\prod(\tan^2\dfrac{B}{2} + \tan^2\dfrac{C}{2})]^{\frac{1}{3}}$$
$$\geqslant 3(\lambda\mu\upsilon)^{\frac{1}{3}} \cdot \dfrac{2}{3}(2 - 8\prod\sin\dfrac{A}{2})^{\frac{1}{3}}$$

$$\Rightarrow \sum (\mu + v)\tan^2 \frac{A}{2} \geq 2\left[\lambda\mu v\left(2 - 8\prod \sin\frac{A}{2}\right)\right]^{\frac{1}{3}} \tag{D}$$

这一结果太有趣,它是我们得到的意外收获,真是可遇而不可求.

(4°) 从外形结构上讲,不等式还有两个非常漂亮的配对形式

$$\sqrt[3]{\left(\frac{y+z}{2}\right)\left(\frac{z+x}{2}\right)\left(\frac{x+y}{2}\right)} \geq \frac{\sqrt{yz} + \sqrt{zx} + \sqrt{xy}}{3} \tag{E}$$

$$\frac{1}{2}\left(\frac{x+y+z}{3} + \sqrt[3]{xyz}\right) \geq \frac{\sqrt{yz} + \sqrt{zx} + \sqrt{xy}}{3} \tag{F}$$

(5°) 式(A)的证法 1 巧妙地应用了熟知的三角形正弦和不等式

$$\sin A + \sin B + \sin C \leq \frac{3}{2}\sqrt{3} \tag{7}$$

由于式(7)可以加强为

$$\sin^2 A + \sin^2 B + \sin^2 C \leq \frac{9}{4} \tag{8}$$

因此,利用式(8)可以推导出式(A)的加强式来,不过,外形结构较庞大复杂.

而且,因为式(7)与式(8)又有一系列的推广,利用它们均可推导出式(A)的一系列庞大复杂的推广式来.

在单塼老师主编的《多功能题典——高中数学竞赛》中,有一道特别有趣的题目:

:::原题 1::: 实数 $x_1, x_2, \cdots, x_6$ 满足

$$\begin{cases} x_1^2 + x_2^2 + \cdots + x_6^2 = 6 \\ x_1 + x_2 + \cdots + x_6 = 0 \end{cases}$$

求积 $T = x_1 x_2 \cdots x_6$ 的最大值.

显然,这是一个求条件极值的问题,它有 6 个变元 $x_1, x_2, \cdots, x_6$,我们可以把它推广到任意 $2n$ 个变元 $x_1, x_2, \cdots, x_{2n} (n \geq 1, n \in \mathbf{N}^+)$ 满足条件

$$\begin{cases} x_1^2 + x_2^2 + \cdots + x_{2n}^2 = 2n \\ x_1 + x_2 + \cdots + x_{2n} = 0 \end{cases}$$

求 $T = x_1 x_2 \cdots x_{2n}$ 的最大值.

解 (i) 当 $n = 1$ 时,已知条件化为

$$\begin{cases} x_1^2 + x_2^2 = 2 \\ x_1 + x_2 = 0 \end{cases} \Rightarrow (x_1 + x_2)^2 - 2x_1 x_2 = 2 \Rightarrow T = x_1 x_2 = -1$$

(ii) 当 $n \geq 2$ 时,显然,欲使 T 最大,须使 $\{x_1, x_2, \cdots, x_{2n}\}$ 中有偶数(设为 $2t$)个取正数,余下偶数 $(2n - 2t)$ 个取负数,这时 $T > 0$ 才有可能达到最大值,根据对称性,不妨设

$$\begin{cases} x_1 \geqslant x_2 \geqslant \cdots \geqslant x_{2t} \geqslant 0 \\ 0 > x_{2t+1} \geqslant x_{2t+2} \geqslant \cdots \geqslant x_{2n} \end{cases} \quad (1 \leqslant t \leqslant n-1)$$

为了方便起见,我们再记

$$y_1 = -x_{2t+1} > 0, y_2 = -x_{2t+2} > 0, \cdots, y_{2(n-t)} = -x_{2n} > 0$$

则有

$$x_1 + x_2 + \cdots + x_{2t} = y_1 + y_2 + \cdots + y_{2(n-t)} = p > 0$$

且 $y_1 \leqslant y_2 \leqslant \cdots \leqslant y_{2(n-t)}$,应用柯西不等式

$$\begin{cases} (x_1 + x_2 + \cdots + x_{2t})^2 \leqslant 2t(x_1^2 + x_2^2 + \cdots + x_{2t}^2) \\ (y_1 + y_2 + \cdots + y_{2(n-t)})^2 \leqslant (2n-2t)(y_1^2 + y_2^2 + \cdots + y_{2(n-t)}^2) \end{cases}$$

$$\Rightarrow \begin{cases} x_1^2 + x_2^2 + \cdots + x_{2t}^2 \geqslant p^2/(2t) \\ y_1^2 + y_2^2 + \cdots + y_{2(n-t)}^2 \geqslant p^2/(2n-2t) \end{cases}$$

$$\Rightarrow 2n = x_1^2 + x_2^2 + \cdots + x_{2n}^2 = (x_1^2 + \cdots + x_{2t}^2) + (y_1^2 + \cdots + y_{2(n-t)}^2)$$

$$\geqslant \frac{p^2}{2t} + \frac{p^2}{2(n-t)} = \frac{np^2}{2t(n-t)}$$

$$\Rightarrow p^2 \leqslant 4t(n-t)$$

应用均值不等式有

$$T = x_1 x_2 \cdots x_{2n} = (x_1 \cdots x_{2t})(y_1 \cdots y_{2(n-t)})$$

$$\leqslant \left(\frac{x_1 + \cdots + x_{2t}}{2t}\right)^{2t} \left(\frac{y_1 + \cdots + y_{2t}}{2t}\right)^{2(n-t)}$$

$$= \left(\frac{p}{2t}\right)^{2t} \left(\frac{p}{2(n-t)}\right)^{2(n-t)}$$

$$= \frac{p^{2n}}{(2t)^{2t}(2n-2t)^{2(n-t)}}$$

$$\leqslant \frac{[4t(n-t)]^n}{2^{2n} \cdot t^{2t} \cdot (n-t)^{2(n-t)}}$$

$$\Rightarrow T \leqslant f(t) = \left(\frac{t}{n-t}\right)^{n-2t}$$

等号成立仅当

$$\begin{cases} x_1 = x_2 = \cdots = x_{2t} \\ y_1 = y_2 = \cdots = y_{2(n-t)} \end{cases} \quad (1 \leqslant t \leqslant n-1)$$

(ⅲ)当 $n = 2k$ 为偶数时

$$f(t) = \left(\frac{t}{2k-t}\right)^{2(k-t)}$$

(1°)当 $0 < t < k$ 时,$\begin{cases} \frac{t}{2k-t} \in (0,1) \\ k-t \in (0,k) \end{cases} \Rightarrow f(t) < 1;$

(2°) 当 $t = k$ 时,$f(t) = f(k) = 1$；

(3°) 当 $k < t < 2k$ 时,$\begin{cases} t/(2k-t) > 1 \\ k - t < 0 \end{cases} \Rightarrow f(t) < 1.$

所以,当 n 为偶数时,函数 $f(t)$ 有最大值 1,即

$$T \leq f(t) = f_{\max}(t) = f\left(\frac{n}{2}\right) = 1$$

$$\Rightarrow T_{\max} = 1$$

此时取

$$\begin{cases} x_1 = x_2 = \cdots = x_n = 1 \\ x_{n+1} = x_{n+2} = \cdots = x_{2n} = -1 \end{cases}$$

(iv) 当 $n \geq 3$ 为奇数时,设

$$n = 2k + 1 \Rightarrow f(t) = \left(\frac{t}{2k+1-t}\right)^{2k+1-2t}$$

(1°) 取 $t = k \Rightarrow f(k) = \frac{k}{k+1} < 1$

(2°) 当 $0 < t < k$ 时

$$\begin{cases} \dfrac{t}{2k+1-t} < \dfrac{k}{k+1} \\ 2k+1-2t > 1 \end{cases}$$

$$\Rightarrow f(t) < \frac{k}{k+1}$$

(3°) 当 $1 + k < t < 2k$ 时

$$\begin{cases} \dfrac{t}{2k+1-t} > \dfrac{k+1}{k} \\ 2k+1-2t < -1 \end{cases} \Rightarrow f(t) < \frac{k}{k+1}$$

此时,只有当 $t = k = \dfrac{n-1}{2}$ 或 $t = k + 1 = \dfrac{n+1}{2}$ 时,函数 $f(t)$ 有最大值

$$f_{\max}(t) = f\left(\frac{n-1}{2}\right) = f\left(\frac{n+1}{2}\right)$$

$$\Rightarrow T \leq f(t) \leq f_{\max}(t) = \frac{n-1}{n+1}$$

$$\Rightarrow T_{\max} = \frac{n-1}{n+1}$$

此时设

$$\begin{cases} x_1 = x_2 = \cdots = x_{2k} = x > 0 \\ x_{2k+1} = x_{2k+2} = \cdots = x_{2(2k+1)} = -y < 0 \end{cases} \quad (1)$$

或
$$\begin{cases} x_1 = x_2 = \cdots = x_{2(k+1)} = x > 0 \\ y_{2k+3} = y_{2k+4} = \cdots = y_{2(2k+1)} = -y < 0 \end{cases} \quad (2)$$

将式(1)代入已知条件有
$$\begin{cases} 2kx - 2(k+1)y = 0 \\ 2kx^2 + 2(k+1)y^2 = 2(2k+1) \end{cases}$$

$$\begin{cases} x_1 = x_2 = \cdots = x_{\frac{1}{2}(n-1)} = \sqrt{\dfrac{n+1}{n-1}} \\ x_{\frac{1}{2}(n+3)} = \cdots = x_{2n} = -\sqrt{\dfrac{n-1}{n+1}} \end{cases}$$

同理,将式(2)代入已知条件可求得
$$\begin{cases} x_1 = x_2 = \cdots = x_{\frac{1}{2}(n+1)} = \sqrt{\dfrac{n-1}{n+1}} \\ x_{\frac{1}{2}(n+3)} = x_{\frac{1}{2}(n+5)} = \cdots = x_{2n} = -\sqrt{\dfrac{n+1}{n-1}} \end{cases}$$

总之,综合起来,对一切 $n \in \mathbf{N}^+$ 有

$$\max T_{2n} = \frac{n - \dfrac{1-(-1)^n}{2}}{n + \dfrac{1-(-1)^n}{2}} = \frac{2n-1+(-1)^n}{2n+1-(-1)^n}$$

这是一个非常漂亮的结果,若将结论改写成不等式

$$x_1 x_2 \cdots x_{2n} \leqslant \frac{2n-1+(-1)^n}{2n+1-(-1)^n}$$

则更显得优美奇趣.

特别地,当 $n = 3$ 时,即得到原题的结论

$$T_{\max} = \max(x_1 x_2 \cdots x_6) = \frac{1}{2}$$

并且,当 n 为奇数,且无穷大时

$$\lim_{n \to \infty} T_{\max} = \lim_{n \to \infty}\left(\frac{n-1}{n+1}\right) = \lim_{n \to \infty}\left(\frac{1-\dfrac{1}{n}}{1+\dfrac{1}{n}}\right) = 1$$

六 一组代数不等式妙题的欣赏

有一道简洁美妙的不等式题目为:

题1 设 a_1, a_2, a_3 均为正数,它们的算术平均数为 A,几何平均数为 G,记

$$A_i = \frac{a_1+a_2+a_3-a_i}{2}, G_i = \sqrt{\frac{a_1a_2a_3}{a_i}} \quad (i=1,2,3)$$

求证

$$\sqrt[3]{A_1A_2A_3} \geq \frac{G_1+G_2+G_3}{3} \quad (A_1)$$

证明 将 a_1, a_2, a_3 巧妙布阵为

$$\begin{pmatrix} A_1 & a_3 & a_2 \\ a_3 & A_2 & a_1 \\ a_2 & a_1 & A_3 \end{pmatrix}$$

然后再灵活应用赫尔德不等式

$$(A_1+a_3+a_2)(a_3+A_2+a_1)(a_2+a_1+A_3)$$
$$\geq (\sqrt[3]{A_1a_3a_2}+\sqrt[3]{a_3A_2a_1}+\sqrt[3]{a_2a_1A_3})^3$$
$$= (\sqrt[3]{A_1G_1^2}+\sqrt[3]{A_2G_2^2}+\sqrt[3]{A_3G_3^2})$$
$$\geq (G_1+G_2+G_3)^3$$
$$\Rightarrow (3A_1)(3A_2)(3A_3) \geq (G_1+G_2+G_3)^3$$
$$\Rightarrow \sqrt[3]{A_1A_2A_3} \geq \frac{G_1+G_2+G_3}{3}$$

所以式(A_1)成立,等号成立仅当 $a_1=a_2=a_3$.

如果我们再设系数 $\lambda,\mu,\upsilon>0$,并重新布阵为

$$\begin{pmatrix} \lambda^3 A_1 & a_3 & a_2 \\ a_3 & \mu^3 A_2 & a_1 \\ a_2 & a_1 & \upsilon^3 A_3 \end{pmatrix}$$

仍然应用赫尔德不等式有
$$(\lambda^3 A_1 + a_3 + a_2)(a_3 + \mu^3 A_2 + a_1)(a_2 + a_1 + \upsilon^3 A_3)$$
$$\geq (\lambda \sqrt[3]{A_1 a_3 a_2} + \mu \sqrt[3]{a_3 A_2 a_1} + \upsilon \sqrt[3]{a_2 a_1 A_3})^3$$
$$= (\lambda \sqrt[3]{A_1 G_1^2} + \mu \sqrt[3]{A_2 G_2^2} + \upsilon \sqrt[3]{A_3 G_3^2})^3$$
$$\geq (\lambda G_1 + \mu G_2 + \upsilon G_3)^3$$
$$\Rightarrow (\lambda^3 + 2)(\mu^3 + 2)(\upsilon^3 + 2) A_1 A_2 A_3$$
$$\geq (\lambda G_1 + \mu G_2 + \upsilon G_3)^3 \tag{A_2}$$

等号成立仅当 $a_1 = a_2 = a_3$ 及 $\lambda = \mu = \upsilon = 1$.

特别地,当 $\lambda = \mu = \upsilon = 1$ 时,式(A_2)化为式(A_1).

当 $a_1 = a_2 = a_3$ 时,式(A_2)化为
$$(\lambda^3 + 2)(\mu^3 + 2)(\upsilon^3 + 2) \geq (\lambda + \mu + \upsilon)^3 \tag{A_3}$$

等号成立仅当 $\lambda = \mu = \upsilon = 1$.

可见,不等式(A_2)包括了两个不等式,它将不等式(A_1)与(A_3)和谐地统一在了一起,这真是一个有趣的现象.

现在,我们将题1推广为:

题2 设 $a_i > 0, \lambda_i > 0, s = a_1 + a_2 + a_3 + a_4, A_i = \dfrac{s - a_i}{3}, G_i = \left(\dfrac{a_1 a_2 a_3 a_4}{a_i}\right)^{\frac{1}{3}}$

$(i = 1, 2, 3, 4)$,则有
$$m A_1 A_2 A_3 A_4 \geq (\lambda_1 G_1 + \lambda_2 G_2 + \lambda_3 G_3 + \lambda_4 G_4)^4 \tag{A_4}$$

其中 $m = (\lambda_1^4 + 3)(\lambda_2^4 + 3)(\lambda_3^4 + 3)(\lambda_4^4 + 3)$

等号成立仅当 $\lambda_1 = \lambda_2 = \lambda_3 = \lambda_4 = 1$ 及 $a_1 = a_2 = a_3 = a_4$.

同样,当 $\lambda_1 = \lambda_2 = \lambda_3 = \lambda_4 = 1$ 时,式(A_4)化为
$$\sqrt[4]{A_1 A_2 A_3 A_4} \geq \dfrac{G_1 + G_2 + G_3 + G_4}{4} \tag{A_5}$$

当 $a_1 = a_2 = a_3 = a_4$ 时,式(A_4)化为
$$(\lambda_1^4 + 3)(\lambda_2^4 + 3)(\lambda_3^4 + 3)(\lambda_4^4 + 3) \geq (\lambda_1 + \lambda_2 + \lambda_3 + \lambda_4)^4 \tag{A_6}$$

其中,式(A_5)等号成立仅当 $a_1 = a_2 = a_3 = a_4$,式(A_6)等号成立仅当 $\lambda_1 = \lambda_2 = \lambda_3 = \lambda_4 = 1$.

证明 我们巧布"天龙阵"

$$\begin{pmatrix} \lambda_1^4 A_1 & a_4 & a_2 & a_3 \\ a_3 & \lambda_2^4 A_2 & a_4 & a_1 \\ a_4 & a_1 & \lambda_3^4 A_3 & a_2 \\ a_2 & a_3 & a_1 & \lambda_4^4 A_4 \end{pmatrix}$$

并注意到 $A_i \geq G_i (1 \leq i \leq 4)$，灵活应用赫尔德不等式（或两次应用柯西不等式）有

$$(\lambda_1^4 A_1 + a_4 + a_2 + a_3)(a_3 + \lambda_2^4 A_2 + a_4 + a_1)(a_4 + a_1 + \lambda_3^4 A_3 + a_2)(a_2 + a_3 + a_1 + \lambda_4^4 A_4)$$
$$\geq \lambda_1 \sqrt[4]{A_1 a_3 a_4 a_2} + \lambda_2 \sqrt[4]{a_4 A_2 a_1 a_3} + \lambda_3 \sqrt[4]{a_4 a_1 A_3 a_2} + \lambda_4 \sqrt[4]{a_2 a_3 a_1 A_4}$$
$$= \lambda_1 \sqrt[4]{A_1 G_1^3} + \lambda_2 \sqrt[4]{A_2 G_2^3} + \lambda_3 \sqrt[4]{A_3 G_3^3} + \lambda_4 \sqrt[4]{A_4 G_4^3}$$
$$\geq (\lambda_1 G_1 + \lambda_2 G_2 + \lambda_3 G_3 + \lambda_4 G_4)^4$$
$$\Rightarrow m(A_1 A_2 A_3 A_4) \geq (\lambda_1 G_1 + \lambda_2 G_2 + \lambda_3 G_3 + \lambda_4 G_4)^4$$

这即为式(A_4)，等号成立仅当

$$\begin{cases} a_1 = a_2 = a_3 = a_4 \\ \lambda_1 = \lambda_2 = \lambda_3 = \lambda_4 = 1 \end{cases}$$

如果我们设 $\lambda_1, \lambda_2, \cdots, \lambda_n (n \geq 3, n \in \mathbf{N}^+)$ 均为正数，记

$$M_n = \prod_{i=1}^{n} (\lambda_i^n + n - 1)$$

同样应用赫尔德不等式有

$$M_n = (\lambda_1^n + 1 + 1 + \cdots + 1 + 1) \cdot (1 + \lambda_2^n + 1 + \cdots + 1 + 1) \cdot \cdots \cdot$$
$$(1 + 1 + 1 + \cdots + 1 + \lambda_n^n)$$
$$\geq (\lambda_1 + \lambda_2 + \cdots + \lambda_n)^n$$
$$\Rightarrow \prod_{i=1}^{n} (\lambda_i^n + n - 1) \geq \left(\sum_{i=1}^{n} \lambda_i\right)^n \tag{A_7}$$

等号成立仅当 $\lambda_1 = \lambda_2 = \cdots = \lambda_n = 1$.

上述证法启示我们，只要"灵活用兵法"，就用"巧布天龙阵"，将优美的不等式(A_2)推广.

题3 设 $\lambda_i > 0, a_i > 0 (1 \leq i \leq n, n \geq 3, n \in \mathbf{N}^+)$，记

$$s = \sum_{i=1}^{n} a_i, \quad A_i = \frac{s - a_i}{n - 1}, \quad G_i = \left(\frac{a_1 a_2 \cdots a_n}{a_i}\right)^{\frac{1}{n-1}} \quad (i = 1, 2, \cdots, n)$$

则有

$$M_n \prod_{i=1}^{n} A_i \geq \left(\sum_{i=1}^{n} \lambda_i G_i\right)^n \tag{A_8}$$

等号成立仅当

$$\begin{cases} \lambda_1 = \lambda_2 = \cdots = \lambda_n = 1 \\ a_1 = a_2 = \cdots = a_n \end{cases}$$

特别地，当 $\lambda_1 = \lambda_2 = \cdots = \lambda_n = 1$ 时，式(A_8)化为

$$\sqrt[n]{A_1 A_2 \cdots A_n} \geq \frac{G_1 + G_2 + \cdots + G_n}{n} \tag{A_9}$$

显然,式(A_9)的优美与奇妙,是不言而喻的. 当然,欲巧妙布阵来证明式(A_9)是困难的,证明式(A_8)就更困难了,我们不妨灵活机动,调整方向,妙证式(A_8).

证明 我们简记

$$x_i = \left(\frac{A_i G_i^{n-1}}{A_1 A_2 \cdots A_n}\right)^{\frac{1}{n}} \quad (i = 1, 2, \cdots, n)$$

取 $i = 1$ 有

$$x_1 = \left(\frac{A_1 G_1^{n-1}}{A_1 A_2 \cdots A_n}\right)^{\frac{1}{n}}$$

$$\Rightarrow nx_1 = n\left(\sqrt[n]{\frac{a_2 a_3 \cdots a_n}{A_2 A_3 \cdots A_n}}\right)$$

于是应用平均值不等式有

$$nx_1 \leqslant 1 + \frac{a_3}{A_2} + \frac{a_4}{A_3} + \cdots + \frac{a_n}{A_{n-1}} + \frac{a_2}{A_n}$$

$$nx_1 \leqslant 1 + \frac{a_4}{A_2} + \frac{a_5}{A_3} + \cdots + \frac{a_n}{A_{n-2}} + \frac{a_2}{A_{n-1}} + \frac{a_3}{A_n}$$

$$\vdots$$

$$nx_1 \leqslant 1 + \frac{a_n}{A_2} + \cdots + \frac{a_2}{A_3} + \cdots + \frac{a_{n-1}}{A_{n-2}} + \frac{a_{n-2}}{A_{n-1}} + \frac{a_{n-1}}{A_n}$$

将以上 $n-1$ 个不等式相加得

$$n(n-1)x_1 \leqslant (n-1) + \frac{s - a_2}{A_2} + \frac{s - a_3}{A_3} + \cdots + \frac{s - a_n}{A_n}$$

$$= (n-1) + (n-1) + (n-1) + \cdots + (n-1)$$

$$= n(n-1)$$

$$\Rightarrow x_1 \leqslant 1$$

$$\Rightarrow \prod_{i=1}^{n} A_i \geqslant A_1 G_1^{n-1} \geqslant G_1^n$$

同理可得

$$\prod_{i=1}^{n} A_i \geqslant G_i^n \quad (i = 1, 2, \cdots, n)$$

$$\Rightarrow \lambda_i \prod_{i=1}^{n} A_i \geqslant \lambda_i G_i^n$$

$$\Rightarrow \sum_{i=1}^{n} \lambda_i \prod_{i=1}^{n} A_i \geqslant \sum_{i=1}^{n} \lambda_i G_i^n$$

$$\Rightarrow \left(\sum_{i=1}^{n} \lambda_i\right) \prod_{i=1}^{n} A_i \geqslant \sum_{i=1}^{n} \lambda_i G_i^n \tag{A_{10}}$$

应用幂平均不等式有

$$\frac{\sum_{i=1}^{n} \lambda_i G_i^n}{\sum_{i=1}^{n} \lambda_i} \geq \left(\frac{\sum_{i=1}^{n} \lambda_i G_i}{\sum_{i=1}^{n} \lambda_i}\right)^n$$

$$\Rightarrow M_n(\prod_{i=1}^{n} A_i) \geq (\sum_{i=1}^{n} \lambda_i)^n (\prod_{i=1}^{n} A_i) \geq \frac{\sum_{i=1}^{n} \lambda_i G_i^n}{\sum_{i=1}^{n} \lambda_i} \cdot (\sum_{i=1}^{n} \lambda_i)^n$$

$$\geq \left(\frac{\sum_{i=1}^{n} \lambda_i G_i}{\sum_{i=1}^{n} \lambda_i}\right)^n (\sum_{i=1}^{n} \lambda_i)^n$$

$$\Rightarrow M_n(\prod_{i=1}^{n} A_i) \geq (\sum_{i=1}^{n} \lambda_i G_i)^n$$

即式(A_8)成立,等号成立仅当

$$\begin{cases} \lambda_1 = \lambda_2 = \cdots = \lambda_n = 1 \\ a_1 = a_2 = \cdots = a_n \end{cases}$$

从上述证明可知,式(A_{10})为式(A_8)的一个加强.

(二)

单樽老师主编的《多功能题典——高中数学竞赛》中,有一道很趣味的题目.

题 4 设实数 $x_1, x_2, \cdots, x_6$ 满足

$$\begin{cases} x_1^2 + x_2^2 + \cdots + x_6^2 = 6 \\ x_1 + x_2 + \cdots + x_6 = 0 \end{cases}$$

请求 $T = x_1 x_2 \cdots x_6$ 的最大值.

为了追求更奇妙更完美,我们把它推广为:

题 5 设实数列 $\{x_{2n}\}$ $(n \in \mathbf{N}^+)$ 满足条件

$$\begin{cases} x_1^2 + x_2^2 + \cdots + x_{2n}^2 = 2n \\ x_1 + x_2 + \cdots + x_{2n} = 0 \end{cases} \tag{1}$$

求 $T = x_1 x_2 \cdots x_{2n}$ 的最大值.

六 一组代数不等式妙题的欣赏

解 （ⅰ）当 $n=1$ 时,式(1)化为

$$\begin{cases} x_1^2 + x_2^2 = 2 \\ x_1 + x_2 = 0 \end{cases} \Rightarrow \begin{cases} x_1 = 1, -1 \\ x_2 = -1, 1 \end{cases}$$

$$\Rightarrow T = x_1 x_2 = -1 (常数)$$

（ⅱ）当 $n \geq 2$ 时,显然,欲使 T 最大,须使 $\{x_1, x_2, \cdots, x_{2n}\}$ 中有偶数(设为 $2t$)个取正数,余下偶数$(2n-2t)$个取负数,这样 $T>0$ 才可能达到最大值,根据对称性,不妨设

$$\begin{cases} x_1 \geq x_2 \geq \cdots \geq x_{2t} > 0 \\ 0 > x_{2t+1} \geq x_{2t+2} \geq \cdots \geq x_{2n} \end{cases} \quad (1 \leq t \leq n-1)$$

为了方便起见,我们再记

$$y_1 = -x_{2t+1} > 0, y_2 = -x_{2t+2} > 0, \cdots, y_{2(n-t)} = -x_{2n} > 0$$

则有

$$x_1 + x_2 + \cdots + x_{2t} = y_1 + y_2 + \cdots + y_{2(n-t)} = p > 0$$

且

$$y_1 \leq y_2 \leq \cdots \leq y_{2(n-t)}$$

应用柯西不等式有

$$\begin{cases} (x_1 + x_2 + \cdots + x_{2t})^2 \leq 2t(x_1^2 + x_2^2 + \cdots + x_{2t}^2) \\ (y_1 + y_2 + \cdots + y_{2(n-t)})^2 \leq (2n-2t)(y_1^2 + y_2^2 + \cdots + y_{2(n-t)}^2) \end{cases}$$

$$\Rightarrow 2n = x_1^2 + x_2^2 + \cdots + x_{2n}^2 = (x_1^2 + \cdots + x_{2t}^2) + (y_1^2 + \cdots + y_{2(n-t)}^2)$$

$$\geq \frac{p^2}{2t} + \frac{p^2}{2(n-t)} = \frac{np^2}{2t(n-t)}$$

$$\Rightarrow p^2 \leq 4t(n-t)$$

应用平均值不等式有

$$T = x_1 x_2 \cdots x_{2n} = (x_1 \cdots x_{2t})(y_1 \cdots y_{2(n-t)})$$

$$\leq \left(\frac{x_1 + \cdots + x_{2t}}{2t}\right)^{2t} \left(\frac{y_1 + \cdots + y_{2(n-t)}}{2(n-t)}\right)^{2(n-t)}$$

$$= \left(\frac{p}{2t}\right)^{2t} \left(\frac{p}{2(n-t)}\right)^{2(n-t)}$$

$$= \frac{p^{2n}}{(2t)^{2t}(2n-2t)^{2(n-t)}}$$

$$\leq \frac{[4t(n-t)]^n}{2^{2n} \cdot t^{2t} \cdot (n-t)^{2(n-t)}}$$

$$= \left(\frac{t}{n-t}\right)^{n-2t}$$

$$\Rightarrow T \leq f(t) = \left(\frac{t}{n-t}\right)^{n-2t}$$

等号成立仅当

$$\begin{cases} x_1 = x_2 = \cdots = x_{2t} \\ y_1 = y_2 = \cdots = y_{2(n-t)} \end{cases} \quad (1 \leqslant t \leqslant n-1)$$

(iii) 当 $n = 2k$ 为偶数时

$$f(t) = \left(\frac{t}{2k-t}\right)^{2(k-t)}$$

(1°) 当 $0 < t < k$ 时

$$\begin{cases} \dfrac{t}{2k-t} \in (0,1) \\ k - t \in (0,k) \end{cases}$$
$$\Rightarrow f(t) < 1$$

(2°) 当 $t = k$ 时

$$f(t) = f(k) = 1$$

(3°) 当 $k < t < 2k$ 时

$$\begin{cases} \dfrac{t}{2k-t} > 1 \\ k - t < 0 \end{cases}$$
$$\Rightarrow f(t) < 1$$

所以，当 n 为偶数时，函数 $f(t)$ 有最大值 1，即

$$T \leqslant f(t) \leqslant f_{\max}(t) = f\left(\frac{n}{2}\right) = 1$$
$$\Rightarrow T_{\max} = 1$$

此时

$$\begin{cases} x_1 = x_2 = \cdots = x_n = 1 \\ x_{n+1} = x_{n+2} = \cdots = x_{2n} = -1 \end{cases}$$

(iv) 当 $n \geqslant 3$ 为奇数时，设

$$n = 2k+1 \Rightarrow f(t) = \left(\frac{t}{2k+1-t}\right)^{2k+1-2t}$$

(1°) 取 $t = k$ 时

$$f(k) = \frac{k}{k+1} < 1$$

取 $t = k+1$ 时

$$f(k+1) = \frac{k}{k+1} < 1$$

(2°) 当 $0 < t < k$ 时

$$\begin{cases} \dfrac{t}{2k+1-t} < \dfrac{k}{k+1} \\ 2k+1-2t > 1 \end{cases}$$

$$\Rightarrow f(t) < \frac{k}{k+1}$$

(3°) 当 $1+k < t < 2k$ 时

$$\begin{cases} \dfrac{t}{2k+1-t} > \dfrac{k}{k+1} \\ 2k+1-2t < -1 \end{cases}$$

$$\Rightarrow f(t) < \frac{k}{k+1}$$

此时,只有当 $t = k = \dfrac{n-1}{2}$ 或 $t = k+1 = \dfrac{n+1}{2}$ 时,函数 $f(t)$ 有最大值.

$$f(t) = f(\frac{n-1}{2}) = f(\frac{n+1}{2}) = \frac{k}{k+1} = \frac{n-1}{n+1}$$

$$\Rightarrow T \leq f(t) \leq f_{\max}(t) = \frac{n-1}{n+1}$$

$$\Rightarrow T_{\max} = \frac{n-1}{n+1}$$

此时,设

$$\begin{cases} x_1 = x_2 = \cdots = x_{2k} = x > 0 \\ x_{2k+1} = x_{2k+2} = \cdots = x_{2(2k+1)} = -y < 0 \end{cases} \tag{2}$$

或

$$\begin{cases} x_1 = x_2 = \cdots = x_{2(2k+1)} = x > 0 \\ y_{2k+3} = y_{2k+4} = \cdots = y_{2(2k+1)} = x < 0 \end{cases} \tag{3}$$

式(2)代入已知条件式(1)有

$$\begin{cases} 2kx - 2(k+1)y = 0 \\ 2kx^2 + 2(k+1)y^2 = 2(2k+1) \end{cases}$$

解得

$$\begin{cases} x_1 = x_2 = \cdots = x_{\frac{1}{2}(n-1)} = \sqrt{\dfrac{n+1}{n-1}} \\ x_{\frac{1}{2}(n+1)} = \cdots = x_{2n} = -\sqrt{\dfrac{n-1}{n+1}} \end{cases}$$

同理,式(3)与式(1)联合可解得

$$\begin{cases} x_1 = x_2 = \cdots = x_{\frac{1}{2}(n+1)} = \sqrt{\dfrac{n-1}{n+1}} \\ x_{\frac{1}{2}(n+3)} = \cdots = x_{2n} = -\sqrt{\dfrac{n+1}{n-1}} \end{cases}$$

特别地,当 $2n = 6 \Rightarrow n = 3$ (奇数)时,$T = x_1 x_2 \cdots x_6 = \dfrac{1}{2}$.

在

$$\begin{cases} x_1 = x_2 = \sqrt{2} \\ x_3 = x_4 = x_5 = x_6 = -\dfrac{1}{\sqrt{2}} \end{cases} \text{或} \begin{cases} x_1 = x_2 = x_3 = x_4 = \dfrac{1}{\sqrt{2}} \\ x_5 = x_6 = -\sqrt{2} \end{cases}$$

时取到.

总结上述, 当 $n \geq 2$ 时

$$T_{\max} = \begin{cases} 1 & (n \text{ 为偶数}) \\ \dfrac{n-1}{n+1} & (n \text{ 为奇数}) \end{cases} = \dfrac{n - \dfrac{1-(-1)^n}{2}}{n + \dfrac{1-(-1)^n}{2}}$$

$$\Rightarrow T_{\max} = \dfrac{2n-1+(-1)^n}{2n+1-(-1)^n} \quad (n \geq 2, n \in \mathbf{N}^+) \tag{4}$$

可见, 从外观上讲, 式(4)显得非常漂亮, 它将 n 为奇数与偶数两种情况巧妙和谐地统一在了一起, 趣味奇特.

（三）

题 6 设 $a, b, c > 0$ 满足 $a+b+c = 3$. 证明

$$\dfrac{a}{\sqrt{b^2+14b+1}} + \dfrac{b}{\sqrt{c^2+14c+1}} + \dfrac{c}{\sqrt{a^2+14a+1}} \geq \dfrac{3}{4} \tag{C_1}$$

分析 要求证明的不等式(C_1)是左边为三个无理分式和, 显得庞大, 就像三个宽大的、牢固的堡垒, 我们不妨将它简记为 p, 并希望构造不等式

$$x^2 + 14x + 1 \leq \lambda(\mu+\upsilon)^2$$

使 p 的表达形式得到转化, 便于我们证明.

证明 设 $x > 0$, 由于

$$3(x-1)^2 \geq 0 \Rightarrow 3x^2 - 6x + 3 \geq 0$$

$$\Rightarrow x^2 + 14x + 1 \leq (2x+2)^2 \tag{1}$$

$$\Rightarrow \dfrac{1}{\sqrt{x^2+14x+1}} \geq \dfrac{1}{2x+2} \tag{2}$$

在式(2)中依次取 $x = a, b, c$, 得到三个零件不等式(或称局部不等式).

$$\begin{cases} \dfrac{a}{\sqrt{b^2+14b+1}} \geqslant \dfrac{a}{2b+2} \\ \dfrac{b}{\sqrt{c^2+14c+1}} \geqslant \dfrac{b}{2c+2} \\ \dfrac{c}{\sqrt{a^2+14a+1}} \geqslant \dfrac{c}{2a+2} \end{cases}$$

$$\Rightarrow p = \sum \dfrac{a}{\sqrt{b^2+14b+1}} \geqslant \sum \left(\dfrac{a}{2b+2}\right)$$

又

$$\begin{aligned}\sum a(2b+2) &= a(2b+2)+b(2c+2)+c(2a+2) \\ &= 2(ab+bc+ca)+2(a+b+c) \\ &\leqslant \dfrac{2}{3}(a+b+c)^2+2(a+b+c) \\ &= \dfrac{2}{3}\times 3^2+2\times 3 = 12\end{aligned}$$

$$\Rightarrow p \geqslant \sum \left(\dfrac{a}{2b+2}\right) = \sum \dfrac{a^2}{a(2b+2)} \text{(应用柯西不等式)}$$

$$\geqslant \dfrac{(\sum a)^2}{\sum a(2b+2)} \geqslant \dfrac{(\sum a)^2}{12} = \dfrac{3^2}{12}$$

$$\Rightarrow p \geqslant \dfrac{3}{4}$$

即式(C_1)成立,等号成立仅当 $a=b=c=1$.

从上述证法可知,本题不失为一道漂亮的代数不等式题,而且,我们可以首先建立式(C_1)的一个配对推广结论:

结论 1 设正数 a,b,c 满足 $a+b+c=3$,指数 $\theta>0$,参数 $p,q,r>0$,记

$$p(\theta) = \dfrac{a}{[pbc+q(b+c)+r]^\theta} + \dfrac{b}{[pca+q(c+a)+r]^\theta} + \dfrac{r}{[pab+q(a+b)+r]^\theta}$$

则有

$$p(\theta) \geqslant \dfrac{3}{(p+2q+r)^\theta} \tag{C_2}$$

证明 我们简记

$$\begin{cases} A = pabc+qa(b+c)+ra \\ B = pabc+qb(c+a)+rb \\ c = pabc+qc(a+bc)+rc \end{cases}$$

$$\Rightarrow A+B+C = 3pabc+2q(ab+bc+ca)+r(a+b+c)$$

$$\leq \frac{1}{9}p(a+b+c)^3 + \frac{2}{3}q(a+b+c)^2 + r(a+b+c)$$

$$= \frac{1}{9}p \times 3^2 + \frac{2}{3}q \times 3^2 + 3r$$

$$= 3(p+2q+r)$$

应用权方和不等式有

$$p(\theta) = \frac{a^{1+\theta}}{A^\theta} + \frac{b^{1+\theta}}{B^\theta} + \frac{c^{1+\theta}}{C^\theta} \geq \frac{(a+b+c)^{1+\theta}}{(A+B+C)^\theta} \geq \frac{3^{1+\theta}}{[3(p+2q+r)]^\theta}$$

$$\Rightarrow p(\theta) \geq \frac{3}{(p+2q+r)^\theta}$$

等号成立仅当 $a=b=c=1$.

当我们仔细品味式(C_1)与(C_2)的证明过程时,发现式(C_1)可以从指数方面推广为:

结论2 设正数 a,b,c 满足 $a+b+c=3$. 指数 $\theta > 0, 0 < k \leq 1, \beta = 1 + 2(1-k)\theta$,则

$$p(\theta) = \sum \frac{a^\beta}{(b^{2k}+14b^k+1)^\theta} \geq \frac{3}{4^{2\theta}} \quad (C_3)$$

特别地,当取 $k=1, \theta = \frac{1}{2}$ 时,式(C_3)转化为式(C_1);当取 $\theta = \frac{1}{4}$ 时,$\beta = \frac{3-k}{2}$,式(C_3)转化为

$$\sum \frac{\sqrt{a^{3-k}}}{\sqrt[4]{b^{2k}+14b^k+1}} \geq \frac{3}{2}$$

再取 $k=1$ 得

$$\sum \frac{\sqrt{a}}{\sqrt[4]{b^2+14b+1}} \geq \frac{3}{2}$$

证明 我们记

$$\begin{cases} A = 2a^k b^k + 2a^k \\ B = 2b^k c^k + 2b^k \\ C = 2c^k a^k + 2c^k \end{cases}$$

$$\Rightarrow A+B+C = 2(a^k b^k + b^k c^k + c^k a^k) + 2(a^k + b^k + c^k)$$

$$\leq \frac{2}{3}(a^k+b^k+c^k)^2 + 2(a^k+b^k+c^k)$$

$$\leq 6\left(\frac{a+b+c}{3}\right)^{2k} + 6\left(\frac{a+b+c}{3}\right)^k$$

$$= 6 + 6 = 12$$
$$\Rightarrow A + B + C \leqslant 12 \tag{1}$$

对于 $x > 0$ 有
$$3(x-1)^2 \geqslant 0 \Rightarrow 3x^2 - 6x + 3 \geqslant 0$$
$$\Rightarrow x^2 + 14x + 1 \leqslant (2x+2)^2$$
$$\Rightarrow \frac{1}{(x^2+14x+1)^\theta} \geqslant \frac{1}{(2x+2)^{2\theta}} \tag{2}$$

利用式(1)、式(2)和权方和不等式有
$$p(\theta) = \sum \frac{a^\beta}{(b^{2k}+14b^k+1)^\theta} \geqslant \sum \frac{1}{(2x+2)^{2\theta}}$$
$$= \sum \frac{a^{\beta+2k\theta}}{(2a^k b^k + 2a^k)^{2\theta}}$$
$$= \frac{a^{1+2\theta}}{A^{2\theta}} + \frac{b^{1+2\theta}}{B^{2\theta}} + \frac{c^{1+2\theta}}{C^{2\theta}}$$
$$\geqslant \frac{(a+b+c)^{1+2\theta}}{(A+B+C)^{2\theta}} \geqslant \frac{3^{1+2\theta}}{12^{2\theta}}$$
$$\Rightarrow p(\theta) \geqslant \frac{3}{4^{2\theta}}$$

即式(C_3)成立,等号成立仅当 $a = b = c = 1$.

结论 2 中的式(C_3)的主元素是 a,b,c,共 3 个. 其实,我们完全可以将它推广到 4 个主元素 a,b,c,d 的情形.

结论 3 设正数 a,b,c,d 满足 $a+b+c+d=4$. 指数 $\theta > 1, 0 < k \leqslant 1$. $\beta = 1 + 2(1-k)\theta$, 则
$$p(\theta) = \sum \frac{a^\beta}{(b^{2k}+14b^k+1)^\theta} \geqslant 4^{1-2\theta} \tag{C_4}$$

证明 我们简记
$$\begin{cases} A = 2a^k(b^k+1) \\ B = 2b^k(c^k+1) \end{cases}, \begin{cases} C = 2c^k(c^k+1) \\ D = 2d^k(a^k+1) \end{cases}$$

那么 $A+B+C+D = 2(a^k+b^k+c^k+d^k) + 2(a^k b^k + b^k c^k + c^k d^k + d^k a^k)$
$$= 2\sum a^k + 2(a^k+c^k)(b^k+d^k)$$
$$\leqslant 2\sum a^k + \frac{1}{2}[(a^k+c^k)+(b^k+d^k)]^2$$
$$= 2\sum a^k + \frac{1}{2}(\sum a^k)^2$$

$$= 8\left(\frac{\sum a^k}{4}\right) + 8\left(\frac{\sum a^k}{4}\right)^2$$
$$\leqslant 8 + 8 = 16$$
$\Rightarrow A + B + C + D \leqslant 16$

根据前面的方法有

$$p(\theta) = \sum \frac{a^\beta}{(b^{2k} + 14b^k + 1)^\theta} \geqslant \sum \frac{a^\beta}{(2b^k + 2)^{2\theta}} = \sum \frac{a^{\beta+2k\theta}}{[2a^k(b^k + 1)]^{2\theta}}$$
$$= \frac{a^{1+2\theta}}{A^{2\theta}} + \frac{b^{1+2\theta}}{B^{2\theta}} + \frac{c^{1+2\theta}}{C^{2\theta}} + \frac{d^{1+2\theta}}{D^{2\theta}}$$
$$\geqslant \frac{(a+b+c+d)^{1+2\theta}}{(A+B+C+D)^{2\theta}} \geqslant \frac{4^{1+2\theta}}{16^{2\theta}}$$

$\Rightarrow P(\theta) \geqslant 4^{1-2\theta}$

这即为式(C_4). 等号成立仅当 $a = b = c = d = 1$.

特别地，当取 $\theta = \frac{1}{2}$ 时，$\beta = 2 - k$，再取 $k = 1$，得 $\beta = 1$，我们得到式(C_1)的四元推广

$$\frac{a}{\sqrt{b^2 + 14b + 1}} + \frac{b}{\sqrt{c^2 + 14c + 1}} + \frac{c}{\sqrt{d^2 + 14d + 1}} + \frac{d}{\sqrt{a^2 + 14a + 1}} \geqslant 1$$

又当 $\theta \to 0$ 时，$\beta \to 1$，可令 $\theta = \frac{1}{m}$，其中 $m \in \mathbf{N}^+$，且 $m \to \infty$，我们又可得到

$$\frac{a}{\sqrt[m]{b^2 + 14b + 1}} + \frac{b}{\sqrt[m]{c^2 + 14c + 1}} + \frac{c}{\sqrt[m]{d^2 + 14d + 1}} + \frac{d}{\sqrt[m]{a^2 + 14a + 1}} \geqslant 4 \ (m \to \infty)$$
$$(C_5)$$

相应地，当 $\theta \to 0$ 时，从式(C_3)可得

$$\frac{a}{\sqrt[m]{b^2 + 14b + 1}} + \frac{b}{\sqrt[m]{c^2 + 14c + 1}} + \frac{c}{\sqrt[m]{a^2 + 14a + 1}} \geqslant 3 \quad (m \to \infty) \quad (C_6)$$

又若在式(C_3)中令

$$4^{2\theta} = 3 \Rightarrow \theta = \frac{1}{4}\log_2 3 > 0$$
$$\Rightarrow \beta = 1 + \frac{1}{2}(1 - k)\log_2 3 \quad (0 < k \leqslant 1)$$

此时式(C_3)化为

$$\sum \frac{a^\beta}{(b^{2k} + 14b^k + 1)^\theta} \geqslant 1 \tag{C_7}$$

如果我们再设

$$\frac{3}{4^{2\theta}} = p > 0 \Rightarrow = \frac{1}{4}\log_2\left(\frac{3}{p}\right)$$

只有当 $0<p<3$ 时,得到新的不等式

$$\sum \frac{a^\beta}{(b^{2k}+14b^k+1)^\theta} \geqslant p \tag{C_8}$$

相应地,在式(C_4)中设

$$4^{1-2\theta}=q>0 \Rightarrow \theta=\frac{1}{4}\log_2\left(\frac{4}{q}\right)$$

只有当 $0<q<4$ 时,$\theta>0$,又得到

$$\sum \frac{a^\beta}{(b^{2k}+14b^k+1)^\theta} \geqslant q \tag{C_9}$$

现在,我们再建立一个新的配对结论.

结论 4 设正数 a,b,c 满足 $a+b+c=3$,λ,μ,υ 均为正常数,记

$$P_\lambda = \frac{(\mu+\upsilon)^2 bc}{pabc+qa^2} + \frac{(\upsilon+\lambda)^2 ca}{pabc+qb^2} + \frac{(\lambda+\mu)^2 ab}{pabc+qc^2}$$

$$T_\lambda = \frac{(\mu+\upsilon)bc}{pabc+qa^2} + \frac{(\upsilon+\lambda)ca}{pabc+qb^2} + \frac{(\lambda+\mu)ab}{pabc+qc^2}$$

其中参数 $p,q>0$,则有

$$P_\lambda \geqslant \frac{4(\mu\upsilon+\upsilon\lambda+\lambda\mu)}{p+q} \tag{D_1}$$

$$T_\lambda \geqslant \frac{2(\sqrt{\mu\upsilon}+\sqrt{\upsilon\lambda}+\sqrt{\lambda\mu})}{p+q} \tag{D_2}$$

证明 注意到

$$\sum(pbc+qa) = p(bc+ca+ab)+q(a+b+c)$$
$$\leqslant \frac{1}{3}p(a+b+c)^2+q(a+b+c)$$
$$= 3(p+q)$$

应用平均值不等式,杨克昌不等式,柯西不等式有

$$T_\lambda = \sum \frac{(\mu+\upsilon)bc}{pabc+qa^2} \geqslant \sum \frac{(\sqrt{\mu}+\sqrt{\upsilon})^2 bc}{2(pabc+qa^2)} = \sum \frac{(\sqrt{\mu}+\sqrt{\upsilon})^2 \cdot \frac{bc}{a}}{2(pbc+qa)}$$

$$\geqslant \frac{[\sum(\sqrt{\mu}+\sqrt{\upsilon})\sqrt{\frac{bc}{a}}]^2}{2\sum(pbc+qa)} \geqslant \frac{[\sum(\sqrt{\mu}+\sqrt{\upsilon})\sqrt{\frac{bc}{a}}]^2}{6(p+q)}$$

$$\geqslant \frac{\{2[\sum\sqrt{\mu\upsilon}\cdot\sum(\sqrt{\frac{bc}{a}}\cdot\sqrt{\frac{ca}{b}})]^{\frac{1}{2}}\}^2}{6(p+q)}$$

$$= \frac{4(\sum \sqrt{\mu v}) \cdot (\sum C)}{6(p+q)} = \frac{2\sum \sqrt{\mu v}}{p+q}$$

$$\Rightarrow T\lambda \geq \frac{22\sum \sqrt{\mu v}}{p+q}$$

即式(D_2)成立,等号成立仅当$a=b=c=1$及$\lambda=\mu=v$.

同理可证式(D_1).

结论5 设正数a,b,c,d满足$a+b+c+d=4$,λ,μ为正常数,则有

$$T_\lambda = \frac{a}{\sqrt{\lambda bc+\mu d}} + \frac{b}{\sqrt{\lambda cd+\mu a}} + \frac{c}{\sqrt{\lambda da+\mu b}} + \frac{d}{\sqrt{\lambda ab+\mu c}} \geq \frac{4}{\sqrt{\lambda+\mu}} \quad (E_1)$$

证明 简记

$$t = \sum a(\lambda bc+\mu d)$$
$$A = abc+bcd+cda+dab$$
$$B = ab+bc+cd+da$$

那么有
$$B = (a+c)(b+d) \leq \left[\frac{(a+c)+(b+d)}{2}\right]^2$$

$$\Rightarrow B \leq \left(\frac{4}{2}\right)^2 = 4$$

$$A = bc(a+d)+da(b+c)$$
$$\leq \left(\frac{b+c}{2}\right)^2(a+d) + \left(\frac{d+a}{2}\right)^2(b+c)$$
$$= \frac{1}{4}[(b+c)+(d+a)](b+c)(a+d)$$
$$= (b+c)(a+d) \leq \left[\frac{(b+c)+(a+d)}{2}\right]^2$$

$$\Rightarrow A \leq 4$$

于是 $t = \sum a(\lambda bc+\mu d) = \lambda A + \mu B \leq 4(\lambda+\mu)$

再记 $E = \sum a\sqrt{\lambda bc+\mu d}$
$$= \sum[\sqrt{a} \cdot \sqrt{a(\lambda bc+\mu d)}]$$
$$\leq \sqrt{(\sum a)t} = 2\sqrt{t} \leq 4\sqrt{\lambda+\mu}$$

$$\Rightarrow 4\sqrt{\lambda+\mu}T_\lambda \geq E \cdot T_\lambda$$
$$= (\sum a\sqrt{\lambda bc+\mu d})(\sum \frac{a}{\sqrt{\lambda bc+\mu d}})$$

$$\geq (a+b+c+d)^2 = 4^2$$

$$\Rightarrow T_\lambda \geq \frac{4}{\sqrt{\lambda + \mu}}$$

即式(E_1)成立,等号成立仅当$a=b=c=d=1$.

其实,不等式$A \leq 4$也可以这样证明

$$A = abc + bcd + cda + dab = abc + (bc + ca + ab)d$$

$$\leq \left(\frac{a+b+c}{3}\right)^3 + \frac{1}{3}(a+b+c)^2 d = \left(\frac{a+b+c}{3}\right)^2 \left(\frac{a+b+c}{3} + 3d\right)$$

$$= 4\left(\frac{a+b+c}{3}\right)\left(\frac{a+b+c}{3}\right)\left(\frac{a+b+c}{12} + \frac{9}{12}d\right)$$

$$\leq \frac{4}{27}\left[2\left(\frac{a+b+c}{3}\right) + \left(\frac{a+b+c}{12} + \frac{9}{12}d\right)\right]^3$$

$$= 4 \times \left[\frac{9}{12}(a+b+c+d)\right]^3 \times \frac{1}{27}$$

$$= \frac{4}{27} \times \left(\frac{9}{12} \times 4\right)^3 = 4$$

$$\Rightarrow A \leq 4$$

相应地,我们还有:

结论6 设正数a,b,c,d满足$a+b+c+d=4$,λ,μ,υ为正常数,指数α,β满足$\alpha \geq 1, \beta > 0$,记

$$F_\lambda = \frac{a^\alpha}{(\lambda bc + \mu d + \upsilon)^\beta} + \frac{b^\alpha}{(\lambda ac + \mu a + \upsilon)^\beta} + \frac{c^\alpha}{(\lambda da + \mu b + \upsilon)^\beta} + \frac{d^\alpha}{(\lambda ab + \mu c + \upsilon)^\beta}$$

则有

$$F_\lambda \geq \frac{4}{(\lambda + \mu + \upsilon)^\beta} \quad (E_2)$$

证明 我们引用前面的结果有

$$\sum (\lambda abc + \mu ad + \upsilon a) = t + \upsilon(a+b+c+d)$$

$$= t + 4\upsilon \leq 4(\lambda + \mu) + 4\upsilon$$

$$= 4(\lambda + \mu + \upsilon)$$

$$\theta = \frac{\alpha + \beta}{1 + \beta} \geq 1$$

应用幂平均不等式有

$$\frac{\sum a^\theta}{4} \geq \left(\frac{\sum a}{4}\right)^\theta = 1 \Rightarrow \sum a^\theta \geq 4$$

于是,应用权方和不等式有

$$F_\lambda = \sum \frac{a^\alpha}{(\lambda bc + \mu d + v)^\beta}$$

$$= \sum \frac{a^{\alpha+\beta}}{(\lambda abc + \mu ad + va)^\beta}$$

$$= \sum \frac{(a^\theta)^{1+\beta}}{(\lambda abc + \mu ad + va)^\beta}$$

$$\geq \frac{(\sum a^\theta)^{1+\beta}}{[\sum (\lambda abc + \mu ad + va)]^\beta}$$

$$\geq \frac{4^{1+\beta}}{[4(\lambda + \mu + v)]^\beta}$$

$$\Rightarrow F_\lambda \geq \frac{4}{(\lambda + \mu + v)^\beta}$$

这正为式(E_2),等号成立仅当 $a = b = c = d = 1$.

只要我们肯多下工夫,就会建立更美妙的结论:

结论 7 设正数 a, b, c, d 满足 $a + b + c + d = 4$, $\lambda_1, \lambda_2, \lambda_3, \lambda_4$ 为正系数,m 为正参数,记

$$H_\lambda = \frac{\lambda_1 \sqrt{a^3}}{\sqrt{bc} + \sqrt{d} + m} + \frac{\lambda_2 \sqrt{b^3}}{\sqrt{cd} + \sqrt{a} + m} + \frac{\lambda_3 \sqrt{c^3}}{\sqrt{da} + \sqrt{b} + m} + \frac{\lambda_4 \sqrt{d^3}}{\sqrt{ab} + \sqrt{c} + m}$$

则有

$$H_\lambda \geq \frac{8}{m+2} \left(\sum_{i=1}^{4} \lambda_i^{-2} \right)^{-\frac{1}{2}} \tag{F}$$

证明 简记

$$G = \sum \frac{\sqrt{a}}{\lambda_1} (\sqrt{bc} + \sqrt{d} + m) = \sum \left(\frac{\sqrt{abc}}{\lambda_1} \right) + \sum \left(\frac{\sqrt{ad}}{\lambda_1} \right) + m \sum \left(\frac{\sqrt{a}}{\lambda_1} \right)$$

(应用柯西不等式)

$$\leq \sqrt{\left(\sum \frac{1}{\lambda_1^2} \right)(\sum abc)} + \sqrt{\left(\sum \frac{1}{a_1^2} \right)(\sum ad)} + m \sqrt{\left(\sum \frac{1}{a_1^2} \right)(\sum a)}$$

$$= \sqrt{\sum \lambda_1^{-2}} \left(\sqrt{\sum abc} + \sqrt{\sum ad} + 2m \right)$$

$$\leq \sqrt{\sum \lambda_1^{-2}} (\sqrt{4} + \sqrt{4} + 2m)$$

$$\Rightarrow 2(m+2) \left(\sum \lambda_1^{-2} \right)^{\frac{1}{2}} \geq G$$

$$\Rightarrow 2(m+2) \left(\sum \lambda_1^{-2} \right)^{\frac{1}{2}} H_\lambda \geq G H_\lambda$$

$$= \sum \frac{\sqrt{a}}{\lambda_1} (\sqrt{bc} + \sqrt{d} + m) \cdot \sum \left(\frac{\lambda \sqrt{a^3}}{\sqrt{bc} + \sqrt{d} + m} \right) \text{(应用柯西不等式)}$$

$$\geq (\sum a)^2 = 4^2$$

$$\Rightarrow H_\lambda \geq \frac{8}{m+2}(\sum \lambda_1^{-2})^{-\frac{1}{2}}$$

等号成立仅当 $a=b=c=d=1$ 及 $\lambda_1=\lambda_2=\lambda_3=\lambda_4$.

最后,我们补充一个非常美妙的关于三角形的不等式,以增加喜悦的气氛.

题 7 设 $\triangle ABC$ 的三条边长为 a,b,c,系数 $\lambda>0, 0<\mu\leq 3$,则有

$$P_\lambda = \frac{\lambda a+b-c}{\mu a-b+c}+\frac{\lambda b+c-a}{\mu b-c+a}+\frac{\lambda c+a-b}{\mu c-a+b}\geq\frac{3\lambda}{\mu} \tag{G}$$

从外形结构上看,不等式(G)不失趣味美、奇异美,那么我们应当怎样证明它呢? 不妨用代换法尝试.

证明 我们作代换,令

$$\begin{cases} a+b-c=2x>0 \\ b+c-a=2y>0 \\ c+a-b=2z>0 \end{cases} \Rightarrow \begin{cases} a=x+z \\ b=y+x \\ c=z+y \end{cases} \Rightarrow \begin{cases} \mu a-b+c=(\mu-1)x+(\mu+1)z \\ \mu b-c+a=(\mu-1)y+(\mu+1)x \\ \mu c-a+b=(\mu-1)z+(\mu+1)y \end{cases}$$

$$\Rightarrow M = \sum[(\mu-1)x^2+(\mu+1)zx]$$

$$= (\mu-1)\sum x^2+(\mu+1)\sum zx$$

$$= (\mu-1)(\sum x)^2+(3-\mu)\sum yz$$

$$\leq (\mu-1)(\sum x)^2+\frac{1}{3}(3-\mu)(\sum x)^2$$

$$\Rightarrow M \leq \frac{2}{3}\mu(\sum x)^2$$

记 $T = \sum(\frac{a+b-c}{\mu a-b+c}) = \sum[\frac{2x}{(\mu-1)x+(\mu+1)z}]$

$$= \sum[\frac{2x^2}{(\mu-1)x^2+(\mu+1)zx}] \text{(应用柯西不等式)}$$

$$\geq \frac{2(\sum x)^2}{\sum[(\mu-1)x^2+(\mu+1)zx]}$$

$$= \frac{2(\sum x)^2}{M} \geq \frac{2(\sum x)^2}{\frac{2}{3}\mu(\sum x)^2}$$

$$\Rightarrow T \geq \frac{3}{\mu}$$

于是 $\sum(\frac{a}{\mu a-b+c}) = \frac{1}{\mu+1}\sum(1+\frac{a+b-c}{\mu a-b+c})$

$$= \frac{1}{\mu+1}(3 + \sum \frac{a+b-c}{\mu a - b + c}) = \frac{1}{\mu+1}(3 + T)$$

$$\geq \frac{1}{\mu+1}(3 + \frac{3}{\mu}) = \frac{3}{\mu}$$

因此
$$P_\lambda = \sum (\frac{\lambda a + b - c}{\mu a - b + c})$$

$$= \sum [\frac{(\lambda+\mu)a - (\mu a - b + c)}{\mu a - b + c}]$$

$$= \sum [\frac{(\lambda+\mu)a}{\mu a - b + c} - 1]$$

$$= (\lambda+\mu)\sum (\frac{a}{\mu a - b + c}) - 3$$

$$\geq (\lambda+\mu)\frac{3}{\mu} - 3 = \frac{3\lambda}{\mu}$$

$$\Rightarrow P_\lambda \geq \frac{3\lambda}{\mu}$$

即式(G)成立,等号成立仅当 $a = b = c$.

上述证明过程不仅代换巧妙,而且变换奇巧,全过程充满运动美,变化美,我们还发现,当 $1 \leq \mu \leq 3$ 时

$$\begin{cases} a+b-c = 2x > 0 \\ b+c-a = 2y > 0 \\ c+a-b = 2z > 0 \end{cases} \Rightarrow \begin{cases} a = x+z \\ b = y+x \\ c = z+y \end{cases}$$

$$\begin{cases} \mu a - b + c = (\mu-1)x + (\mu+1)z \\ \mu b - c + a = (\mu-1)y + (\mu+1)x \\ \mu c - a + b = (\mu-1)z + (\mu+1)y \end{cases}$$

$$\Rightarrow \prod(\mu a - b + c) = \prod[(\mu-1)x + (\mu+1)z]$$

$$\geq \{[\prod (\mu-1)x]^{\frac{1}{3}} + [\prod (\mu+1)z]^{\frac{1}{3}}\}^3$$

$$= [(\mu-1)(\prod x)^{\frac{1}{3}} + (\mu+1)(\prod x)^{\frac{1}{3}}]^3$$

$$= (2\mu)^3(\prod x)$$

$$\Rightarrow (a+b+c)\prod(\mu a - b + c)$$

$$\geq 8\mu^3(a+b+c)\prod(\frac{a+b-c}{2})$$

$$= \mu^3(a+b+c)\prod(a+b-c) = 16\mu^3 A^2$$

$$\Rightarrow (a+b+c)\prod(\mu a - b + c) \geq 16\mu^3 A^2 \tag{H}$$

式(H)等号成立仅当 $\mu = 1$.

可见,不等式(H)也是很有趣的,而且系数 μ 可扩大定义范围:$\mu \geq 1$.

如果我们再应用平均值不等式,有

$$\prod(\mu a - b + c) \leq \left[\frac{\sum(\mu a - b + c)}{3}\right]^3$$

$$= \left(\frac{\mu\sum a - \sum b + \sum c}{3}\right)^3 = \left(\frac{\mu\sum a}{3}\right)^3$$

$$\Rightarrow (a + b + c)\prod(\mu a - b + c)$$

$$\leq (a + b + c)\left(\frac{\mu\sum a}{3}\right)^3 = \left(\frac{\mu}{3}\right)^3\left(\sum a\right)^4$$

所以,不等式(H)又可以完善成一个"孔雀开屏"式的漂亮的双向不等式

$$\left(\frac{\mu}{3}\right)^3\left(\sum a\right)^4 \geq \left(\sum a\right)\prod(\mu a - b + c) \geq 16\mu^3 4^2$$

(四)

题 8 设 $x, y, z \in \mathbf{R}^+$ 满足 $x + y + z = 1$,求证

$$\frac{x\sqrt{y}}{\sqrt{x+z}} + \frac{y\sqrt{z}}{\sqrt{y+x}} + \frac{z\sqrt{x}}{\sqrt{z+y}} \leq \frac{\sqrt{2}}{2} \quad (\mathrm{I}_1)$$

分析 这是一个无理分式和不等式,自然不便用去分母、去根式、配方的步骤施展,我们应当先将它"化装",即简记式(I_1)左边为

$$T = \sum\frac{x\sqrt{y}}{\sqrt{x+z}} = \sum\frac{xy}{\sqrt{xy+yz}} = \frac{xy}{\sqrt{x+z}} + \frac{yz}{\sqrt{yz+zx}} + \frac{zx}{\sqrt{zx+xy}} \quad (1)$$

于是,式(I_1)可转化为

$$T \leq \frac{\sqrt{2}}{2}$$

又从式(1)的外形结构,使我们联想到应用柯西不等式

$$T = \sum\frac{xy}{\sqrt{xy+yz}} \geq \frac{\left(\sum\sqrt{xy}\right)^2}{\sqrt{\sum(xy+yz)}}$$

作代换,令

$$(a, b, c) = (\sqrt{yz}, \sqrt{zx}, \sqrt{xy})$$

这样,上式化为

$$T = \frac{a^2}{\sqrt{a^2+b^2}} + \frac{b^2}{\sqrt{b^2+c^2}} + \frac{c^2}{\sqrt{c^2+a^2}} \geq \frac{(a+b+c)^2}{\sqrt{a^2+b^2}+\sqrt{b^2+c^2}+\sqrt{c^2+a^2}}$$

但 $$\sum \sqrt{b^2+c^2} \geq \sum \frac{b+c}{\sqrt{2}} = \sqrt{2} \sum a$$

$$\Rightarrow \frac{(\sum a)^2}{\sum \sqrt{b^2+c^2}} \leq \frac{\sum a}{\sqrt{2}} = \frac{\sum \sqrt{yz}}{\sqrt{2}} \leq \frac{\sum x}{\sqrt{2}} = \frac{\sqrt{2}}{2}$$

这表明上述思路是不奏效的,那么欲证式(I_1),我们得另行计划.

证法 1 我们先证明式(I_1)的加强式

$$T \leq (\frac{3}{4}\sqrt{3})\sqrt{(x+y)(y+z)(z+x)} \tag{2}$$

$\Leftrightarrow f = f(x,y,z)$

$$= \sqrt{\frac{x}{(x+z)(z+y)} \cdot \frac{xy}{(y+z)(z+x)}} + \sqrt{\frac{y}{(x+y)(y+z)} \cdot \frac{yz}{(z+x)(x+y)}} +$$

$$\sqrt{\frac{z}{(y+z)(z+x)} \cdot \frac{zx}{(x+y)(y+z)}}$$

$$\leq \frac{3\sqrt{3}}{4} \tag{3}$$

由于$f(x,y,z)$关于x,y,z转换对称.不妨设$x = \min\{x,y,z\}$.只需分两种情况:(i)$x \leq y \leq z$ 和(ii)$x \leq z \leq y$ 证明即可,又由于这两种情况在本质上是完全相同的,因此我们只需证明第一种情况即可,于是

$$x \leq y \leq z$$

$$\Rightarrow \begin{cases} xy \leq zx \leq yz \\ (y+z)(z+x) \geq (y+z)(x+y) \geq (x+y)(z+x) \end{cases}$$

$$\Rightarrow \frac{xy}{(y+z)(z+x)} \leq \frac{zx}{(x+y)(y+z)} \leq \frac{yz}{(z+x)(x+y)} \tag{4}$$

又由

$$x \leq y \Rightarrow zx \leq yz$$

$$\Rightarrow zx + xy \leq yz + xy$$

$$\Rightarrow x(y+z) \leq y(z+x)$$

$$\Rightarrow \left. \begin{array}{l} \frac{x}{(z+x)(x+y)} \leq \frac{y}{(x+y)(y+z)} \\ \text{同理}: \frac{y}{(x+y)(y+z)} \leq \frac{z}{(y+z)(z+x)} \end{array} \right\}$$

$$\Rightarrow \frac{x}{(z+x)(x+y)} \leq \frac{y}{(x+y)(y+z)} \leq \frac{z}{(y+z)(z+x)} \tag{5}$$

由式(4)、式(5)及排序不等式知

六 一组代数不等式妙题的欣赏

$$f(x,y,z) \le \sqrt{\frac{x^2 y}{(x+y)(z+x)^2(y+z)}} + \sqrt{\frac{xyz}{(x+y)^2+(y+z)^2}} +$$

$$\sqrt{\frac{yz^2}{(z+x)^2(x+y)(y+z)}}$$

$$= \frac{\sqrt{xyz}}{(x+y)(y+z)} + \left(\frac{x}{z+x} + \frac{z}{z+x}\right)\sqrt{\frac{y}{(x+y)(y+z)}}$$

$$= \frac{\sqrt{xyz}}{(x+y)(y+z)} + 2 \times \frac{1}{2}\sqrt{\frac{y}{(x+y)(y+z)}} \quad (\text{应用柯西不等式})$$

$$\le \left\{3\left[\frac{xyz}{(x+y)^2(y+z)^2} + 2 \times \frac{1}{4} \cdot \frac{y}{(x+y)(y+z)}\right]\right\}^{\frac{1}{2}}$$

因此要证 $f \le \frac{3\sqrt{3}}{4}$,只需证明

$$\frac{xyz}{(x+y)^2(y+z)^2} + \frac{1}{2} \cdot \frac{y}{(x+y)(y+z)} \le \frac{9}{16}$$

$$\Leftrightarrow 16xyz + 8y(x+y)(y+z) \le 9(x+y)^2(y+z)^2$$

$$\Leftrightarrow 9x^2z^2 + y^2 \ge 6xyz$$

$$\Leftrightarrow (3xz - y)^2 \ge 0$$

总结上述,逆推之,式(4)成立,从而式(3)成立,于是

$$T \le \left(\frac{3}{4}\sqrt{3}\right)\sqrt{(x+y)(y+z)(z+x)}$$

$$\le \left(\frac{3\sqrt{3}}{4}\right)\left[\frac{(x+y)+(y+z)+(z+x)}{3}\right]^{\frac{3}{2}}$$

$$= \frac{3\sqrt{3}}{4}\left[\frac{2(x+y+z)}{3}\right]^{\frac{3}{2}}$$

$$= \frac{3\sqrt{3}}{4}\left(\frac{2}{3}\right)^{\frac{3}{2}} = \frac{\sqrt{2}}{2}$$

$$\Rightarrow T \le \frac{\sqrt{2}}{2}$$

即式(D_1)成立,等号成立仅当 $x = y = z = \frac{1}{3}$.

证法 2 应用柯西不等式有

$$T^2 = \left(\frac{x\sqrt{y}}{\sqrt{x+z}} + \frac{x\sqrt{z}}{\sqrt{y+x}} + \frac{z\sqrt{x}}{\sqrt{z+y}}\right)^2$$

$$= \left(\sqrt{xy}\sqrt{\frac{x}{y+z}} + \sqrt{yz}\sqrt{\frac{y}{y+x}} + \sqrt{zx}\sqrt{\frac{z}{z+y}}\right)^2$$

$$\leqslant (xy+yz+zx)\left(\frac{x}{x+z}+\frac{y}{y+x}+\frac{z}{z+y}\right)$$

$$=[y(x+z)+zx]\left(\frac{x}{x+z}\right)+[xy+z(y+x)]\left(\frac{y}{y+x}\right)+$$

$$[x(z+y)+yz]\left(\frac{z}{z+y}\right)$$

$$=(xy+yz+zx)+x\left(\frac{zx}{x+z}\right)+y\left(\frac{xy}{x+y}\right)+z\left(\frac{yz}{y+z}\right)$$

$$\leqslant (xy+yz+zx)+x\left(\frac{x+z}{4}\right)+y\left(\frac{x+y}{4}\right)+z\left(\frac{y+z}{4}\right)$$

$$=\frac{1}{4}[x^2+y^2+z^2+5(xy+yz+zx)]$$

$$=\frac{1}{4}[(x+y+z)^2+3(xy+yz+zx)]$$

$$\leqslant \frac{1}{4}[(x+y+z)^2+(x+y+z)^2]$$

$$=\frac{1}{2}(x+y+z)^2$$

$$\Rightarrow T\leqslant \frac{x+y+z}{\sqrt{2}}=\frac{1}{\sqrt{2}}=\frac{\sqrt{2}}{2} \qquad (*)$$

这即为式(I_1),等号成立仅当 $x=y=z=\dfrac{1}{3}$.

本题的已知条件是常见的. 而不等式(I_1)是美妙的,上述两种优雅的证明也是有难度的,因此,留给我们的印象自然是奇妙独特的.

如果应用权方和不等式,则有

$$T=\sum \frac{xy}{\sqrt{xy+yz}}=\sum \frac{[(xy)^{\frac{2}{3}}]^{1+\frac{1}{2}}}{(xy+yz)^{\frac{1}{2}}}$$

$$\geqslant \frac{[\sum (xy)^{\frac{2}{3}}]^{\frac{3}{2}}}{[\sum (xy+yz)]^{\frac{1}{2}}}=\frac{[\sum (xy)^{\frac{2}{3}}]^{\frac{3}{2}}}{(2\sum xy)^{\frac{1}{2}}}$$

$$\geqslant \frac{[\sum (xy)^{\frac{2}{3}}]^{\frac{3}{2}}}{[\frac{2}{3}(\sum x)^2]^{\frac{1}{2}}}=\sqrt{\frac{3}{2}}[\sum (xy)^{\frac{2}{3}}]^{\frac{3}{2}}$$

这表明不等式(I_1)可完善成双向不等式

$$\frac{\sqrt{3}}{2}[\sum \sqrt[3]{(xy)^2}]^{\frac{3}{2}} \leqslant T \leqslant \frac{\sqrt{2}}{2} \qquad (I_2)$$

另外,从前面的式$(*)$知,若设 $m>0$,并将已知条件 $x+y+z=1$,改变为

六 一组代数不等式妙题的欣赏

$$x+y+z \leqslant 3m$$

那么,相应地,式(I_1)改变为

$$\frac{x\sqrt{y}}{\sqrt{x+z}}+\frac{y\sqrt{z}}{\sqrt{y+x}}+\frac{z\sqrt{x}}{\sqrt{z+y}} \leqslant \frac{3m}{\sqrt{2}} \tag{I_3}$$

等号成立仅当 $x=y=z=m$.

特别地,若再取 $m=\sqrt{2}$,式(I_3)化为

$$\frac{x\sqrt{y}}{\sqrt{x+z}}+\frac{y\sqrt{z}}{\sqrt{y+x}}+\frac{z\sqrt{x}}{\sqrt{z+y}} \leqslant 3 \tag{I_4}$$

等号成立仅当 $x=y=z=\sqrt{2}$.

从已知条件 $x+y+z=1$,启发我们作三角代换

$$\begin{cases} x=\tan\dfrac{B}{2}\tan\dfrac{C}{2} \\ y=\tan\dfrac{C}{2}\tan\dfrac{A}{2} \\ z=\tan\dfrac{A}{2}\tan\dfrac{B}{2} \end{cases}$$

其中 A,B,C 为 $\triangle ABC$ 的三个内角,注意到

$$\frac{x\sqrt{y}}{\sqrt{x+z}}=\frac{\tan\dfrac{B}{2}\tan\dfrac{C}{2}\sqrt{\tan\dfrac{C}{2}\tan\dfrac{A}{2}}}{\sqrt{\tan\dfrac{B}{2}(\tan\dfrac{C}{2}+\tan\dfrac{A}{2})}}$$

$$=\frac{\tan\dfrac{C}{2}\sqrt{\tan\dfrac{A}{2}\tan\dfrac{B}{2}\tan\dfrac{C}{2}}}{\sqrt{\tan\dfrac{C}{2}+\tan\dfrac{A}{2}}}$$

同理可得另外两式,这样

$$T=\sqrt{\tan\dfrac{A}{2}\tan\dfrac{B}{2}\tan\dfrac{C}{2}}\left(\frac{\tan\dfrac{A}{2}}{\sqrt{\tan\dfrac{A}{2}+\tan\dfrac{B}{2}}}+\frac{\tan\dfrac{B}{2}}{\sqrt{\tan\dfrac{B}{2}+\tan\dfrac{C}{2}}}+\frac{\tan\dfrac{C}{2}}{\sqrt{\tan\dfrac{C}{2}+\tan\dfrac{A}{2}}}\right)$$

式(I_1)转化为三角不等式

$$\sum \frac{\tan\dfrac{A}{2}}{\sqrt{\tan\dfrac{A}{2}+\tan\dfrac{B}{2}}} \leqslant \frac{1}{2}\sqrt{2\cot\dfrac{A}{2}\cot\dfrac{B}{2}\cot\dfrac{C}{2}} \tag{I_5}$$

等号成立仅当 $\triangle ABC$ 为正三角形.

当仔细研究前面的证法 2 时,我们发现,若再补充奇特的已知条件,就可将

不等式(I_1)系数推广为:

推广 1 设正数 x,y,z 满足 $x+y+z\leq 1$,$\triangle ABC$ 为锐角三角形,正系数 λ,μ,υ 与 x,y,z 大小反序,且满足条件

$$\begin{cases} 4\mu^2 - 2\mu\upsilon + \upsilon^2 \leq (2\sin A)^2 \\ 4\upsilon^2 - 2\upsilon\lambda + \lambda^2 \leq (2\sin B)^2 \\ 4\lambda^2 - 2\lambda\mu + \mu^2 \leq (2\sin C)^2 \end{cases}$$

记

$$T_\lambda = \frac{\lambda xy}{\sqrt{xy+yz}} + \frac{\mu yz}{\sqrt{yz+zx}} + \frac{\upsilon zx}{\sqrt{zx+xy}}$$

则有

$$T_\lambda \leq \frac{1}{6}\sqrt{(\lambda+\mu+\upsilon)^2 + 9} \tag{I_6}$$

显然,当取 $\lambda = \mu = \upsilon = 1$ 时,式(I_6)化为式

$$T \leq \frac{\sqrt{2}}{2}$$

证明 由于 $\triangle ABC$ 为锐角三角形,则

$$\begin{cases} \pi - 2A, \pi - 2B, \pi - 2C \in (0, \pi) \\ (\pi - 2A) + (\pi - 2B) + (\pi - 2C) = \pi \end{cases}$$

应用著名的三角母不等式有

$$2\sum yz\cos(\pi - 2A) \leq x^2 + y^2 + z^2$$

$$\Rightarrow -2\sum yz(1 - 2\sin^2 A) \leq x^2 + y^2 + z^2$$

$$\Rightarrow 4\sum yz\sin^2 A \leq (x+y+z)^2 \leq 1$$

应用柯西不等式有

$$T_\lambda^2 = (\sum \frac{\lambda xy}{\sqrt{xy+yz}})^2 = (\sum \frac{\lambda x\sqrt{y}}{\sqrt{x+z}})^2$$

$$= (\sum \sqrt{xy} \cdot \sqrt{\frac{\lambda^2 x}{x+z}})^2$$

$$\leq (\sum xy) \cdot (\sum \frac{\lambda^2 x}{x+z})$$

$$= \sum [\frac{\lambda^2 x}{x+z}(xy + yz + zx)]$$

$$= \sum \lambda^2 xy + \sum (\lambda^2 x \cdot \frac{zx}{x+z})$$

$$\leq \sum \lambda^2 xy + \frac{1}{4}\sum \lambda^2 x(x+z)$$

$$= \sum \lambda^2 xy + \frac{1}{4}\sum \lambda^2 x^2 + \frac{1}{4}\sum \lambda^2 xz$$

$$= \frac{1}{4}\left[\sum \lambda^2 x^2 + (\lambda^2 xz + \mu^2 yx + v^2 zy) + 4(\lambda^2 xy + \mu^2 yz + v^2 zx)\right]$$

$$= \frac{1}{4}\left[(\sum \lambda x)^2 + \sum (4\mu^2 + v^2 - 2\mu v) yz\right]$$

$$\leq \frac{1}{4}\left[(\sum \lambda x)^2 + 4\sum yz\sin^2 A\right]$$

$$\leq \frac{1}{4}\left[(\lambda x + \mu y + vz)^2 + 1\right] (应用切比雪夫不等式)$$

$$\leq \frac{1}{4}\left\{\left[\frac{1}{3}(\lambda + \mu + v)(x + y + z)\right]^2 + 1\right\}$$

$$\leq \frac{1}{4}\left[\left(\frac{\lambda + \mu + v}{3}\right)^2 + 1\right]$$

$$\Rightarrow T_\lambda \leq \frac{1}{6}\sqrt{(\lambda + \mu + v)^2 + 9}$$

等号成立仅当 $x = y = z = \frac{1}{3}$ 且 $\lambda = \mu = v = 1$(此时 $\triangle ABC$ 为正三角形).

人类的共性是具有好奇心,因此,也许有人会好奇地问:"我们能将不等式(I_1)从三元 x, y, z 推广到多元吗?"

可以说,这个问题提得自然,提得好,提得妙,但前进的路上山长水远,风雨交加,我们不妨先分析式(I_1)的四元推广,以投石问路.

分析 我们设正数 a, b, c, d 满足 $a + b + c + d = 1$,并记

$$T = \frac{ab}{\sqrt{ab + bc + bd}} + \frac{bc}{\sqrt{bc + cd + ca}} + \frac{cd}{\sqrt{cd + ad + bd}} + \frac{da}{\sqrt{da + ab + ca}}$$

$$= \frac{a\sqrt{b}}{\sqrt{a + c + d}} + \frac{b\sqrt{c}}{\sqrt{b + d + a}} + \frac{c\sqrt{d}}{\sqrt{c + a + b}} + \frac{d\sqrt{a}}{\sqrt{d + b + c}} \qquad (1)$$

$$= \sum \left(\sqrt{ab} \cdot \sqrt{\frac{a}{a + c + d}}\right)$$

应用柯西不等式

$$T^2 = \left[\sum \left(\sqrt{ab} \cdot \sqrt{\frac{a}{a + c + d}}\right)\right]^2$$

$$\leq (\sum ab) \sum \left(\frac{a}{a + c + d}\right)$$

$$= \sum \left[\frac{a(ab + bc + cd + da)}{a + c + d}\right]$$

$$= \sum \frac{a(ab + bc + bd + cd + da - bd)}{a + c + d}$$

$$= \sum \frac{a[b(a+c+d)+d(c+a-d)]}{a+c+d}$$

$$= \sum ab + \sum \left[\frac{ad(c+a-d)}{a+c+d}\right] \qquad (2)$$

注意到

$$\sum ab = ab + bc + cd + da$$
$$= b(a+c) + d(a+c)$$
$$= (a+c)(b+d)$$
$$\leq \left(\frac{a+c+b+d}{2}\right)^2 = \frac{1}{4}$$

$$\Rightarrow \sum ab \leq \frac{1}{4} \qquad (3)$$

等号成立仅当 $a+c=b+d=\frac{1}{2}$.

应用平均值不等式有(当 $c+a>d$ 时)

$$ad(c+a-d) \leq \left[\frac{a+d+(c+a-d)}{3}\right]^3 = \left(\frac{2a+c}{3}\right)^3$$

$$\Rightarrow \sum \frac{ad(c+a-d)}{a+c+d} \leq \frac{1}{27}\sum \frac{(2a+c)^3}{a+c+d} \qquad (4)$$

因为式(4)右边分子的指数高达3次,再往下不利于推导,即式(4)对我们不便利用,舍之,故得另觅新途:因为

$$\sum \frac{ad(c+a-d)}{a+c+d} = \sum ad\left(1 - \frac{2d}{a+c+d}\right)$$

$$= \sum ad - 2\sum\left(\frac{ad^2}{a+c+d}\right)$$

$$\leq \frac{1}{4} - 2\sum\left(\frac{ad^2}{a+c+d}\right)$$

$$\leq \frac{1}{4} - 2\frac{(\sum \sqrt{ad^2})^2}{\sum(a+c+d)}$$

$$= \frac{1}{4} - \frac{2(\sum \sqrt{ad^2})^2}{3(\sum a)} \qquad (5)$$

将以上式(1),(2),(3),(5)结合得

$$T^2 \leq \frac{1}{2} - \frac{2}{3}\left(\sum \sqrt{ad^2}\right)^2$$

意识到

$$\sum \sqrt{ad^2} = \sqrt{ad^2} + \sqrt{dc^2} + \sqrt{cb^2} + \sqrt{ba^2}$$

六 一组代数不等式妙题的欣赏

$$= \sqrt{a^2b} + \sqrt{b^2c} + \sqrt{c^2d} + \sqrt{d^2a}$$

$$= \sum \sqrt{a^2b}$$

$$\Rightarrow T^2 \leqslant \frac{1}{2} - \frac{2}{3}(\sum \sqrt{a^2b})^2$$

$$\Rightarrow 1 \geqslant 2T^2 + \frac{4}{3}(\sum \sqrt{a^2b})^2 \tag{6}$$

再注意到当 $a = b = c = d = \frac{1}{4}$ 时

$$T^2 = \frac{1}{3}, \frac{4}{3}(\sum \sqrt{a^2b})^2 = \frac{1}{3}$$

故可在式(6)中利用平均值不等式有

$$1 \geqslant T^2 + T^2 + (\frac{2\sum \sqrt{a^2b}}{\sqrt{3}})^2$$

$$\geqslant 3[T^2 \cdot T^2 \cdot (\frac{2\sum \sqrt{a^2b}}{\sqrt{3}})^2]^{\frac{1}{3}}$$

$$\Rightarrow 1 \geqslant 6T^2(\sum \sqrt{a^2b})$$

$$= 6(\sum \frac{ab}{\sqrt{ab+bc+cd}})^2 \cdot (\sum \sqrt{a^2b}) \text{ (应用赫尔德不等式)}$$

$$\geqslant 6\{\sum [\frac{(ab)^2 \cdot \sqrt{a^2b}}{(\sqrt{ab+bc+bd})^2}]^{\frac{1}{3}}\}^3$$

$$= 6(\sum \frac{a \cdot \sqrt[6]{b^5}}{\sqrt[3]{ab+bc+bd}})^3$$

$$= 6(\sum \frac{a\sqrt{b}}{\sqrt[3]{a+c+d}})^3$$

$$\Rightarrow F = \sum \frac{a\sqrt{b}}{\sqrt[3]{a+c+d}} \leqslant \frac{1}{\sqrt[3]{6}}$$

即

$$\frac{a\sqrt{b}}{\sqrt[3]{a+c+d}} + \frac{b\sqrt{c}}{\sqrt[3]{b+d+a}} + \frac{c\sqrt{d}}{\sqrt[3]{c+a+b}} + \frac{d\sqrt{a}}{\sqrt[3]{d+b+c}} \leqslant \frac{1}{\sqrt[3]{6}} \tag{I_7}$$

等号成立仅当 $a = b = c = d = \frac{1}{4}$.

现在,我们终于揭开了四元推广的神秘面纱,让它现出了"庐山真面目"。可见,千娇百媚的数学公主,恰是"羞答答的玫瑰静悄悄地开!"

为了便于记忆,式(I_7)也可简写为

$$\frac{a\sqrt{b}}{\sqrt[3]{1-b}}+\frac{b\sqrt{c}}{\sqrt[3]{1-c}}+\frac{c\sqrt{d}}{\sqrt[3]{1-d}}+\frac{d\sqrt{a}}{\sqrt[3]{1-a}} \leqslant \frac{1}{\sqrt[3]{6}}$$

从前面的分析可知，欲将不等式(I_1)从三元推广到多元，还得另策妙计！

接着，我们先将不等式(I_1)从一组元素(x,y,z)推广到任意多组元素：

推广 2 设 $n \in \mathbf{N}^+$，正数 x_i, y_i, z_i 满足 $x_i + y_i + z_i = 3m (m>0, i=1, 2,\cdots,n)$，指数 $k_i > 0 (1 \leqslant i \leqslant n)$，满足 $\sum_{i=1}^{n} k_i = 1$，则有

$$\prod_{i=1}^{n}\left(\frac{x_i y_i}{\sqrt{x_i y_i + y_i z_i}}\right)^{k_i} + \prod_{i=1}^{n}\left(\frac{y_i z_i}{\sqrt{y_i z_i + z_i x_i}}\right)^{k_i} + \prod_{i=1}^{n}\left(\frac{z_i x_i}{\sqrt{z_i x_i + x_i y_i}}\right)^{k_i} \leqslant \frac{3m}{\sqrt{2}} \quad (I_9)$$

证明 当 $n=1$ 时，由于 $k_1 = 1$，此时式(D_9)与式(D_1)等价，成立，等号成立仅当 $x_1 = y_1 = z_1 = m$.

当 $n \geqslant 2$ 是，记

$$\begin{cases} a_i = \dfrac{x_i y_i}{\sqrt{x_i y_i + y_i z_i}} \\ b_i = \dfrac{y_i z_i}{\sqrt{y_i z_i + z_i x_i}} \quad (i=1,2,\cdots,n) \\ c_i = \dfrac{z_i x_i}{\sqrt{z_i x_i + x_i y_i}} \end{cases}$$

由式(I_1)有

$$a_i + b_i + c_i \leqslant \frac{3m}{\sqrt{2}} \quad (i=1,2,\cdots,n)$$

记式(I_9)左边为 T_n. 应用赫尔德不等式有

$$T_n = \prod_{i=1}^{n} a_i^{k_i} + \prod_{i=1}^{n} b_i^{k_i} + \prod_{i=1}^{n} c_i^{k_i} \leqslant \prod_{i=1}^{n}(a_i + b_i + c_i)^{k_i}$$

$$\leqslant \prod_{i=1}^{n}\left(\frac{3m}{\sqrt{2}}\right)^{k_i} = \left(\frac{3m}{\sqrt{2}}\right)^{\sum_{i=1}^{n} k_i} = \frac{3m}{\sqrt{2}}$$

即式(I_9)成立，等号成立仅当

$$x_i = y_i = z_i = m \quad (i=1,2,\cdots,n)$$

式(I_1)的指数推广即为：

推广 3 设正数 x, y, z 满足 $x + y + z \leqslant 3m (m>0)$，指数 $0 \leqslant \theta \leqslant \dfrac{1}{2}$，则有

$$T(\theta) = \frac{xy}{(xy+yz)^\theta} + \frac{yz}{(yz+zx)^\theta} + \frac{zx}{(zx+xy)^\theta}$$

$$\leq \frac{3}{2^\theta} m^{2(1-\theta)} \tag{I_{10}}$$

可见,推广式(I_{10})是简洁优美的.

证明 （i）当 $\theta = 0$ 时,由于

$$xy + yz + zx \leq \frac{1}{3}(x+y+z)^2 = 3m^2$$

$$\Rightarrow T(0) \leq 3m^2$$

即式(I_{10})成立,此时等号成立仅当 $x = y = z = m$.

（ii）当 $\theta = \frac{1}{2}$ 时,式(I_{10})化为式(I_1),成立,等号成立仅当 $x = y = z = m$.

（iii）当 $0 < \theta < \frac{1}{2}$ 时,$0 < 1 - 2\theta < 1$,记 $s = xy + yz + zx \leq 3m^2$.

由题 8 的证法 2 有

$$M = \sum \left(\frac{xys}{xy+yz}\right) \leq \frac{1}{2}(x+y+z)^2 \leq \left(\frac{3m}{\sqrt{2}}\right)^2$$

注意到 $0 < \theta < \frac{1}{2} \Rightarrow \frac{1}{2} < 1 - \theta < 1$. 且 $\theta + (1-\theta) = 1$,应用赫尔德不等式有

$$T(\theta) = \sum \frac{xy}{(xy+yz)^\theta} = \sum \left[(xy)^{1-\theta} \cdot \left(\frac{xy}{xy+yz}\right)^\theta\right]$$

$$\leq \left(\sum xy\right)^{1-\theta} \cdot \left[\sum \left(\frac{xy}{xy+yz}\right)^\theta\right]$$

$$= s^{1-2\theta} \cdot s^\theta \left(\sum \frac{xy}{xy+yz}\right)^\theta$$

$$= s^{1-2\theta} \cdot \left(\sum \frac{xys}{xy+yz}\right)^\theta$$

$$= s^{1-2\theta} \cdot M^\theta \leq (3m^2)^{1-2\theta} \cdot \left(\frac{3m}{\sqrt{2}}\right)^{2\theta}$$

$$\Rightarrow T(\theta) \leq \frac{3}{2^\theta} m^{2(1-\theta)}$$

此时式(I_{10})成立,等号成立仅当 $x = y = t = m$.

最令人欣喜的是式(I_1)还可从系数指数两个方面推广为：

推广 4 设正数 x, y, z 满足 $x + y + z = 3m$,λ, μ, υ 为正系数,指数 α, θ 满足 $1 \geq \alpha + \theta \geq 2\theta \geq 0$,则有

$$T_\lambda = \frac{\lambda^\beta (xy)^{\alpha+\theta}}{(xy+yz)^\theta} + \frac{\mu^\beta (yz)^{\alpha+\theta}}{(yz+zx)^\theta} + \frac{\upsilon^\beta (zx)^{\alpha+\theta}}{(zx+xy)^\theta} \le \left(\frac{3}{2}\right)^\theta (\lambda+\mu+\upsilon)^\beta (3m^2)^\alpha \quad (I_{11})$$

其中 $\beta = 1 - \alpha - \theta$.

证明 对指数 β 分情况讨论：

（i）当 $\beta = 0$ 时，$\alpha = 1 - \theta$，此时式(I_{11})化为式(I_{10})，成立，等号成立仅当 $x = y = z = m$.

（ii）当 $\beta = 1$ 时，$\alpha = \theta = 0$，这时式(I_{11})化为等式

$$T_\lambda = \lambda + \mu + \upsilon = \lambda + \mu + \upsilon$$

自然成立.

（iii）当 $0 < \beta < 1$ 时，注意到 $1 > \alpha \ge \theta \ge 0 \Rightarrow \alpha - \theta \ge 0$，因此由式($I_{11}$)知，当 $1 > \alpha > 0, \theta = 0$ 时，$\alpha + \beta = 1$. 由赫尔德不等式知

$$\begin{aligned} T_\lambda &= \lambda^\beta (xy)^\alpha + \mu^\beta (yz)^\alpha + \upsilon^\beta (zx)^\alpha \\ &\le (\lambda+\mu+\upsilon)^\beta (xy+yz+zx)^\alpha \\ &\le (\lambda+\mu+\upsilon)^\beta (3m^2)^\alpha \end{aligned}$$

此时式(I_{11})成立，等号成立仅当

$$\begin{cases} \dfrac{\lambda}{xy} = \dfrac{\mu}{yz} = \dfrac{\upsilon}{zx} \\ x = y = z = m \end{cases} \Rightarrow \begin{cases} \lambda = \mu = \upsilon \\ x = y = z = m \end{cases}$$

（iv）当 $1 > \beta > 0$ 且 $\alpha \ge \theta > 0$ 时，注意到 $\alpha, \beta, \theta \in (0,1)$ 及 $\alpha + \beta + \theta = 1$. 仍然记

$$s = xy + yz + zx \le 3m^2$$

$$M = \sum \left(\frac{xys}{xy+yz}\right) \le \left(\frac{3m}{\sqrt{2}}\right)^2$$

应用赫尔德不等式有

$$\begin{aligned} T_\lambda &= \sum \frac{\lambda^\beta (xy)^{\alpha+\theta}}{(xy+yz)^\theta} = \sum \left[\lambda^\beta \cdot (xy)^\alpha \cdot \left(\frac{xy}{xy+yz}\right)^\theta\right] \\ &\le \left(\sum xy\right)^\alpha \left(\sum \lambda\right)^\beta \left(\sum \frac{xy}{xy+yz}\right)^\theta \\ &\le \left(\sum \lambda\right)^\beta S^{\alpha-\theta} \left(\sum \frac{xys}{xy+yz}\right)^\theta \\ &= \left(\sum \lambda\right)^\beta \cdot s^{\alpha-\theta} \cdot M^\theta \end{aligned}$$

$$\Rightarrow \left(\sum \lambda\right)^\beta \cdot (3m^2)^{\alpha-\theta} \cdot \left(\frac{3m}{\sqrt{2}}\right)^{2\theta}$$

$$\Rightarrow T_\lambda \le \left(\frac{3}{2}\right)^\theta (\lambda+\mu+\upsilon)^\beta \cdot (3m^2)^\alpha$$

此时式(I_{11})仍然成立，等号成立仅当

六 一组代数不等式妙题的欣赏

$$\lambda:\mu:\upsilon = xy:yz:zx = (\frac{xy}{xy+yz}):(\frac{yz}{yz+zx}):(\frac{zx}{zx+xy})$$

且 $x = y = z = m$,即

$$\begin{cases} x = y = z = m \\ \lambda = \mu = \upsilon \end{cases}$$

综合上述（ⅰ）~（ⅳ）知,式(I_{11})恒成立. 等号成立仅当

$$\begin{cases} x = y = z = m \\ \lambda = \mu = \upsilon \end{cases}$$

如果我们设正数 a,b,c 满足 $a+b+c=3$,那么在式(I_1)的等价式

$$\frac{x\sqrt{y}}{\sqrt{1-y}} + \frac{y\sqrt{z}}{\sqrt{1-z}} + \frac{z\sqrt{x}}{\sqrt{1-x}} \leq \frac{1}{\sqrt{2}} \tag{I_1}$$

中,令 $(x,y,z) = (\frac{a}{3}, \frac{b}{3}, \frac{c}{3})$ 得到

$$\frac{a\sqrt{b}}{\sqrt{3-b}} + \frac{b\sqrt{c}}{\sqrt{3-c}} + \frac{c\sqrt{a}}{\sqrt{3-a}} \leq \frac{3}{\sqrt{2}} \tag{I'_1}$$

等号成立仅当 $a = b = c = 1$.

其实,从外形结构上讲,式(I'_1)有:

┌─────────┐
│ 配对 1 │ 设正数 a,b,c 满足 $a+b+c=3$. 则有
└─────────┘

$$\frac{bc}{\sqrt{3+a}} + \frac{ca}{\sqrt{3+b}} + \frac{ab}{\sqrt{3+c}} \leq \frac{3}{2} \tag{I_{12}}$$

自然,式(I_{12})比式(I'_1)显得更对称. 证明也没那么难,仍记式(I_{12})左边为 P.

证明 应用柯西不等式有

$$\frac{1}{a+b} + \frac{1}{a+c} \geq \frac{4}{a+(a+b+c)} = \frac{4}{3+a}$$

$$\Rightarrow \frac{2bc}{\sqrt{3+a}} \leq bc\sqrt{\frac{1}{a+b} + \frac{1}{a+c}}$$

同理可得

$$\frac{2ca}{\sqrt{3+b}} \leq ca\sqrt{\frac{1}{a+b} + \frac{1}{b+c}}$$

$$\frac{2ab}{\sqrt{3+c}} \leq ab\sqrt{\frac{1}{c+a} + \frac{1}{b+c}}$$

$$\Rightarrow 2P = 2\sum \frac{b+c}{\sqrt{3+a}} \leq \sum (bc\sqrt{\frac{1}{a+b} + \frac{1}{c+a}})$$

$$= \sum \left(\sqrt{bc} \cdot \sqrt{\frac{bc}{a+b} + \frac{bc}{c+a}}\right)$$

$$\leq \left(\sum bc\right)^{\frac{1}{2}} \cdot \left[\sum \left(\frac{bc}{a+b} + \frac{bc}{c+a}\right)\right]^{\frac{1}{2}}$$

$$\leq \left(\sum bc\right)^{\frac{1}{2}} \left(\sum \frac{bc+ca}{a+b}\right)^{\frac{1}{2}}$$

$$= \left(\sum bc\right)^{\frac{1}{2}} \left(\sum c\right)^{\frac{1}{2}} = \left(\sum bc\right)^{\frac{1}{2}} \left(\sum a\right)^{\frac{1}{2}}$$

$$\leq \left(\frac{\sum a}{\sqrt{3}}\right) \left(\sum a\right)^{\frac{1}{2}} = \frac{\left(\sum a\right)^{\frac{3}{2}}}{\sqrt{3}} = 3$$

$$\Rightarrow P \leq \frac{3}{2}$$

等号成立仅当 $a=b=c=1$.

回顾上述证明知,式(I_{12})显然可配对成

$$\frac{b\sqrt{c}}{\sqrt{3+a}} + \frac{c\sqrt{a}}{\sqrt{3+b}} + \frac{a\sqrt{b}}{\sqrt{3+c}} \leq \frac{3}{2} \qquad (I_{13})$$

或

$$\frac{\sqrt{bc}}{\sqrt{3+a}} + \frac{\sqrt{ca}}{\sqrt{3+b}} + \frac{\sqrt{ab}}{\sqrt{3+c}} \leq \frac{3}{2} \qquad (I_{14})$$

从前面的证明可知,比式(I_{12})更简单的有

$$M = \frac{bc}{3+a} + \frac{ca}{3+b} + \frac{ab}{3+c} \leq \frac{3}{4} \qquad (I_{15})$$

有了上面这些准备工作,我们就可以将式(I_{12})与式(I_{15})统一推广为:

推广 5 设正数 a,b,c 满足 $a+b+c=3$,λ,μ,υ 为正系数,指数 $k,\beta,\theta \geq 0$,满足 $k+\beta+\theta=1$,则有

$$P_\lambda = \frac{\lambda^\beta(bc)^{k+\theta}}{(3+a)^\theta} + \frac{\mu^\beta(ca)^{k+\theta}}{(3+b)^\theta} + \frac{\upsilon^\beta(ab)^{k+\theta}}{(3+c)^\theta} \geq \frac{3^{k+\theta}}{4^\theta}(\lambda+\mu+\upsilon)^\beta \qquad (I_{16})$$

证明 (ⅰ)当 $\beta=k=0$ 时,$\theta=1$,式(I_{16})化为式(I_{15}),成立.

(ⅱ)当 $\beta=\theta=0$ 时,$k=1$,式(I_{16})化为 $P_\lambda = S = \sum bc \leq \frac{1}{3}\left(\sum a\right)^2 = 3$,成立.

(ⅲ)当 $\theta=0,\beta,k \in (0,1)$ 时,$\beta+k=1$,$P_\lambda = \sum \lambda^\beta(bc)^k \leq \left(\sum \lambda\right)^\beta \left(\sum bc\right)^k \leq 3^k\left(\sum \lambda\right)^\beta$,成立.

(ⅳ)当 $k=\theta=0$ 时,$\beta=1$,此时 $P_\lambda = \lambda+\mu+\upsilon$ 成立.

(ⅴ)当 $\beta=0,k,\theta \in (0,1)$ 时

$$P_\lambda = \sum \frac{(bc)^{k+\theta}}{(3+a)^\theta} = \sum \left[(bc)^k \left(\frac{bc}{3+a}\right)^\theta\right]$$

$$\leqslant \left(\sum bc\right)^k \left(\sum \frac{bc}{3+a}\right)^\theta$$

$$\leqslant 3^k \left(\frac{3}{4}\right)^\theta = \frac{3^{k+\theta}}{4^\theta}$$

式(I_{16})成立.

(vi)当 $\beta, k, \theta \in (0,1)$ 时,注意到 $k+\beta+\theta=1$,应用赫尔德不等式有

$$\frac{4}{3+a} \leqslant \frac{1}{b+c} + \frac{1}{c+a} \Rightarrow \frac{\lambda^\beta (bc)^{k+\theta}}{(3+a)^\theta} \leqslant \frac{\lambda^\beta}{4^\theta}(bc)^{k+\theta}\left(\frac{1}{b+c}+\frac{1}{c+a}\right)^\theta$$

同理可得另外两式,三式相加得

$$P_\lambda = \sum \frac{\lambda^\beta (bc)^{k+\theta}}{(3+a)^\theta}$$

$$\leqslant \frac{1}{4^\theta} \sum \left[\lambda^\beta (bc)^k \left(\frac{bc}{b+c}+\frac{bc}{c+a}\right)^\theta\right]$$

$$\leqslant \frac{1}{4^\theta} \left(\sum \lambda\right)^\beta \left(\sum bc\right)^k \left[\sum \left(\frac{bc}{b+c}+\frac{bc}{c+a}\right)\right]^\theta$$

$$= \frac{1}{4^\theta} \cdot s^k \cdot \left(\sum \lambda\right)^\beta (4M)^\theta$$

$$\leqslant \frac{1}{4^\theta} \cdot 3^k \cdot \left(\sum \lambda\right)^\beta \cdot \left(\frac{4\times 3}{4}\right)^\theta$$

$$\Rightarrow P_\lambda \leqslant \frac{3^{k+\theta}}{4^\theta}(\lambda+\mu+\upsilon)^\beta$$

此时,式(I_{16})成立.

综合上述,不等式(I_{16})恒成立,等号成立的条件是

$$k = \theta = 0, \beta = 1$$

否则,当 $\beta = 0$ 时,为 $a=b=c=1$.

当 $\beta \neq 0, 1$ 时,为

$$\begin{cases} a=b=c=1 \\ \lambda=\mu=\upsilon \end{cases}$$

共分三种情况.

通过上述推证可知,不等式(I_{16})非常优美,激发我们去欣赏它,品味它,研究它. 其中式

$$\frac{bc}{3+a}+\frac{ca}{3+b}+\frac{ab}{3+c} \leqslant \frac{3}{4} \tag{I_{15}}$$

就是它的一个漂亮的特例,如果努力,我们可以建立式(I_{15})的四元推广:

推广 6 设正数 a,b,c,d 满足 $a+b+c+d=4$,则有

$$T = \frac{bcd}{8+a} + \frac{cda}{8+b} + \frac{dab}{8+c} + \frac{abc}{8+d} \leq \frac{4}{9}$$

证明 我们简记

$$S = a+b+c+d = 4$$

$$x_1 = \left(\frac{1}{a+b+c} + \frac{1}{a+c+d} + \frac{1}{a+d+b}\right)bcd$$

$$x_2 = \left(\frac{1}{b+c+d} + \frac{1}{b+d+a} + \frac{1}{b+a+c}\right)cda$$

$$x_3 = \left(\frac{1}{c+a+b} + \frac{1}{c+a+d} + \frac{1}{c+b+d}\right)abd$$

$$x_4 = \left(\frac{1}{d+a+b} + \frac{1}{d+b+c} + \frac{1}{d+c+a}\right)abc$$

注意到

$$(a+b+c)+(a+c+d)+(a+d+b) = 2(a+b+c+d)+a = 8+a$$

应用柯西不等式有

$$x_1 \geq \frac{9bcd}{8+a}$$

同理可得

$$x_2 \geq \frac{9cda}{8+b}, x_3 \geq \frac{9dab}{8+c}, x_4 \geq \frac{9abc}{8+d}$$

于是有

$$x_1 + x_2 + x_3 + x_4 \geq 9T$$

又

$$x_1 + x_2 + x_3 + x_4$$

$$= \sum \frac{abc+abd+acd}{b+c+d}$$

$$= \sum \frac{a(bc+bd+cd)}{b+c+d}$$

$$\leq \sum \frac{a(b+c+d)^2}{3(b+c+d)} = \frac{1}{3}\sum a(b+c+d)$$

$$= \frac{1}{3}\sum a(4-a) = \frac{1}{3}(4\sum a - \sum a^2)$$

$$= \frac{1}{3}(16 - \sum a^2) \leq \frac{1}{3}\left[16 - \frac{1}{4}(\sum a)^2\right]$$

$$= \frac{1}{3}(16-4) = 4$$

$$\Rightarrow 9T \leqslant x_1 + x_2 + x_3 + x_4 \leqslant 4$$
$$\Rightarrow T \leqslant \frac{4}{9}$$

等号成立仅当 $a = b = c = d = 1$.

现在,我们考虑将不等式(I_{15})从3个正元素推广到5个正元素的情形,但必须小心仔细,步步为营,切莫盲目冲锋,否则会踩响"地雷".

为此,我们先设正数 a, b, c, d, e 满足条件 $a + b + c + d + e = 5$. 指数 $k > 0$,记
$$G = a + b + c + d + e = 5$$

$$x_1 = \left(\frac{1}{5-b} + \frac{1}{5-c} + \frac{1}{5-d} + \frac{1}{5-e}\right)\left(\frac{G}{a}\right)^k$$

$$x_2 = \left(\frac{1}{5-a} + \frac{1}{5-c} + \frac{1}{5-d} + \frac{1}{5-e}\right)\left(\frac{G}{b}\right)^k$$

$$x_3 = \left(\frac{1}{5-a} + \frac{1}{5-b} + \frac{1}{5-d} + \frac{1}{5-e}\right)\left(\frac{G}{c}\right)^k$$

$$x_4 = \left(\frac{1}{5-a} + \frac{1}{5-b} + \frac{1}{5-c} + \frac{1}{5-e}\right)\left(\frac{G}{d}\right)^k$$

$$x_5 = \left(\frac{1}{5-a} + \frac{1}{5-b} + \frac{1}{5-c} + \frac{1}{5-d}\right)\left(\frac{G}{e}\right)^k$$

再设

$$y_1 = \frac{1}{5-a}\left[\left(\frac{G}{b}\right)^k + \left(\frac{G}{c}\right)^k + \left(\frac{G}{d}\right)^k + \left(\frac{G}{e}\right)^k\right]$$

$$y_2 = \frac{1}{5-b}\left[\left(\frac{G}{a}\right)^k + \left(\frac{G}{c}\right)^k + \left(\frac{G}{d}\right)^k + \left(\frac{G}{e}\right)^k\right]$$

$$y_3 = \frac{1}{5-c}\left[\left(\frac{G}{a}\right)^k + \left(\frac{G}{b}\right)^k + \left(\frac{G}{d}\right)^k + \left(\frac{G}{e}\right)^k\right]$$

$$y_4 = \frac{1}{5-d}\left[\left(\frac{G}{a}\right)^k + \left(\frac{G}{b}\right)^k + \left(\frac{G}{c}\right)^k + \left(\frac{G}{e}\right)^k\right]$$

$$y_5 = \frac{1}{5-e}\left[\left(\frac{G}{a}\right)^k + \left(\frac{G}{b}\right)^k + \left(\frac{G}{c}\right)^k + \left(\frac{G}{d}\right)^k\right]$$

则有 $\sum_{i=1}^{5} x_i = \sum_{i=1}^{5} y_i$,那么,当 $0 < k \leqslant 1$ 时,且

$$y_1 = \frac{a^k}{5-a}\left[(cde)^k + (bde)^k + (bce)^k + (bcd)^k\right]$$

$$\leqslant \frac{4a^k}{5-a}\left(\frac{cde + bde + bce + bcd}{4}\right)^k$$

$$\leqslant \frac{4a^k}{5-a}\left(\frac{b+c+d+e}{4}\right)^{3k}$$

$$= \frac{4a^k}{5-a}\left(\frac{5-a}{4}\right)^{3k}$$

$$\Rightarrow y_1 \leq (4^{1-3k}) \cdot a^k (5-a)^{3k-1}$$

同理可得
$$y_2 \leq (4^{1-3k}) b^k (5-b)^{3k-1}$$
$$y_3 \leq (4^{1-3k}) c^k (5-c)^{3k-1}$$
$$y_4 \leq (4^{1-3k}) d^k (5-d)^{3k-1}$$
$$y_5 \leq (4^{1-3k}) e^k (5-e)^{3k-1}$$

根据对称性,不妨设 $\frac{1}{3} \leq k \leq 1$,且
$$0 < a \leq b \leq c \leq d \leq e < 5$$

于是有
$$0 < a^k \leq b^k \leq c^k \leq d^k \leq e^k < 5^k$$
$$(5-a)^{3k-1} \geq (5-b)^{3k-1} \geq \cdots \geq (5-e)^{3k-1} > 0$$

及
$$Y = \sum_{i=1}^{5} y_i \leq (4^{1-3k}) \sum a^k (5-a)^{3k-1}$$

可见,欲继续前进,须 $\frac{1}{3} \leq k \leq \frac{2}{3} \Rightarrow 0 \leq 3k-1 \leq 1$,才能使我们应用切比雪夫不等式和幂平均不等式

$$Y \leq (\frac{1}{5} \times 4^{1-3k})(\sum a^k) \sum (5-a)^{3k-1}$$
$$\leq 5 \times 4^{1-3k} (\frac{\sum a}{5})^k [\frac{\sum (5-a)}{5}]^{3k-1}$$
$$= 5 \times 4^{1-3k} (\frac{25 - \sum a}{5})^{3k-1}$$
$$= 5 \times 4^{1-3k} (\frac{25-5}{5})^{3k-1} = 5$$

$$\Rightarrow Y \leq 5$$

另外,注意到
$$(5-b) + (5-c) + (5-d) + (5-e)$$
$$= 20 - (b+c+d+e)$$
$$= 20 - (5-a) = 15 + a$$

应用柯西不等式有
$$x_1 \geq \frac{4^2}{15+a} (\frac{G}{a})^k = \frac{16}{15+a} (\frac{G}{a})^k$$

$$\Rightarrow X = \sum_{i=1}^{5} x_i \geq 16 \sum \frac{(\frac{G}{a})^k}{15+a}$$

$$\Rightarrow T = \sum \frac{(bcde)^k}{15+a} = \sum \frac{(\frac{G}{a})^k}{15+a}$$

$$\leq \frac{X}{16} = \frac{Y}{16} \leq \frac{5}{16}$$

$$\Rightarrow T = \sum \frac{(bcde)^k}{15+a} \leq \frac{5}{16} \tag{I_{18}}$$

其中 $\frac{1}{3} \leq k \leq \frac{2}{3}$.

上面的不等式(I_{18})就是不等式(I_{15})的五元推广,与四元推广式(I_{17})相比较,它的左边和式中各分子均带有指数 $\frac{1}{3} \leq k \leq \frac{2}{3}$.

有了前面夯实的基础,我们不难将不等式(I_{18})推向彩云间:

推广 7 设 $n \in \mathbf{N}^+$,且 $n \geq 3$,指数 $\frac{1}{n-2} \leq k \leq \frac{2}{n-2}$,$a_i > 0 (1 \leq i \leq n)$.

满足 $\sum_{i=1}^{n} a_i = n$,记 $G = \prod_{i=1}^{n} a_i$,$G_i = \frac{G}{a_i}$,则有

$$T_n = \sum_{i=1}^{n} \frac{G_i^k}{n(n-2)+a_i} \leq \frac{n}{(n-1)^2} \tag{I_{19}}$$

特别地,当取 $n=3,k=1$ 时,式(I_{19})等价于式(I_{15});当取 $n=4,k=1$ 时,式(I_{19})等价于式(I_{17});当取 $n=5$ 时,式(I_{19})等价于式(I_{18}).

因此,式(I_{19})是我们朝思暮想的追求.

证明 我们设

$$\begin{cases} x_i = (\sum_{j \neq i}^{n} \frac{1}{n-a_j}) \cdot G_i^k \\ y_i = (\sum_{j \neq i}^{n} G_j^k) \div (n-a_i) \end{cases} \quad (1 \leq i \leq n)$$

$$\Rightarrow \sum_{i=1}^{n} x_i = \sum_{i=1}^{n} y_i$$

注意到

$$\sum_{j \neq i}^{n} (n-a_j) = n(n-1) - \sum_{j \neq i}^{n} a_j$$

$$= n(n-1) - (\sum_{j=1}^{n} a_j - a_i)$$

$$= n(n-1) - (n-a_i) = n(n-2) - a_i$$

$$\Rightarrow [n(n-2) - a_i] x_i = \sum_{j \neq i}^{n} (n-a_j)(\sum_{j \neq i}^{n} \frac{1}{n-a_j}) G_i^k$$

$$\geqslant (n-1)^2 G_i^k$$

$$\Rightarrow x_i \geqslant \frac{(n-1)^2 G_i^k}{n(n-2)-a_i} \quad (1 \leqslant i \leqslant n)$$

$$\Rightarrow \sum_{j=1}^n x_i \geqslant (n-1)^2 \sum_{j=1}^n \left[\frac{G_i^k}{n(n-1)-a_i} \right] = (n-1)^2 T_n$$

且

$$T_n \leqslant \frac{\sum_{j=1}^n x_i}{(n-1)^2} = \frac{\sum_{j=1}^n y_i}{(n-1)^2}$$

设集合 $A_n = \{a_1, a_2, \cdots, a_n\}$，在 A_n 中抽去元素 a_1 后余集记为
$$B_{n-1} = \{b_1, b_2, \cdots, b_{n-1}\}$$

那么有
$$b_1 + b_2 + \cdots + b_{n-1} = (a_1 + a_2 + \cdots + a_n) - a_1 = n - a_1$$

注意到 $\frac{1}{n-2} \leqslant k \leqslant \frac{2}{n-2} \Rightarrow 0 \leqslant (n-2)k - 1 \leqslant 1$. 再记

$$M_1 = (b_2 b_3 \cdots b_{n-1})^k + (b_1 b_3 \cdots b_{n-1})^k + \cdots + (b_1 b_2 \cdots b_{n-2})^k$$

应用多元对称不等式有

$$\frac{M_1}{n-1} \leqslant \left(\frac{b_2 b_3 \cdots b_{n-1} + b_1 b_3 \cdots b_{n-1} + \cdots + b_1 b_2 \cdots b_{n-2}}{n-1} \right)^k$$

$$\leqslant \left(\frac{b_1 + b_2 + \cdots + b_{n-1}}{n-1} \right)^{(n-2)k} = \left(\frac{n-a_1}{n-1} \right)^{(n-2)k}$$

$$\Rightarrow M_1 \leqslant (n-1) \left(\frac{n-a_1}{n-1} \right)^{(n-2)k}$$

$$\Rightarrow M_i \leqslant (n-1) \left(\frac{n-a_1}{n-1} \right)^{(n-2)k} \quad (1 \leqslant i \leqslant n)$$

$$\Rightarrow y_i = \frac{\sum_{j \neq i}^n G_j^k}{n-a_j} = \frac{M_i}{n-a_i}$$

$$\leqslant (n-1)^{1-(n-2)k} (n-a_i)^{(n-2)k-1}$$

$$\Rightarrow \sum_{i=1}^n y_i \leqslant (n-1)^{1-(n-2)k} \sum_{i=1}^n (n-a_i)^{(n-2)k-1}$$

$$\leqslant (n-1)^{1-(n-2)k} n \left(\frac{\sum_{i=1}^n (n-a_i)}{n} \right)^{(n-2)k-1}$$

$$\leqslant (n-1)^{1-(n-2)k} n \left(\frac{n^2 - \sum_{i=1}^n a_i}{n} \right)^{(n-2)k-1}$$

$$= (n-1)^{1-(n-2)k} n \left(\frac{n^2-n}{n}\right)^{(n-2)k-1}$$
$$= n(n-1)^{1-(n-2)k}(n-1)^{(n-2)k-1}$$
$$= n$$
$$\Rightarrow \sum_{i=1}^{n} y_i \leq n$$
$$\Rightarrow T_n \leq \frac{\sum_{i=1}^{n} y_i}{(n-1)^2} \leq \frac{n}{(n-1)^2}$$

等号成立仅当 $a_1 = a_2 = \cdots = a_n = 1$.

七　一类优美不等式的多解与初探

（一）

例1　已知正数 x,y,z 满足：$x+y+z=\dfrac{1}{2}$，求证

$$\dfrac{\sqrt{x}}{4x+1}+\dfrac{\sqrt{y}}{4y+1}+\dfrac{\sqrt{z}}{4z+1}\leqslant\dfrac{3}{10}\sqrt{6} \qquad (\text{A})$$

分析　这是一个典型的无理分式和代数不等式，我们可以尝试用配方，或应用柯西不等式，或根据已知条件及特点应用加权不等式等方法证明.

证法1　注意到当 $x=y=z=\dfrac{1}{6}$ 时，式（A）等号成立，应用平均值不等式有

$$12x+3 = 6x+6x+1+1+1$$
$$\geqslant 5\left[(6x)^2\cdot 1^3\right]^{\frac{1}{5}}=5(6x)^{\frac{2}{5}}$$

$$\Rightarrow \sum\left(\dfrac{\sqrt{x}}{4x+1}\right)=\sum\left(\dfrac{3\sqrt{x}}{12x+3}\right)$$

$$\leqslant \sum\dfrac{3\sqrt{x}}{5(6x)^{\frac{2}{5}}}=\dfrac{\sqrt{6}}{10}\sum(6x)^{\frac{1}{10}}$$

$$\leqslant\dfrac{3}{10}\sqrt{6}\left(\dfrac{\sum 6x}{3}\right)^{\frac{1}{10}}=\dfrac{3}{10}\sqrt{6}\left(\dfrac{\sum 6x}{3}\right)^{\frac{1}{10}}$$

$$=\dfrac{3}{10}\sqrt{6}\left[2(x+y+z)\right]^{\frac{1}{10}}=\dfrac{3}{10}\sqrt{6}$$

$$\Rightarrow \sum\dfrac{\sqrt{x}}{4x+1}\leqslant\dfrac{3}{10}\sqrt{6}$$

即式（A）成立，等号成立仅当 $x=y=z=\dfrac{1}{6}$.

证法2　由平均值不等式有

七 一类优美不等式的多解与初探

$$6x+1 \geqslant 2\sqrt{6x \times 1}$$

$$\Rightarrow \frac{2\sqrt{6x}}{4x+1} \leqslant \frac{6x+1}{4x+1} = \frac{3}{2}\left(1 - \frac{1}{12x+3}\right)$$

$$\Rightarrow \frac{2\sqrt{6x}}{4x+1} \leqslant \frac{3}{2}\left(1 - \frac{1}{12x+3}\right)$$

同理 $\begin{cases} \dfrac{2\sqrt{6y}}{4y+1} \leqslant \dfrac{3}{2}\left(1 - \dfrac{1}{12y+3}\right) \\ \dfrac{2\sqrt{6z}}{4z+1} \leqslant \dfrac{3}{2}\left(1 - \dfrac{1}{12z+3}\right) \end{cases}$

$$\Rightarrow \left(\frac{4}{3}\sqrt{6}\right) \sum \left(\frac{\sqrt{x}}{4x+1}\right) \leqslant \sum \left(1 - \frac{1}{12x+3}\right)$$

$$= 3 - \sum \left(\frac{1}{12x+3}\right) \text{(应用柯西不等式)}$$

$$\leqslant 3 - \frac{9}{\sum(12x+3)}$$

$$= 3 - \frac{3}{4\sum x + 3} = 3 - \frac{3}{4 \times \frac{1}{2} + 3} = \frac{12}{5}$$

$$\Rightarrow \sum \left(\frac{\sqrt{x}}{4x+1}\right) \leqslant \frac{3}{10}\sqrt{6}$$

即式(A)成立,等号成立仅当 $x = y = z = \dfrac{1}{6}$.

证法 3 我们记

$$t = \sum \frac{1}{4x+1} = \frac{1}{4x+1} + \frac{1}{4y+1} + \frac{1}{4z+1} \text{(应用柯西不等式)}$$

$$\geqslant \frac{9}{\sum(4x+1)} = \frac{9}{4\sum x + 3}$$

$$= \frac{3}{4 \times \frac{1}{2} + 3} = \frac{9}{5} \Rightarrow t \geqslant \frac{9}{5} \text{ 且 } t < 3$$

即 $3 > t \geqslant \dfrac{9}{5}$.

再度应用柯西不等式有

$$\left(\sum \frac{\sqrt{x}}{4x+1}\right)^2 \leqslant \left(\sum \frac{x}{4x+1}\right) \sum \left(\frac{1}{4x+1}\right)$$

$$= \frac{1}{4}\left[\sum \frac{(4x+1)-1}{4x+1}\right] \cdot \sum \left(\frac{1}{4x+1}\right)$$

$$= \frac{1}{4}\sum(1-\frac{1}{4x+1})\cdot\sum(\frac{1}{4x+1})$$

$$= \frac{1}{4}(3-\sum\frac{1}{4x+1})\cdot\sum(\frac{1}{4x+1})$$

$$= \frac{1}{4}(3-t)t = \frac{1}{24}(9-3t)\cdot 2t$$

$$\leq \frac{1}{24}[\frac{(9-3t)+2t}{2}]^2$$

$$= \frac{1}{24}(\frac{9-t}{2})^2 \leq \frac{1}{24}\times\frac{1}{4}(9-\frac{9}{5})^2$$

$$\Rightarrow \sum(\frac{\sqrt{x}}{4x+1}) \leq \frac{3}{10}\sqrt{6}$$

即式(A)成立,等号成立仅当 $x=y=z=\frac{1}{6}$.

注 从证法 3 知,如果我们设关于 t 的函数为

$$f(t) = (3-t)t = -(t-\frac{3}{2})^2+\frac{9}{4}$$

则 $f(t)$ 在 $[\frac{3}{2},3)$ 上单调递减,那么当 $3>t\geq\frac{9}{5}>\frac{3}{2}$ 时,自然有

$$f(t) \leq f(\frac{9}{5}) = -(\frac{9}{5}-\frac{3}{2})^2+\frac{9}{4} = \frac{54}{25}$$

$$\Rightarrow (\sum\frac{\sqrt{x}}{4x+1})^2 \leq \frac{1}{4}f(t) \leq \frac{27}{50}$$

$$\Rightarrow \sum\frac{\sqrt{x}}{4x+1} \leq \frac{3}{10}\sqrt{6}$$

证法 4 应用平均值不等式有

$$12x+3 = 6x+6x+1+1+1$$

$$\geq 5[(6x)^2\times 1^3]^{\frac{1}{5}} = 5(6x)^{\frac{2}{5}}$$

$$\Rightarrow 12x+3 \geq 5(6x)^{\frac{2}{5}}$$

又

$$6x+9 = 6x+1\times 9 \geq 10(6x\times 1^9)^{\frac{1}{10}}$$

$$\Rightarrow 6x+9 \geq 10(6x)^{\frac{1}{10}}$$

(1)×(2)得

$$(6x+9)(12x+3) \geq 50(6x)^{\frac{1}{2}}$$

$$\Rightarrow \frac{\sqrt{x}}{4x+1} \leqslant \frac{3\sqrt{6}}{50}(x+\frac{3}{2})$$

同理 $\begin{cases} \dfrac{\sqrt{y}}{4y+1} \leqslant \dfrac{3\sqrt{6}}{50}(y+\dfrac{3}{2}) \\ \dfrac{\sqrt{z}}{4z+1} \leqslant \dfrac{3\sqrt{6}}{50}(z+\dfrac{3}{2}) \end{cases}$

$$\Rightarrow \sum \left(\frac{\sqrt{x}}{4x+1}\right) \leqslant \frac{3\sqrt{6}}{50} \sum \left(x+\frac{3}{2}\right)$$

$$= \frac{3\sqrt{6}}{50}\left(\sum x + \frac{3}{2} \times 3\right)$$

$$= \frac{3\sqrt{6}}{50}\left(\frac{1}{2}+\frac{9}{2}\right) = \frac{3\sqrt{6}}{10}$$

$$\Rightarrow \sum \left(\frac{\sqrt{x}}{4x+1}\right) \leqslant \frac{3\sqrt{6}}{10}$$

等号成立仅当 $x=y=z=\dfrac{1}{6}$.

证法5 由于

$$(t^2+9)(2t^2+3)-50t$$
$$=2t^4+21t^2-50t+27$$
$$=(t-1)^2(2t^2+4t+27) \geqslant 0$$
$$\Rightarrow (t^2+9)(2t^2+3) \geqslant 50t$$
$$\Rightarrow \frac{t}{2t^2+3} \leqslant \frac{t^2+9}{50} \tag{1}$$

在式(1)中依次取

$$\begin{cases} t=\sqrt{6x} \Rightarrow \dfrac{\sqrt{6x}}{12x+3} \leqslant \dfrac{6x+9}{50} \\ t=\sqrt{6y} \Rightarrow \dfrac{\sqrt{6y}}{12y+3} \leqslant \dfrac{6y+9}{50} \\ t=\sqrt{6z} \Rightarrow \dfrac{\sqrt{6z}}{12z+3} \leqslant \dfrac{6z+9}{50} \end{cases}$$

$$\Rightarrow \sum \frac{\sqrt{6x}}{12x+3} \leqslant \sum \left(\frac{6x+9}{50}\right)$$

$$= \frac{6}{50}\sum x + \frac{9}{50} \times 3$$

$$= \frac{6}{50} \times \frac{1}{2} + \frac{27}{50} = \frac{3}{5}$$

$$\Rightarrow \sum \left(\frac{\sqrt{x}}{4x+1}\right) \leqslant \frac{3\sqrt{6}}{10}$$

等号成立仅当 $x=y=z=\frac{1}{6}$.

证法 6 我们设 $t=6x>0$，先证
$$f(t)=(2t+3)^2(t+9)^2-2\,500t \geqslant 0$$
$$\Leftrightarrow f(t)=(4t^2+12t+9)(t^2+18t+81)-2\,500t$$
$$=4t^4+84t^3+549t^2-1\,366t+729 \geqslant 0$$
$$\Leftrightarrow f(t)=(t-1)^2(4t^2+92t+729) \geqslant 0$$
$$\Leftrightarrow (2t+3)^2(t+9)^2 \geqslant 2\,500t$$
$$\Rightarrow (12x+3)^2(6x+9)^2 \geqslant 2\,500 \times 6x$$
$$\Rightarrow \frac{\sqrt{x}}{4x+1} \leqslant \frac{3\sqrt{6}}{50}\left(x+\frac{3}{2}\right)$$

以下过程同证法 4.

证法 7 设 $t \in \left(0, \frac{1}{2}\right)$，关于 t 的函数为 $f(t)=\frac{\sqrt{t}}{4t+1}$，求导得
$$f'(t)=\frac{1-4t}{2\sqrt{t}(4t+1)}$$

计算得
$$f\left(\frac{1}{6}\right)=\frac{\sqrt{6}}{10}, f'\left(\frac{1}{6}\right)=\frac{3\sqrt{6}}{50}$$

构造不等式
$$f(t)-f\left(\frac{1}{6}\right) \leqslant f'\left(\frac{1}{6}\right)\left(t-\frac{1}{6}\right)$$
$$\Leftrightarrow f(t) \leqslant \frac{3\sqrt{6}}{50}\left(t-\frac{1}{6}\right)+\frac{3\sqrt{6}}{10} \qquad (2)$$

作代换，令 $t=\frac{1}{6}p^2 (0<p<1)$，经化简得
$$\frac{\frac{1}{\sqrt{6}}p}{\frac{2}{3}p^2+1} \leqslant \frac{3\sqrt{6}}{50}\left(\frac{p^2}{6}-\frac{1}{6}\right)+\frac{\sqrt{6}}{10}$$
$$\Leftrightarrow (2p^2+3)(p^2+q) \geqslant 50p$$
$$\Leftrightarrow 2p^4+21p^2-50p+27 \geqslant 0$$
$$\Leftrightarrow (p-1)^2(2p^2+4p+27) \geqslant 0$$

等号成立仅当 $p=1 \Rightarrow t=\frac{1}{6}$.

这充分说明式 (2) 成立，依次取 $t=x, y, z$ 得

$$f(x)+f(y)+f(z) \leq \frac{3\sqrt{6}}{50}(x+y+z-\frac{1}{2})+\frac{3\sqrt{6}}{10}$$

$$\Rightarrow \sum (\frac{\sqrt{x}}{4x+1}) \leq \frac{3\sqrt{6}}{10}$$

即式(A)成立,等号成立仅当 $x=y=z=\frac{1}{6}$.

如果我们想巧妙构造不等式(A)的优美推广,可先设 $k>0, n \geq 2, n \in \mathbf{N}^+$, $x_i>0(1 \leq i \leq n)$, 满足条件 $\sum_{i=1}^{n} x_i = nk$.

从最基本的事实出发

$$(\sqrt{x_i}-\sqrt{k})^2 \geq 0$$
$$\Rightarrow x_i+k \geq 2\sqrt{k} \cdot \sqrt{x_i}$$
$$\Rightarrow \sqrt{x_i} \leq \frac{\sqrt{k}}{2k}(x_i+k) \quad (1 \leq i \leq n)$$

再设参数 $p>0, q>0$,有

$$\frac{\sqrt{x_i}}{px_i+q} \leq \frac{\sqrt{k}}{2kp}\left(\frac{x_i+k}{x_i+\frac{q}{p}}\right) = \frac{\sqrt{k}}{2kp}\left(1-\frac{\frac{q}{p}-k}{x_i+\frac{q}{p}}\right)$$

又设系数 $\lambda_i>0, \frac{q}{p}-k>0 \Rightarrow 0<k<\frac{q}{p}$

有

$$\frac{\lambda_i \sqrt{x_i}}{px_i+q} \leq \frac{\sqrt{k}}{2kp}\left[\lambda_i - \frac{(\frac{q}{p}-k)\lambda_i}{x_i+\frac{q}{p}}\right]$$

再设和式

$$T_\lambda = \sum_{i=1}^{n}(\frac{\lambda_i \sqrt{x_i}}{px_i+q}) \leq \sum_{i=1}^{n}\left[\lambda_i - \frac{(\frac{q}{p}-k)\lambda_i}{x_i+\frac{q}{p}}\right] \cdot \frac{\sqrt{k}}{2kp}$$

$$= \frac{\sqrt{k}}{2kp}\left[\sum_{i=1}^{n}\lambda_i - (\frac{q}{p}-k)\sum_{i=1}^{n}(\frac{\lambda_i}{x_i+\frac{q}{p}})\right]$$

又增设 $\sum_{i=1}^{n}\lambda_i = n$,并应用柯西不等式

$$T_\lambda \leq \frac{\sqrt{k}}{2kp}\left[n - (\frac{q}{p}-k)\sum_{i=1}^{n}(\frac{\lambda_i}{x_i+\frac{q}{p}})\right]$$

$$\leq \frac{\sqrt{k}}{2kp}\left[n - \left(\frac{q}{p} - k\right) \frac{(\sum_{i=1}^{n} \sqrt{\lambda_i})^2}{\sum_{i=1}^{n}(x_i + \frac{q}{p})}\right]$$

$$= \frac{\sqrt{k}}{2kp}\left[n - \left(\frac{q}{p} - k\right) \frac{(\sum_{i=1}^{n} \sqrt{\lambda_i})^2}{nk + n\frac{q}{p}}\right]$$

可见,经过上述推导,不等式(A)的"元数→参数→系数"推广,如雨后春笋,破土而出:

推广1 设 $p, q, m, x_i, \lambda_i > 0 (1 \leq i \leq n)(n \geq 2, n \in \mathbf{N}^+)$ 并满足 $\sum_{i=1}^{n} x_i = nk(k > 0)$ 及 $0 < k < \frac{q}{p}, \sum_{i=1}^{n} \lambda_i = n$,则有

$$T_\lambda = \sum_{i=1}^{n}\left(\frac{\lambda_i \sqrt{x_i}}{px_i + q}\right) \leq \frac{\sqrt{k}}{2kp}\left[n - \left(\frac{q}{p} - k\right) \frac{(\sum_{i=1}^{n} \sqrt{\lambda_i})^2}{nk + n\frac{q}{p}}\right] \tag{A_1}$$

特别地,当取 $\lambda_1 = \lambda_2 = \cdots = \lambda_n = 1$ 时,式(A_1)简化为

$$\sum_{i=1}^{n}\left(\frac{\sqrt{x_i}}{px_i + q}\right) \leq \frac{\sqrt{k}}{2kp} n\left[1 - \frac{\frac{q}{p} - k}{k + \frac{q}{p}}\right] = \frac{n\sqrt{k}}{pk + q} \tag{A_2}$$

其中 $q > kp$.

在式(A_2)中取 $n = 3, k = \frac{1}{6}, p = 4, q = 1$,立刻得到式(A).

2003年第3届中国西部数学奥林匹克在新疆乌鲁木齐举行,其中第7题(李胜宏老师供题)是:

例2 设非负实数 $x_1, x_2, \cdots, x_5$ 满足

$$\sum_{i=1}^{5} \frac{1}{1 + x_i} = 1 \tag{1}$$

求证: $\sum_{i=1}^{5} \frac{x_i}{4 + x_i^2} \leq 1$. (B)

分析 (ⅰ)本题的奇特之处在于:已知条件是一个分式和,而要证明的结论(式(B))是一个分式和不等式,注意到当 $x_1 = x_2 = \cdots = x_5 = 4$ 时,不仅已知条

件中的等式(1)成立,而且式(B)中的等号也成立,于是我们首先考虑到应用柯西不等式得

$$4+4x_i = 4+x_i+x_i+x_i+x_i$$
$$\leq [(1^2+1^2+1^2+1^2+1^2)(4^2+x_i^2+x_i^2+x_i^2+x_i^2)]^{\frac{1}{2}}$$
$$= \sqrt{5(4^2+4x_i^2)}$$
$$\Rightarrow 4(1+x_i)^2 \leq 5(4+x_i^2)$$
$$\Rightarrow \frac{x_i}{4+x_i^2} \leq \frac{5x_i}{4(1+x_i)^2} \quad (i=1,2,3,4,5)$$
$$\Rightarrow \sum_{i=1}^{5} \frac{x_i}{4+x_i^2} \leq \frac{5}{4} \sum_{i=1}^{5} \frac{x_i}{(1+x_i)^2} \tag{2}$$

观察式(2)右边和式里的分式结构,可设

$$0 \leq x_1 \leq x_2 \leq x_3 \leq x_4 \leq x_5$$
$$\Rightarrow \frac{1}{(1+x_1)^2} \geq \cdots \geq \frac{1}{(1+x_5)^2} (应用切比雪夫不等式)$$
$$\Rightarrow \sum_{i=1}^{5} \frac{x_i}{4+x_i^2} \leq \frac{5}{4} \sum_{i=1}^{5} \frac{x_i}{(1+x_i)^2} \leq \frac{1}{4} \left(\sum_{i=1}^{5} x_i \right) \sum_{i=1}^{5} \frac{1}{(1+x_i)^2} \tag{3}$$

再联想到已知条件有

$$5 + \sum_{i=1}^{5} x_i = \sum_{i=1}^{5} (1+x_i) \left(\sum_{i=1}^{5} \frac{1}{1+x_i} \right) \geq 25$$
$$\Rightarrow \sum_{i=1}^{5} x_i \geq 20$$

可见,前进到式(3)时,已无法应用已知条件,这说明按照上述思路行不通.

(ⅱ)再联想到配方,希望有转机

$$(1+x_i)^2 = (x_i-4)^2 + 10x_i - 15 \geq 10x_i - 15 \quad (1 \leq i \leq 5)$$

当 $x_i > \frac{3}{2}$ 时

$$\sum_{i=1}^{5} \frac{x_i}{(1+x_i)^2} \leq \sum_{i=1}^{5} \frac{x_i}{10x_i - 15}$$
$$= \frac{1}{10} \sum_{i=1}^{5} \left(1 + \frac{15}{10x_i - 15}\right)$$
$$= \frac{1}{2} + \frac{3}{10} \sum_{i=1}^{5} \left(\frac{1}{2x_i - 3}\right)$$

由此可知,前行至此,也行不通.

(ⅲ)现在,我们重新调整思路,考虑应用平均值不等式

$$4+4x_i = 4+x_i+x_i+x_i+x_i$$
$$\geqslant 5\sqrt[5]{4x_i^4} \quad (1\leqslant i\leqslant 5)$$
$$\Rightarrow 1 = \sum_{i=1}^{5}(\frac{1}{1+x_i}) \leqslant \frac{4}{5}\sum_{i=1}^{5}\frac{1}{\sqrt[5]{4x_i^4}} \tag{4}$$

又
$$4+x_i^2 = 4+4(\frac{x_i}{2})^2$$
$$= 4+(\frac{x_i}{2})^2+(\frac{x_i}{2})^2+(\frac{x_i}{2})^2+(\frac{x_i}{2})^2$$
$$\geqslant (1+4)\left[4\times(\frac{x_i}{2})^{2\times 4}\right]^{\frac{1}{1+4}}$$
$$= 5\times 2^{\frac{2}{5}}\cdot x_i \cdot x_i^{\frac{3}{5}}$$
$$\Rightarrow \sum_{i=1}^{5}\frac{x_i}{4+x_i^2} \leqslant \frac{1}{\sqrt[5]{4}}\sum_{i=1}^{5}\frac{1}{\sqrt[5]{x^3}} \tag{5}$$

观察式(4)、式(5)知,它们方向相反,无法呼应联系,从而无法应用已知条件.

如果把上述三种思路比方成三把钥匙,那么它们均不能打开本题的证明之门,试问,打开成功之门的金钥匙在哪里呢?

其实,只要我们意志坚定,信心百倍,不畏艰辛,不怕失败,就可力挽狂澜,扭转战局,定会转败为胜——我们不仅可以证明式(B),还有实力将它推广为:

推广 2 设非负实数 $x_1, x_2, \cdots, x_n (n\geqslant 2)$ 满足

$$\sum_{i=1}^{n}\frac{1}{1+x_i} = 1 \tag{1}$$

则有
$$\sum_{i=1}^{n}(\frac{x_i}{n-1+x_i^2}) \leqslant 1 \tag{B_1}$$

显然,当取 $n=5$ 时,式(B_1)化为式(B).

证明 (ⅰ)当 $n=2$ 时,式(1)化为

$$\frac{1}{x_1+1}+\frac{1}{x_2+1} = 1$$

故可作代换

$$\begin{cases} x_1 = \tan^2\theta \\ x_2 = \cot^2\theta \end{cases} (0<\theta<\frac{\pi}{2})$$

$$\Rightarrow T_2 = \frac{x_1}{1+x_1^2}+\frac{x_2}{1+x_2^2}$$

$$= \frac{(\tan\theta)^2}{1+(\tan\theta)^4} + \frac{(\cot\theta)^2}{1+(\cot\theta)^4}$$

$$= \frac{2(\sin\theta\cos\theta)^2}{(\sin\theta)^4+(\cos\theta)^4} = \frac{2}{(\tan\theta)^2+(\cot\theta)^2}$$

$$= \frac{2}{(\tan\theta-\cot\theta)^2+2} \leq 1$$

$$\Rightarrow T_2 = \frac{x_1}{1+x_1^2} + \frac{x_2}{1+x_2^2} \leq 1 \tag{2}$$

即当 $n=2$ 时,式(B_1)成立,等号成立仅当 $x_1 = x_2 = 1$.

(ⅱ)当 $n \geq 3$ 时,我们记式(B_1)左边为 $T_n^{(x)}$,并作变换,令

$$y_i = \frac{1}{1+x_i} \Rightarrow x_i = \frac{1-y_i}{y_i} \quad (1 \leq i \leq n)$$

$$\Rightarrow \frac{nx_i}{n-1+x_i^2} = \frac{ny_i(1-y_i)}{(n-1)y_i^2+(1-y_i)^2}$$

$$= \frac{-(ny_i^2-2y_i+1)+(ny_i-2y_i+1)}{ny_i^2-2y_i+1}$$

$$= -1 + \frac{(n-2)y_i+1}{ny_i^2-2y_i+1}$$

$$= -1 + \frac{(n-2)y_i+1}{n(y_i-\frac{1}{n})^2+\frac{n-1}{n}}$$

$$\leq -1 + \frac{1}{n-1} + \frac{n(n-2)}{n-1}y_i$$

$$\Rightarrow nT_n^{(x)} = \sum_{i=1}^{n}\left(\frac{nx_i}{n-1+x_i^2}\right)$$

$$\leq \sum_{i=1}^{n}\left[\frac{1}{n-1} + \frac{n(n-2)}{n-1}y_i\right]$$

$$= \frac{n}{n-1} + \frac{n(n-2)}{n-1}\sum_{i=1}^{n}y_i$$

$$= \frac{n}{n-1} + \frac{n(n-2)}{n-1} = n$$

$$\Rightarrow T_n^{(x)} \leq 1$$

此时式(B_1)仍然成立,等号成立仅当

$$y_i = \frac{1}{1+x_i} = \frac{1}{n} \Rightarrow x_i = n-1 \quad (i=1,2,\cdots,n)$$

综合(ⅰ)和(ⅱ)知,不等式(B_1)对一切 $n \geq 2$ 均成立,等号成立仅当

$$x_1 = x_2 = \cdots = x_n = n-1$$

前面我们巧妙代换,不仅证明了原题,而且还建立了它的优美推广,并给出了漂亮的证明.

其实,当 $n=2$ 时,设指数 $k \neq 0$,由于

$$\frac{x_1^k}{1+x_1^{2k}} + \frac{x_2^k}{1+x_2^{2k}} \leq \frac{x_1^k}{2x_1^k} + \frac{x_2^k}{2x_2^k} = 1$$

等号成立仅当 $x_1 = x_2 = 1$.

显然,上式是式(2)的一个指数推广,而且证法更简洁.

前面的证法启示我们,可将上述推广结论进行转化,使之焕然一新,优美迷人:

｛转化1｝ 设 $\theta_i \in (0, \frac{\pi}{2})(i=1,2,\cdots,n, n \geq 2, n \in \mathbf{N}^+)$ 满足条件

$$\cos^2\theta_1 + \cos^2\theta_2 + \cdots + \cos^2\theta_n = 1$$

则有

$$T_n^{(\theta)} = \sum_{i=1}^n \frac{(\tan\theta_i)^2}{(n-1)+(\tan\theta_i)^4} \leq 1 \quad (B_2)$$

如果我们细心一点,从上述推广2的证明过程中容易获得启发:推广2还可以再从系数方面推广为:

｛推广3｝ 设 $x_i \geq 0, k_i > 0(i=1,2,\cdots,n, n \geq 2, n \in \mathbf{N}^+)$,且满足

$$\sum_{i=1}^n \frac{k_i}{1+x_i} = 1$$

记 $S = \sum_{i=1}^n k_i$,则有

$$T_S^{(x)} = \sum_{i=1}^n \frac{k_i x_i}{S-1+x_i^2} \leq 1 \quad (B_3)$$

特别地,当取 $k_1 = k_2 = \cdots = k_n = 1$ 时,式(B_3)化为式(B_1).

略证 应用前面的结论,设

$$y_i = \frac{1}{1+x_i} \Rightarrow \begin{cases} \sum_{i=1}^n k_i y_i = 1 \\ x_i = (1-y_i)/y_i \end{cases}$$

$$\Rightarrow \frac{Sx_i}{S-1+x_i^2} \leq \frac{1}{S-1} + \frac{S(S-2)}{S-1} y_i$$

$$\Rightarrow \frac{Sk_i x_i}{S-1+x_i^2} \leq \frac{k_i}{S-1} + \frac{S(S-2)}{S-1} k_i y_i \quad (i=1,2,\cdots,n)$$

$$\Rightarrow ST_n^{(x)} = \sum_{i=1}^n \frac{Sk_i x_i}{S-1+x_i^2}$$

$$\le \sum_{i=1}^{n}\left[\frac{k_i}{S-1}+\frac{S(S-2)}{S-1}k_i y_i\right]$$

$$=\frac{\sum_{i=1}^{n}k_i}{S-1}+\frac{S(S-2)}{S-1}\left(\sum_{i=1}^{n}k_i y_i\right)$$

$$=\frac{S}{S-1}+\frac{S(S-2)}{S-1}=S$$

$$\Rightarrow T_s^{(x)} \le 1$$

等号成立仅当

$$y_1 = y_2 = \cdots = y_n = \frac{1}{S}$$

$$\Rightarrow x_1 = x_2 = \cdots = x_n = S-1$$

有趣的是,如果我们将推广 2 中的已知条件略加改变,那结论也随之变化:

推广 4 设正数 $x_1, x_2, \cdots, x_n$ 满足

$$\sum_{i=1}^{n}\frac{1}{1+x_i} = \lambda \le 1 \tag{1}$$

那么

$$\prod_{i=1}^{n} x_i \ge \left(\frac{n}{\lambda}-1\right)^n \tag{B_4}$$

证明 对参数 λ 分两种情况讨论:

(i) 当 $\lambda = 1$ 时,式(1)化为

$$\sum_{i=1}^{n}\frac{1}{1+x_i} = 1$$

作代换,令

$$y_i = \frac{1}{1+x_i} \Rightarrow x_i = \frac{1-y_i}{y_i} \quad (1 \le i \le n)$$

记

$$G^n = \prod_{i=1}^{n} y_i \le \left(\frac{\sum_{i=1}^{n} y_i}{n}\right)^n = \left(\frac{1}{n}\right)^n$$

约定 $y_0 = 1$,应用平均值不等式有

$$1 - y_i = y_1 + \cdots + y_{i-1} + y_{i+1} + \cdots + y_n$$
$$\ge (n-1)(y_1 \cdots y_{i-1} y_{i+1} \cdots y_n)^{\frac{1}{n-1}}$$
$$= (n-1)\left(\frac{y_1 y_2 \cdots y_n}{y_i}\right)^{\frac{1}{n-1}} = (n-1)\left(\frac{G^n}{y_i}\right)^{\frac{1}{n-1}}$$

$$\Rightarrow 1 - y_i \ge (n-1)\left(\frac{G^n}{y_i}\right)^{\frac{1}{n-1}} \quad (1 \le i \le n)$$

$$\Rightarrow G^n \left(\prod_{i=1}^n x_i \right) = \prod_{i=1}^n (x_i y_i) = \prod_{i=1}^n (1 - y_i)$$

$$\geqslant (n-1)^n \frac{(G^n)^{\frac{n}{n-1}}}{\left(\prod_{i=1}^n y_i\right)^{\frac{1}{n-1}}} = (n-1)^n \cdot \frac{(G^n)^{\frac{n}{n-1}}}{(G^n)^{\frac{1}{n-1}}}$$

$$\Rightarrow \prod_{i=1}^n x_i \geqslant (n-1)^n$$

即此时式(B_4)成立,等号成立仅当

$$y_i = \frac{1}{n} \Rightarrow x_i = n - 1 \quad (1 \leqslant i \leqslant n)$$

(ii) 当 $0 < \lambda < 1$ 时,同理可得

$$\lambda - y_i \geqslant (n-1)\left(\frac{G^n}{y_i}\right)^{\frac{1}{n-1}} \quad (1 \leqslant i \leqslant n)$$

应用赫尔德不等式有

$$G\left(\prod_{i=1}^n x_i\right)^{\frac{1}{n}} = \left(\prod_{i=1}^n x_i y_i\right)^{\frac{1}{n}} = \prod_{i=1}^n (1 - y_i)^{\frac{1}{n}}$$

$$= \prod_{i=1}^n [(1-\lambda) + (\lambda - y_i)]^{\frac{1}{n}}$$

$$\geqslant (1-\lambda) + \prod_{i=1}^n (\lambda - y_i)^{\frac{1}{n}}$$

$$\geqslant (1-\lambda) + \prod_{i=1}^n \left[(n-1)\left(\frac{G^n}{y_i}\right)^{\frac{1}{n-1}}\right]^{\frac{1}{n}}$$

$$= (1-\lambda) + (n-1)\left(\frac{G^{n^2}}{\prod_{i=1}^n y_i}\right)^{\frac{1}{n(n-1)}}$$

$$= (1-\lambda) + (n-1)G$$

$$\Rightarrow \left(\prod_{i=1}^n x_i\right)^{\frac{1}{n}} \geqslant \frac{1-\lambda}{G} + n - 1 \geqslant \frac{1-\lambda}{\frac{\lambda}{n}} + (n-1)$$

$$= \frac{n}{\lambda} - 1$$

$$\Rightarrow \prod_{i=1}^n x_i \geqslant \left(\frac{n}{\lambda} - 1\right)^n$$

即此时式(B_4)也成立,等号成立仅当

$$y_i = \frac{\lambda}{n} \Rightarrow x_i = \frac{n}{\lambda} - 1 \quad (1 \leqslant i \leqslant n)$$

总结上述知,对所有 $0 < \lambda \leqslant 1$,式(B_4)成立,等号成立仅当

$$x_1 = x_2 = \cdots = x_n = \frac{n}{\lambda} - 1$$

进一步地,推广 4 还可以从根指数方面推广成:

推广 5 设 $m \in \mathbf{N}^+, x_i > 0 (i = 1, 2, \cdots, n; n \geq 2, n \in \mathbf{N}^+)$,满足

$$\sum_{i=1}^{n} \frac{1}{\sqrt[m]{1+x_i}} = \lambda \leq 1$$

则有
$$\prod_{i=1}^{n} x_i \geq \left[\left(\frac{n}{\lambda}\right)^m - 1\right]^n \tag{B_5}$$

显然,当 $m=1$ 时,式(B_5)即为式(B_4).因此下面我们只需证明当 $m \geq 2$ 时,式(B_5)成立即可.

证明 当 $m \geq 2$ 时,设

$$y_i = \frac{1}{\sqrt[m]{1+x_i}} \Rightarrow x_i y_i^m = 1 - y_i^m \quad (1 \leq i \leq n) \tag{1}$$

且
$$\lambda = \sum_{i=1}^{n} y_i \geq n \left(\prod_{i=1}^{n} y_i\right)^{\frac{1}{n}} = nG$$

$$\Rightarrow G \leq \frac{\lambda}{n} \Rightarrow \frac{1}{G} \geq \frac{n}{\lambda}$$

利用前面的结论有

$$\prod_{i=1}^{n} (1-y_i)^{\frac{1}{n}} \geq (1-\lambda) + (n-1)G$$

设 $t_i = 1 + y_i + y_i^2 + \cdots + y_i^{m-1} \quad (1 \leq i \leq n)$

应用赫尔德不等式有

$$\left(\prod_{i=1}^{n} t_i\right)^{\frac{1}{n}} = \prod_{i=1}^{n} (1 + y_i + y_i^2 + \cdots + y_i^{m-1})^{\frac{1}{n}}$$

$$\geq 1 + \left(\prod_{i=1}^{n} y_i\right)^{\frac{1}{n}} + \left(\prod_{i=1}^{n} y_i\right)^{\frac{2}{n}} + \cdots + \left(\prod_{i=1}^{n} y_i\right)^{\frac{m-1}{n}}$$

$$= 1 + G + G^2 + \cdots + G^{m-1}$$

由式(1)得

$$G^m \left(\prod_{i=1}^{n} x_i\right)^{\frac{1}{n}} = \left(\prod_{i=1}^{n} x_i y_i^m\right)^{\frac{1}{n}} = \prod_{i=1}^{n} (1-y_i^m)^{\frac{1}{n}}$$

$$= \prod_{i=1}^{n} [(1-y_i)t_i]^{\frac{1}{n}} = \prod_{i=1}^{n} (1-y_i)^{\frac{1}{n}} \cdot \left(\prod_{i=1}^{n} t_i\right)^{\frac{1}{n}}$$

$$\geq [(1-\lambda) + (n-1)G](1 + G + G^2 + \cdots + G^{m-1})$$

$$\Rightarrow \left(\prod_{i=1}^{n} x_i\right)^{\frac{1}{n}} \geq \left(\frac{1-\lambda}{G} + n - 1\right)\left(1 + \frac{1}{G} + \frac{1}{G^2} + \cdots + \frac{1}{G^{m-1}}\right)$$

$$\geqslant \left[(1-\lambda)\frac{n}{\lambda}+n-1\right]\left[1+\frac{n}{\lambda}+\left(\frac{n}{\lambda}\right)^2+\cdots+\left(\frac{n}{\lambda}\right)^{m-1}\right]$$

$$=\left(\frac{n}{\lambda}-1\right)\left[1+\frac{n}{\lambda}+\left(\frac{n}{\lambda}\right)^2+\cdots+\left(\frac{n}{\lambda}\right)^{m-1}\right]=\left(\frac{n}{\lambda}\right)^m-1$$

$$\Rightarrow \prod_{i=1}^{n}x_i \geqslant \left[\left(\frac{n}{\lambda}\right)^m-1\right]^n$$

等号成立仅当

$$y_1=y_2=\cdots=y_n=\frac{n}{\lambda}\Rightarrow x_1=x_2=\cdots=x_n=\left(\frac{n}{\lambda}\right)^m-1$$

"行到水穷处,坐看云起时",最后,我们再从系数方面推广式(B_5).

推广6 设 $m\in \mathbf{N}^+, k_i\in \mathbf{N}^+, x_i>0 (i=1,2,\cdots,n, n\geqslant 2, n\in \mathbf{N}^+)$,满足 $\sum_{i=1}^{n}\frac{k_i}{\sqrt[m]{1+x_i}}=\lambda \leqslant 1$,记 $S=\sum_{i=1}^{n}k_i$,则有

$$\prod_{i=1}^{n}x_i^{k_i} \geqslant \left[\left(\frac{S}{\lambda}\right)^m-1\right]^S \qquad (B_6)$$

显然,当 $k_1=k_2=\cdots=k_n=1$ 时,$S=n$,式(B_6)化为式(B_5),所以,我们只需证明当 $k_1,k_2,\cdots,k_n$ 不全为1时的情况.

证明 当 $k_1,k_2,\cdots,k_n$ 不全为1时,我们设集合

$$z=\{z_1,z_2,\cdots,z_S\}$$

中有 k_1 个 y_1,k_2 个 y_2,$\cdots$,k_n 个 y_n,共有

$$k_1+k_2+\cdots+k_n=S$$

个正数,其中

$$y_i=\frac{1}{\sqrt[m]{1+x_i}}\Rightarrow x_iy_i^m=1-y_i^m \quad (1\leqslant i\leqslant n)$$

这样已知条件式化为

$$1\geqslant \lambda = \sum_{i=1}^{n}k_iy_i=\sum_{i=1}^{S}z_i$$

由于每个 y_i 对应一个 $x_i(i=1,2,\cdots,n)$ 我们又设集合

$$X=\{x'_1,x'_2,\cdots,x'_S\}$$

中有 k_1 个 x_1,k_2 个 x_2,$\cdots$,k_n 个 x_n,共有 $k_1+k_2+\cdots+k_n=S\in \mathbf{N}^+$ 个正数.

现在,应用我们刚证明的式(B_5)有

$$\prod_{i=1}^{S}x'_i \geqslant \left[\left(\frac{S}{\lambda}\right)^m-1\right]^S$$

$$\Rightarrow \prod_{i=1}^{n}x_i^{k_i} \geqslant \left[\left(\frac{S}{\lambda}\right)^m-1\right]^S$$

七 一类优美不等式的多解与初探

等号成立仅当

$$y_1 = y_2 = \cdots = y_n = \frac{\lambda}{S}$$

$$\Rightarrow x_1 = x_2 = \cdots = x_n = (\frac{S}{\lambda})^m - 1$$

(三)

例3 设 $x, y, z > -1$ 均为实数,证明

$$P = \frac{1+x^2}{1+y+z^2} + \frac{1+y^2}{1+z+x^2} + \frac{1+z^2}{1+x+y^2} \geq 2 \quad \text{(C)}$$

证法1 由于

$$\sum x^4 + \sum x^2 - 2\sum x^2 y = \sum (x^4 - 2x^2 y + y^2) = \sum (x^2 - y)^2 \geq 0$$

$$3 + \sum x^2 - 2\sum x = \sum (x^2 - 2x + 1) = \sum (x-1)^2 \geq 0$$

又

$$\sum (1+x^2)(1+y+y^2)$$

$$= (3 + \sum x + 2\sum x^2 + \sum x^2 y + \sum x^2 y^2)$$

及

$$[\sum (1+x^2)]^2 = (3 + \sum x^2)^2$$

$$= 9 + 6\sum x^2 + 2\sum x^2 y^2 + \sum x^4$$

所以

$$[\sum (1+x^2)]^2 - 2\sum (1+x^2)(1+y+z^2)$$

$$= 3 + 2\sum x^2 + \sum x^4 - 2\sum x - 2\sum x^2 y$$

$$= (\sum x^4 - 2\sum x^2 y + \sum y^2) + (3 + \sum x^2 - 2\sum x)(\text{注意}\sum y^2 = \sum x^2)$$

$$= \sum (x^2 - y)^2 + \sum (x-1)^2 \geq 0$$

$$\Rightarrow [\sum (1+x^2)]^2 \geq 2\sum (1+x^2)(1+y+z^2)$$

$$\Rightarrow P \sum (1+x^2)(1+y+z^2)$$

$$= \sum (\frac{1+x^2}{1+y+z^2}) \cdot \sum (1+x^2)(1+y+z^2)(\text{应用柯西不等式})$$

$$\geq [\sum (1+x^2)]^2$$

$$\geq 2\sum (1+x^2)(1+t+z^2)$$

$\Rightarrow P \geqslant 2$

即式(C)成立,等号成立仅当 $x = y = z = 1$.

证法2 由 $x, y, z > -1$ 知,表达式 P 的每项分子、分母均为正,不妨设

$$\begin{cases} a = \frac{1}{2}(1 + x^2) \geqslant |x| \geqslant x \\ b = \frac{1}{2}(1 + y^2) \geqslant |y| \geqslant y \\ c = \frac{1}{2}(1 + z^2) \geqslant |z| \geqslant z \end{cases}$$

$$\Rightarrow \begin{cases} \frac{1 + x^2}{1 + y + z^2} = \frac{2a}{2c + y} \geqslant \frac{2a}{2c + b} \\ \frac{1 + y^2}{1 + z + x^2} = \frac{2b}{2a + z} \geqslant \frac{2b}{2a + c} \\ \frac{1 + z^2}{1 + x + y^2} = \frac{2c}{2b + x} \geqslant \frac{2c}{2b + a} \end{cases}$$

$$\Rightarrow P = \sum \left(\frac{1 + x^2}{1 + y + z^2}\right) \geqslant 2 \sum \left(\frac{a}{b + 2c}\right)$$

$$= 2 \sum \frac{a^2}{a(b + 2c)} \text{(应用柯西不等式)}$$

$$\geqslant \frac{2(\sum a)^2}{\sum a(b + 2c)} = \frac{2(\sum a)^2}{3\sum bc}$$

$$\geqslant \frac{6 \sum bc}{3 \sum bc} = 1$$

$\Rightarrow P \geqslant 2$

即式(C)成立,等号成立仅当

$$a = b = c \Rightarrow x = y = z = 1$$

可以说式(C)是一个非常均称优美的分式和代数不等式,前面的证法1比较直接,证法2比巧妙.

此时此刻,我们想到了过去常用的:

引理1 设 $x_i, y_i > 0 (i = 1, 2, \cdots, n; n \geqslant 2, n \in \mathbf{N}^+)$,则有

$$\sum_{i=1}^n x_i (Y - y_i) \geqslant 2 \Big[\Big(\sum_{1 \leqslant i < j \leqslant n} x_i x_j\Big) \Big(\sum_{1 \leqslant i < j \leqslant n} y_i y_j\Big) \Big]^{\frac{1}{2}} \qquad (*)$$

其中 $Y = \sum_{i=1}^n y_i$,等号成立仅当

$$\frac{x_1}{y_1} = \frac{x_2}{y_2} = \cdots = \frac{x_n}{y_n}.$$

证明 应用柯西不等式有

$$2\left[\left(\sum_{1 \leqslant i \leqslant j \leqslant n} x_i x_j\right)\left(\sum_{1 \leqslant i \leqslant j \leqslant n} y_i y_j\right)\right]^{\frac{1}{2}} + \sum_{i=1}^{n} x_i y_i$$

$$\leqslant \left(2\sum_{1 \leqslant i \leqslant j \leqslant n} x_i x_j + \sum_{i=1}^{n} x_i^2\right)^{\frac{1}{2}} \cdot \left(2\sum_{1 \leqslant i \leqslant j \leqslant n} y_i y_j + \sum_{i=1}^{n} y_i^2\right)^{\frac{1}{2}}$$

$$= \left(\sum_{i=1}^{n} x_i\right)\left(\sum_{i=1}^{n} y_i\right) = \left(\sum_{i=1}^{n} x_i\right) Y$$

$$= \sum_{i=1}^{n} Y x_i$$

移项即得式($*$),且等号成立的条件易推得.

特别地,当取 $n = 3$ 时,得到漂亮的特例

$$[(y_2 + y_3)x_1 + (y_3 + y_1)x_2 + (y_1 + y_2)x_3]^2$$
$$\geqslant 4(x_1 x_2 + x_2 x_3 + x_3 x_1)(y_1 y_2 + y_2 y_3 + y_3 y_1) \qquad (**)$$

等号成立仅当

$$\frac{x_1}{y_1} = \frac{x_2}{y_2} = \frac{x_3}{y_3}.$$

若能巧妙应用前面的引理,就可建立不等式(C)的系数推广:

推广 1 设实数 $x, y, z > -1$, 系数 $\lambda, \mu, \upsilon > 0$, 记

$$P_\lambda = \frac{(\mu + \upsilon)^2 (1 + x^2)}{1 + y + z^2} + \frac{(\upsilon + \lambda)^2 (1 + y^2)}{1 + z + x^2} + \frac{(\lambda + \mu)^2 (1 + z^2)}{1 + x + y^2}$$

则有

$$P_\lambda \geqslant \frac{8}{3}(\mu\upsilon + \upsilon\lambda + \lambda\mu) \qquad (C_1)$$

证明 结合前面的证法 2 与引理中的特例式($**$),有

$$P_\lambda = \sum \frac{(\mu + \upsilon)^2 (1 + x^2)}{1 + y + z^2}$$

$$\geqslant 2\sum \frac{(\mu + \upsilon)^2 a}{b + 2c} = 2\sum \frac{(\mu + \upsilon)^2 a^2}{a(b + 2c)} (\text{应用柯西不等式})$$

$$\geqslant \frac{2[\sum (\mu + \upsilon) a]^2}{\sum a(b + 2c)}$$

$$= \frac{2}{3} \cdot \frac{2[\sum (\mu + \upsilon) a]^2}{\sum bc}$$

$$\geq \frac{8}{3} \frac{(\sum \mu v)(\sum bc)}{\sum bc}$$

$$\Rightarrow P_\lambda \geq \frac{8}{3}(\mu v + v\lambda + \lambda\mu)$$

等号成立仅当

$$\begin{cases} \lambda = \mu = v \\ x = y = z = 1 \end{cases}$$

进一步地,式(C_1)可从参数方面推广为:

推广 2 设实数 $x, y, z > -1$,参数 $p, q > 0$,系数 $\lambda, \mu, v > 0$,记

$$P_\lambda = \frac{(\mu+v)^2(1+x^2)}{py+q(1+z^2)} + \frac{(v+\lambda)^2(1+y^2)}{pz+q(1+x^2)} + \frac{(\lambda+\mu)^2(1+z^2)}{px+q(1+y^2)}$$

则有
$$P_\lambda \geq \frac{8(\mu v + v\lambda + \lambda\mu)}{p + 2q} \qquad (C_2)$$

证明 由 $x, y, z > -1$ 知,式(C_2)中左边每项分子、分母必须为正,设

$$\begin{cases} a = \frac{1}{2}(1+x^2) \geq |x| \geq x \\ b = \frac{1}{2}(1+y^2) \geq |y| \geq y \\ c = \frac{1}{2}(1+z^2) \geq |z| \geq z \end{cases}$$

于是,在此约定下

$$P_\lambda = \sum \frac{(\mu+v)^2(1+x^2)}{py+q(1+z^2)}$$

$$\geq \sum \frac{(\mu+v)^2 \cdot 2a}{py+2qc}$$

$$\geq 2\sum \frac{(\mu+v)^2 a}{pb+2qc}$$

$$= 2\sum \frac{(\mu+v)^2 a^2}{a(pb+2qc)}$$

$$\geq \frac{2[\sum(\mu+v)a]^2}{\sum a(pb+2qc)}$$

$$\geq \frac{8(\sum \mu v)(\sum bc)}{\sum(pab+2qca)}$$

$$= \frac{8(\sum \mu v)(\sum bc)}{(p+2q)(\sum bc)}$$

$$\Rightarrow P_\lambda \geq \frac{8(\mu v + v\lambda + \lambda\mu)}{p+2q}$$

等号成立仅当 $x = y = z = 1$ 及 $\lambda = \mu = v$(与 p,q 无关).

如果附加一点条件,我们就可建立式(C_1)的指数推广:

推广 3 设实数 $x,y,z > -1$,满足 $x^2 + y^2 + z^2 \leq 3$,指数 $\theta \geq 1$,系数 λ, $\mu, v > 0$,记

$$P_\lambda^{(\theta)} = \frac{(\mu+v)^{1+\theta} \cdot (1+x^2)}{(1+y+z^2)^\theta} + \frac{(v+\lambda)^{1+\theta} \cdot (1+y^2)}{(1+z+x^2)^\theta} + \frac{(\lambda+\mu)^{1+\theta} \cdot (1+z^2)}{(1+x+y^2)^\theta}$$

则有
$$P_\lambda^{(\theta)} \geq \frac{2^{2+\theta}}{(\sqrt{3})^{3\theta-1}} (\mu v + v\lambda + \lambda\mu)^{\frac{1+\theta}{2}} \qquad (C_3)$$

特别地,当 $\lambda = \mu = v$ 时,式(C_3)简化为

$$\sum \frac{1+x^2}{(1+y+z^2)^\theta} \geq \frac{2}{3^{\theta-1}} \qquad (C_4)$$

这是一个非常简洁漂亮的指数推广,此时指数 θ 的范围可放宽为 $\theta \geq 1$ 或 $\theta = 0$ (当 $x^2 + y^2 + z^2 = 3$ 时).

又由于当 $\theta = 1$ 时,式(C_3)化为式(C_1).因此我们只需证明当 $\theta > 1$ 时式(C_3)成立即可.

证明 我们只需考虑当 $\theta > 1$ 时的情况,并作代换

$$\begin{cases} a = \frac{1}{2}(1+x^2) \geq |x| \geq x \\ b = \frac{1}{2}(1+y^2) \geq |y| \geq y \\ c = \frac{1}{2}(1+z^2) \geq |z| \geq z \end{cases}$$

$$\Rightarrow bc + ca + ab \leq \frac{1}{3}(a+b+c)^2$$

$$= \frac{1}{3}\left(\frac{3+x^2+y^2+z^2}{2}\right)^2 \leq \frac{1}{3}\left(\frac{3+3}{2}\right)^2$$

$$\Rightarrow bc + ca + ab \leq 3$$

应用引理和权方和不等式有

$$P_\lambda^{(\theta)} = \sum \frac{(\mu+v)^{1+\theta} \cdot (1+x^2)}{(1+y+z^2)^\theta}$$

$$\geqslant 2\sum \frac{(\mu+\upsilon)^{1+\theta} \cdot a}{(b+2c)^{\theta}}$$

$$= 2\sum \frac{(\mu+\upsilon)a}{[a(b+2c)]^{\theta}}$$

$$\geqslant \frac{2[\sum(\mu+\upsilon)a]^{1+\theta}}{[\sum a(b+2c)]^{\theta}}$$

$$= \frac{2[\sum(\mu+\upsilon)a]^{1+\theta}}{(3\sum bc)^{\theta}}$$

$$\geqslant \frac{2[2\sqrt{(\sum\mu\upsilon)(\sum bc)}]^{1+\theta}}{(3\sum bc)^{\theta}}$$

$$= \frac{2^{2+\theta}}{3^{\theta}}\frac{(\sqrt{\sum\mu\upsilon})^{\theta+1}}{(\sqrt{\sum bc})^{\theta-1}}$$

$$\geqslant \frac{2^{2+\theta}}{3^{\theta}}\frac{(\sqrt{\sum\mu\upsilon})^{\theta+1}}{(\sqrt{3})^{\theta-1}}$$

$$\Rightarrow P_{\lambda}^{(\theta)} \geqslant \frac{2^{2+\theta}}{(\sqrt{3})^{3\theta-1}}(\mu\upsilon+\upsilon\lambda+\lambda\mu)^{\frac{\theta+1}{2}}$$

等号成立仅当 $\lambda=\mu=\upsilon$ 及 $x=t=z=1$.

其实,只要增加一点条件,我们也能将式 (C_1) 从三个主元素 x,y,z, 推广成四个主元素 x,y,z,t.

推广 4 设实数 $x,y,z,t>-1$, 系数 $\lambda,\mu,\upsilon,\omega>0$, 参数 $p,q,r>0$, 满足 $p+2r=2q$, 则有

$$P_{\lambda} = \frac{(\mu+\upsilon+\omega)^2(1+x^2)}{py+qz+r(1+t^2)} + \frac{(\upsilon+\lambda+\omega)^2(1+y^2)}{pz+qt+r(1+x^2)} + \frac{(\omega+\lambda+\mu)^2(1+z^2)}{pt+qx+r(1+y^2)} +$$

$$\frac{(\lambda+\mu+\upsilon)^2(1+t^2)}{px+qy+r(1+z^2)}$$

$$\geqslant \frac{12[2(\mu\upsilon\omega+\upsilon\omega\lambda+\omega\lambda\mu+\lambda\mu\upsilon)]^{\frac{2}{3}}}{p+2r} \qquad (C_5)$$

其中规定 P_{λ} 中的各分母均为正数.

证明 我们仍记

$$\begin{cases} a=\frac{1}{2}(1+x^2)\geqslant x \\ b=\frac{1}{2}(1+y^2)\geqslant y \end{cases}, \begin{cases} c=\frac{1}{2}(1+z^2)\geqslant z \\ d=\frac{1}{2}(1+t^2)\geqslant t \end{cases}$$

则有
$$P_\lambda = \sum \frac{(\mu+v+\omega)^2(1+x^2)}{py+qz+r(1+t^2)}$$
$$\geq 2T_\lambda = 2\sum \frac{(\mu+v+\omega)^2 a}{pb+qc+2rd}$$
$$= 2\sum \frac{(\mu+v+\omega)^2 a^2}{a(pb+qc+2rd)} \tag{1}$$

注意到
$$\sum a(pb+qc+2rd)$$
$$= (p+2r)(ab+bc+cd+da) + 2q(ac+bd) \tag{*}$$
$$= (p+2r)(ab+bc+cd+da+ca+bd)$$
$$= (p+2r)M \tag{2}$$

其中
$$M = ab+bc+cd+da+ac+bd \tag{3}$$

应用四元对称不等式有

记 $\begin{cases} A = \lambda\mu + \mu v + v\omega + \omega\lambda + \lambda v + \mu\omega \\ B = \mu v\omega + v\omega\lambda + \omega\lambda\mu + \lambda\mu v \end{cases}$

$$\Rightarrow \left(\frac{A}{6}\right)^{\frac{1}{2}} \geq \left(\frac{B}{4}\right)^{\frac{1}{3}} \Rightarrow A \geq 6\left(\frac{B}{4}\right)^{\frac{2}{3}} \tag{4}$$

将(2)、(4)及柯西不等式运用到式(1)中去,有(注意应用引理)

$$T_\lambda \geq \frac{\left[\sum(\mu+v+\omega)a\right]^2}{(p+2r)M}$$
$$\geq \frac{4AM}{(p+2r)M} = \frac{4A}{p+2r}$$
$$\geq \frac{24\left(\frac{B}{4}\right)^{\frac{2}{3}}}{p+2r} = \frac{6(2B)^{\frac{2}{3}}}{p+2r}$$
$$\Rightarrow P_\lambda \geq 2T_\lambda \geq \frac{12\sqrt[3]{(2B)^2}}{p+2r}$$

等号成立仅当 $x=y=z=t=1, \lambda=\mu=v=\omega$ 及 $2q=p+2r$.

如果我们细心一点,就会从前面的式(*)中发现,当 $p,r>0$ 时,可以取 $q=0$,这时

$$\sum a(pb+2rd)$$
$$= (p+2r)(ab+bc+cd+da)$$
$$= (p+2r)[b(a+c)+d(a+c)]$$
$$= (p+2r)(a+c)(b+d)$$

$$\leqslant \frac{1}{4}(p+2r)(a+b+c+d)^2$$

另一方面,如果在式(C_5)中取 $p=r=2$,则只能取 $q=3$.

最后,我们将不等式(C)从三元推广到多元:

推广 5 设 $a_i>0(i=1,2,\cdots,n,n\geqslant 3,n\in \mathbf{N}^+)$. 则有

$$P_n = \frac{1+a_1^2}{1+a_2+a_3+\cdots+a_{n-1}+a_n^2}+\frac{1+a_2^2}{1+a_3+\cdots+a_n+a_1^2}+\cdots+\frac{1+a_n^2}{1+a_1+a_2+\cdots+a_{n-2}+a_{n-1}^2}$$
$$\geqslant 2 \qquad (C_6)$$

证明 设

$$x_i = \frac{1}{2}(1+a_i^2) \geqslant a_i \quad (i=1,2,\cdots,n), \quad S=\sum_{i=1}^n x_i$$

约定 $x_0=x_n, x_{n+1}=x_1, y_i=S+x_{i-1}-x_i (1\leqslant i\leqslant n)$.

于是有

$$P_n \geqslant 2\sum_{i=1}^n \frac{x_i}{y_i}$$

及

$$\sum_{i=1}^n x_i y_i = \sum_{i=1}^n x_i(S+x_{i-1}-x_i)$$
$$= S(\sum_{i=1}^n x_i) - \sum_{i=1}^n x_i^2 + \sum_{i=1}^n x_{i-1}x_i$$
$$= S^2 - \frac{1}{2}(\sum_{i=1}^n x_i^2 - 2\sum_{i=1}^n x_i x_{i+1} + \sum_{i=1}^n x_{i+1}^2)$$
$$= S^2 - \frac{1}{2}\sum_{i=1}^n (x_i - x_{i+1})^2 \leqslant S^2$$
$$\Rightarrow S^2 P \geqslant (\sum_{i=1}^n x_i y_i) \cdot 2(\sum_{i=1}^n \frac{x_i}{y_i}) \geqslant 2(\sum_{i=1}^n x_i)^2 = 2S^2$$
$$\Rightarrow P_n \geqslant 2$$

等号成立仅当

$$a_1=a_2=\cdots=a_n=1$$

可见,推广式(C_6)倍显优雅,而上述证明也干脆利落.

八 一道国家集训队测试题的研究

2007 年中国国家集训队测试第 10 题是

题目 设正数 $a_1, a_2, \cdots, a_n$ 满足 $a_1 + a_2 + \cdots + a_n = 1$,求证

$$(a_1 a_2 + a_2 a_3 + \cdots + a_n a_1)(\frac{a_1}{a_2^2 + a_2} + \frac{a_2}{a_3^2 + a_3} + \cdots + \frac{a_n}{a_1^2 + a_1})$$

$$\geq \frac{n}{n+1} \tag{A}$$

本题的已知条件很常见,而要求证明的结论式(A)的左边(以下简记为 P),却庞大复杂,从此可知,欲证式(A)是有一定难度的,在《数学奥林匹克与数学文化》第三辑(竞赛卷)第 64 页,登载了笔者建立的"指数—参数"推广,最近,笔者又对式(A)行进了深入的研究,又发现了一系列新奇美妙的结论,行文于下,希望与大家同喜同乐.

为了方便起见,以下我们约定 $a_{n+1} = a_1$,并记式(A)左边为 P, $S = \sum_{i=1}^{n}(\frac{a_i}{a_{i+1}^2 + a_{i+1}})$.

下面我们用三种方法证明优美的不等式(A).

证法 1 应用平均值不等式有

$$t = \sum_{i=1}^{n} \frac{a_i}{a_{i+1}} \geq n(\prod_{i=1}^{n} \frac{a_i}{a_{i+1}})^{\frac{1}{n}} = n$$

$$\Rightarrow \frac{t}{1+t} \geq \frac{n}{n+1}$$

应用柯西不等式有

$$M \sum_{i=1}^{n}(a_i + \frac{a_i}{a_{i+1}}) = \sum_{i=1}^{n}\left[\frac{(\frac{a_i}{a_{i+1}})^2}{a_i + \frac{a_i}{a_{i+1}}}\right] \sum_{i=1}^{n}(a_i + \frac{a_i}{a_{i+1}})$$

$$\geq (\sum_{i=1}^{n} \frac{a_i}{a_{i+1}})^2 = t^2$$

$$\Rightarrow M(1+t) \geqslant t^2$$

$$\Rightarrow M \geqslant \frac{t^2}{1+t} \geqslant \frac{nt}{n+1}$$

$$\Rightarrow St = \left(\sum_{i=1}^{n} a_i a_{i+1}\right)\left(\sum_{i=1}^{n} \frac{a_i}{a_{i+1}}\right) \geqslant \left(\sum_{i=1}^{n} a_i\right)^2 = 1$$

$$\Rightarrow P = SM \geqslant \frac{nSt}{n+1} \geqslant \frac{n}{n+1}$$

等号成立仅当 $a_1 = a_2 = \cdots = a_n = \frac{1}{n}$.

证法 2 应用柯西不等式有

$$M \sum_{i=1}^{n}(a_{i+1}+1) = \sum_{i=1}^{n}\left(\frac{a_i}{a_{i+1}^2 + a_{i+1}}\right) \sum_{i=1}^{n}(a_{i+1}+1)$$

$$\geqslant \left(\sum_{i=1}^{n} \sqrt{\frac{a_i}{a_{i+1}}}\right)^2 \geqslant n^2$$

$$\Rightarrow M \geqslant \frac{n^2}{\sum_{i=1}^{n}(a_{i+1}+1)} = \frac{n^2}{n+1}$$

$$\Rightarrow P \sum_{i=1}^{n}[a_i(a_{i+1}+1)] = \left(\sum_{i=1}^{n} a_i a_{i+1}\right) \sum_{i=1}^{n}\left(\frac{a_i}{a_{i+1}^2 + a_{i+1}}\right) \sum_{i=1}^{n}[(a_{i+1}+1)a_i]$$

（应用赫尔德不等式）

$$\geqslant \left(\sum_{i=1}^{n} a_i\right)^3 = 1$$

$$\Rightarrow SM(S+1) \geqslant 1$$

$$\Rightarrow \frac{(SM)^2}{M} + SM \geqslant 1$$

$$\Rightarrow \frac{P^2}{\frac{n^2}{n+1}} + P \geqslant \frac{P^2}{M} + P \geqslant 1$$

$$\Rightarrow \left(P - \frac{n}{n+1}\right)(P+n) \geqslant 0$$

$$\Rightarrow P \geqslant \frac{n}{n+1}$$

等号成立仅当 $a_1 = a_2 = \cdots = a_n = \frac{1}{n}$.

证法 3 （i）若 $S = a_1 a_2 + a_2 a_3 + \cdots + a_n a_1 \geqslant \frac{1}{n}$，由于 $a_1, a_2, \cdots, a_n$ 是正实数，所以 $a_1, a_2, \cdots, a_n$ 与

$$\frac{1}{a_1^2+a_1}, \frac{1}{a_2^2+a_2}, \cdots, \frac{1}{a_n^2+a_n}$$

反序,排序不等式和柯西不等式知

$$M = \frac{a_1}{a_2^2+a_2} + \frac{a_2}{a_3^2+a_3} + \cdots + \frac{a_n}{a_1^2+a_1}$$

$$\geqslant \frac{a_1}{a_1^2+a_1} + \frac{a_2}{a_2^2+a_2} + \cdots + \frac{a_n}{a_n^2+a_n}$$

$$= \frac{1}{1+a_1} + \frac{1}{1+a_2} + \cdots + \frac{1}{1+a_n}$$

$$\geqslant \frac{(1+1+\cdots+1)^2}{(1+a_1)+(1+a_2)+\cdots+(1+a_n)}$$

$$\Rightarrow M \geqslant \frac{n^2}{n+1}$$

$$\Rightarrow P = SM \geqslant \frac{1}{n} \cdot \frac{n^2}{n+1} = \frac{n}{n+1}$$

(ii) 若 $S \leqslant \frac{1}{n}$, 注意到 $a_{n+1}=a_1$, 应用排序不等式和柯西不等式

$$P = SM = \left(\sum_{i=1}^n a_i a_{i+1}\right) \sum_{i=1}^n \left(\frac{a_i}{a_{i+1}^2+a_{i+1}}\right)$$

$$= \sum_{1 \leqslant i,j \leqslant n} \left[a_i a_{i+1}\left(\frac{a_j}{a_{j+1}^2+a_{j+1}}\right)\right]$$

$$= \frac{1}{2} \sum_{1 \leqslant i,j \leqslant n} \left(a_i a_{i+1} \cdot \frac{a_j}{a_{j+1}^2+a_{j+1}} + a_j a_{j+1} \cdot \frac{a_i}{a_{i+1}^2+a_{i+1}}\right)$$

$$= \frac{1}{2} \sum_{1 \leqslant i,j \leqslant n} a_i a_j \left(\frac{a_i}{a_{i+1}^2+a_{i+1}} + \frac{a_j}{a_{j+1}^2+a_{j+1}}\right)$$

不论 $a_{i+1} \geqslant a_{j+1}$ 或 $a_{i+1} \leqslant a_{j+1}$, 总有

$$\{a_{i+1}, a_{j+1}\} \text{ 与 } \left\{\frac{1}{a_{i+1}^2+a_{i+1}}, \frac{1}{a_{j+1}^2+a_{j+1}}\right\}$$

大小反序,于是

$$P \geqslant \frac{1}{2} \sum_{1 \leqslant i,j \leqslant n} a_i a_j \left(\frac{a_{i+1}}{a_{i+1}^2+a_{i+1}} + \frac{a_{j+1}}{a_{j+1}^2+a_{j+1}}\right)$$

$$= \frac{1}{2} \sum_{1 \leqslant i,j \leqslant n} a_i a_j \left(\frac{1}{a_{i+1}+1} + \frac{1}{a_{j+1}+1}\right)$$

$$= \sum_{1 \leqslant i,j \leqslant n} \left(\frac{a_i a_j}{a_{i+1}+1}\right)$$

$$= \left(\sum_{i=1}^n \frac{a_i}{a_{i+1}+1}\right)\left(\sum_{j=1}^n a_j\right)$$

$$= \sum_{i=1}^{n}\left(\frac{a_j^2}{a_i a_{i+1} + a_i}\right) \geq \frac{\left(\sum_{i=1}^{n} a_i\right)^2}{\sum_{i=1}^{n} a_i a_{i+1} + \sum_{i=1}^{n} a_i}$$

$$= \frac{1}{\sum_{i=1}^{n} a_i a_{i+1} + 1} \geq \frac{1}{\frac{1}{n} + 1}$$

$$\Rightarrow P \geq \frac{n}{n+1}$$

综合上述,恒有 $P \geq \frac{n}{n+1}$,等号成立仅当 $a_1 = a_2 = \cdots = a_n = \frac{1}{n}$.

本题的已知条件是典型的大众化,普通化,而要求证明的不等式(A)却是倍显高雅美妙,与众不同,颇具吸引力.其实,我们可以从指数、参数两个方面将不等式(A)推广为:

推广1 设 $a_i > 0 (i = 1, 2, \cdots, n, n \geq 2, n \in \mathbf{N}^+)$,约定 $a_{n+1} = a_1$,且满足 $\sum_{i=1}^{n} a_i = 1$,指数 $a_{n+1} = a_1$,且满足 $\sum_{i=1}^{n} a_i = 1$,指数 $\alpha \geq \beta > 0$(不包括 $1 \geq \alpha \geq \beta > 0$),参数 $\lambda, \mu > 0$,则

$$\left(\sum_{i=1}^{n} a_i a_{i+1}\right)^\beta \cdot \sum_{i=1}^{n}\left[\frac{a_i^\alpha}{a_{i+1}^\alpha(\lambda a_{i+1} + \mu)^\beta}\right] \geq \frac{n}{(\lambda + n\mu)^\beta} \quad (B)$$

特别地,当取 $\alpha = \beta = 1, \lambda = \mu = 1$ 时,式(B)化为式(A).
当取 $\lambda = \mu, \alpha = \beta > 1$ 时,式(B)化为

$$\left(\sum_{i=1}^{n} a_i a_{i+1}\right)^\beta \cdot \sum_{i=1}^{n}\left(\frac{a_i}{a_{i+1}^2 + a_{i+1}}\right)^\beta \geq \frac{n}{(n+1)^\beta} \quad (C)$$

证明 设 $S = \sum_{i=1}^{n} a_i a_{i+1}, t = \sum_{i=1}^{n} \frac{a_i}{a_{i+1}}$ 应用平均值不等式有

$$t \geq n\left(\prod_{i=1}^{n} \frac{a_i}{a_{i+1}}\right)^{1/n} = n$$

应用柯西不等式有

$$S \cdot t = \left(\sum_{i=1}^{n} a_i a_{i+1}\right)\left(\sum_{i=1}^{n} \frac{a_i^2}{a_{i+1}}\right) \geq \left(\sum_{i=1}^{n} a_i\right)^2 = 1 \Rightarrow S^\beta \geq \frac{1}{t^\beta}$$

再设

$$T = \sum_{i=1}^{n}\left[\frac{a_i^\alpha}{a_{i+1}^\alpha(\lambda a_{i+1} + \mu)^\beta}\right]$$

且

$$P = S^\beta \cdot T$$

(ⅰ) $\alpha \geq 1 + \beta > 1$ 时,记 $\varphi = \frac{\alpha}{1+\beta} \geq 1$,应用权方和不等式有

$$T = \sum_{i=1}^{n} \frac{(\frac{a_i}{a_{i+1}})^{\alpha}}{(\lambda a_{i+1} + \mu)^{\beta}} = \sum_{i=1}^{n} \frac{[(\frac{a_i}{a_{i+1}})^{\varphi}]^{1+\beta}}{(\lambda a_{i+1} + \mu)^{\beta}}$$

$$\geq \frac{[\sum_{i=1}^{n} (\frac{a_i}{a_{i+1}})^{\varphi}]^{1+\beta}}{[\sum_{i=1}^{n} (\lambda a_{i+1} + \mu)]^{\beta}} = \frac{[\sum_{i=1}^{n} (\frac{a_i}{a_{i+1}})^{\varphi}]^{1+\beta}}{(\lambda + n\mu)^{\beta}}$$

$$\geq \frac{[n(\frac{t}{n})^{\varphi}]^{1+\beta}}{(\lambda + n\mu)^{\beta}} = \frac{n^{1+\beta}(\frac{t}{n})^{\alpha}}{(\lambda + n\mu)^{\beta}}$$

$$\Rightarrow P = S^{\beta} T \geq \frac{t^{\alpha}}{t^{\beta}} \cdot (\frac{1}{n})^{\alpha-\beta} \cdot \frac{n}{(\lambda + n\mu)^{\beta}}$$

$$= (\frac{t}{n})^{\alpha-\beta} \cdot \frac{n}{(\lambda + n\mu)^{\beta}} \geq \frac{n}{(\lambda + n\mu)^{\beta}}$$

$$\Rightarrow P \geq \frac{n}{(\lambda + n\mu)^{\beta}}$$

即此时式(B)成立,等号成立仅当 $a_1 = a_2 = \cdots = a_n = \frac{1}{n}$.

(ii) 当 $1 + \beta > \alpha \geq 1 \geq \beta > 0$ 时,记 $\theta = \frac{\alpha + \beta}{1 + \beta} \geq 1$,应用权方和不等式有

$$T = \sum_{i=1}^{n} \frac{(\frac{a_i}{a_{i+1}})^{\alpha+\beta}}{(\lambda a_i + \frac{\mu a_i}{a_{i+1}})^{\beta}}$$

$$= \sum_{i=1}^{n} \frac{[(\frac{a_i}{a_{i+1}})^{\theta}]^{1+\beta}}{(\lambda a_i + \frac{\mu a_i}{a_{i+1}})^{\beta}} \geq \frac{[\sum_{i=1}^{n} (\frac{a_i}{a_{i+1}})^{\theta}]^{1+\beta}}{\sum_{i=1}^{n} (\lambda a_i + \frac{\mu a_i}{a_{i+1}})^{\beta}}$$

$$= \frac{[\sum_{i=1}^{n} (\frac{a_i}{a_{i+1}})^{\theta}]^{1+\beta}}{(\lambda + \mu t)^{\beta}} \geq \frac{[n(\frac{t}{n})^{\theta}]^{1+\beta}}{(\lambda + \mu t)^{\beta}}$$

$$= \frac{n}{t^{\alpha}} \cdot \frac{t^{\alpha+\beta}}{(\lambda + \mu t)^{\beta}}$$

$$\Rightarrow P = S^{\beta} T \geq \frac{T}{t^{\beta}} \geq (\frac{t}{n})^{\alpha} \cdot \frac{n}{(\lambda + \mu t)^{\beta}}$$

由于 $\begin{cases} t \geq n \\ \alpha \geq \beta > 0 \end{cases} \Rightarrow (\frac{t}{n})^{\alpha} \geq (\frac{t}{n})^{\beta}$

又
$$t \geq n \Rightarrow \frac{t}{n} \geq \frac{\lambda + \mu t}{\lambda + n\mu}$$
$$\Rightarrow (\frac{t}{n})^{\alpha} \geq (\frac{t}{n})^{\beta} \geq (\frac{\lambda + \mu t}{\lambda + n\mu})^{\beta}$$
$$\Rightarrow P \geq (\frac{t}{n})^{\alpha} \cdot \frac{n}{\lambda + n\mu} \geq (\frac{\lambda + \mu t}{\lambda + n\mu})^{\beta} \cdot \frac{n}{(\lambda + n\mu)^{\beta}}$$
$$\Rightarrow \beta \geq \frac{n}{(\lambda + n\mu)^{\beta}}$$

即此时不等式(B)仍然成立,等号成立仅当
$$a_1 = a_2 = \cdots = a_n = \frac{1}{n}$$

综合(ⅰ)和(ⅱ)知,不等式(B)成立,等号成立仅当 $a_1 = a_2 = \cdots = a_n = \frac{1}{n}$.

由于不等式
$$(\sum_{i=1}^{n} a_i a_{i+1})(\sum_{i=1}^{n} \frac{a_i}{a_{i+1}^2 + a_{i+1}}) \geq \frac{n}{n+1} \tag{A}$$

左边的结构奇异、庞大、复杂,欲直接建立它的系数推广并非易事,但通过努力,我们可以先建立一个相对的系数推广.

推广 2 设正数 $a_1, a_2, \cdots, a_n$ 满足 $a_1 + a_2 + \cdots + a_n = 1$,正系数 λ_1, $\lambda_2, \cdots, \lambda_n (n \geq 2, n \in \mathbf{N}^+)$ 满足 $\lambda_1 \lambda_2 \cdots \lambda_n \geq 1$,则有
$$\sum_{i=1}^{n} (\frac{a_i a_{i+1}}{\sqrt{\lambda_i}}) \cdot \sum_{i=1}^{n} (\frac{\lambda_i a_i}{a_{i+1}^2 + \sqrt{\lambda_i} a_{i+1}}) \geq \frac{n}{n+1} \tag{D}$$

显然,当取 $\lambda_1 = \lambda_2 = \cdots = \lambda_n = 1$ 时,式(D)化为式(A).

证明 我们约定 $a_{n+1} = a_1$,并记
$$S = \sum_{i=1}^{n} \frac{a_i a_{i+1}}{\sqrt{\lambda_i}}, M = \sum_{i=1}^{n} (\frac{\lambda_i a_i}{a_{i+1}^2 + \sqrt{\lambda_i} a_{i+1}})$$
$$P_{\lambda} = SM, t = \sum_{i=1}^{n} (\sqrt{\lambda_i} \frac{a_i}{a_{i+1}})$$

应用平均值不等式有
$$t = \sum_{i=1}^{n} (\sqrt{\lambda_i} \frac{a_i}{a_{i+1}}) \geq n(\prod_{i=1}^{n} \sqrt{\lambda_i} \frac{a_i}{a_{i+1}})^{\frac{1}{n}}$$
$$= n(\prod_{i=1}^{n} \lambda_i)^{\frac{1}{2n}} (\prod_{i=1}^{n} \frac{a_i}{a_{i+1}})^{\frac{1}{n}} = n(\prod_{i=1}^{n} \lambda_i)^{\frac{1}{2n}} \geq n$$

$$\Rightarrow t \geq n \Rightarrow \frac{t}{t+1} \geq \frac{n}{n+1} \tag{1}$$

注意到 $\sum_{i=1}^{n} \left(a_i + \frac{\sqrt{\lambda_i} a_i}{a_{i+1}} \right) = 1 + t$

$$\Rightarrow M(1+t) = \sum_{i=1}^{n} \left[\frac{\lambda_i (\frac{a_i}{a_{i+1}})^2}{a_i + \frac{\sqrt{\lambda_i} a_i}{a_{i+1}}} \right] \sum_{i=1}^{n} \left(a_i + \frac{\sqrt{\lambda_i} a_i}{a_{i+1}} \right) \text{(应用柯西不等式)}$$

$$\geq \left(\sum_{i=1}^{n} \sqrt{\lambda_i} \frac{a_i}{a_{i+1}} \right)^2 = t^2$$

$$\Rightarrow M(1+t) \geq t^2 \tag{2}$$

又 $St = \left(\sum_{i=1}^{n} \frac{a_i a_{i+1}}{\sqrt{\lambda_i}} \right) \left(\sum_{i=1}^{n} \sqrt{\lambda_i} \frac{a_i}{a_{i+1}} \right) \geq \left(\sum_{i=1}^{n} a_i \right)^2 = 1 \tag{3}$

将式(1)、(2)、(3)结合起来,有

$$P_\lambda = SM = \frac{St \cdot M(1+t)}{t(1+t)}$$

$$\geq \frac{t^2}{t(1+t)} = \frac{t}{1+t} \geq \frac{n}{n+1}$$

$$\Rightarrow P_\lambda \geq \frac{n}{n+1}$$

等号成立仅当

$$\begin{cases} a_1 = a_2 = \cdots = a_n = \frac{1}{n} \\ \lambda_1 = \lambda_2 = \cdots = \lambda_n = 1 \end{cases}$$

我们知道,当 $2 \leq n \leq 4$(即 $n = 2, 3, 4$)时,有不等式(约定 $a_{n+1} = a_1$)

$$n \sum_{i=1}^{n} a_i a_{i+1} \leq \left(\sum_{i=1}^{n} a_i \right)^2 \tag{4}$$

等号成立仅当 $a_1 = a_2 = \cdots = a_n$.

但当 $n \geq 5$ 时,不等式(4)就不一定成立了,因此,我们还可建立:

结论 1 设 $2 \leq n \leq 4$,正数 $a_1, \cdots, a_n$ 满足 $a_1 + \cdots + a_n = 1$,$\lambda_1, \cdots, \lambda_n$ 为正系数,则有(约定 $a_{n+1} = a_1$)

$$\left(\sum_{i=1}^{n} \frac{a_i a_{i+1}}{\lambda_i} \right) \sum_{i=1}^{n} \left(\frac{\lambda_i a_i}{a_{i+1}^2 + a_{i+1}} \right) \geq \frac{n}{n+1} \tag{E}$$

$$\sum_{i=1}^{n} \left(\frac{a_i a_{i+1}}{\lambda_i} \right) \sum_{i=1}^{n} \left(\frac{\lambda_i a_{i+1}}{p a_{i+1}^2 + q a_{i+1}} \right) \geq \frac{n}{p + qn} \tag{F}$$

其中 p,q 为正参数.

显然,式(F)是式(E)的一个参数推广.

证明 由于当 $2 \leq n \leq 4$ 时,有

$$\sum_{i=1}^{n} a_i a_{i+1} \leq \frac{1}{n}(\sum_{i=1}^{n} a_i)^2 = \frac{1}{n}$$

$$\Rightarrow \sum_{i=1}^{n} a_i(pa_{i+1} + q) = p\sum_{i=1}^{n} a_i a_{i+1} q\sum_{i=1}^{n} a_i \leq \frac{p}{n} + q$$

记式(F)左边为 F_λ,应用赫尔德不等式有

$$(\frac{p}{n} + q)F_\lambda \geq [\sum_{i=1}^{n} a_i(pa_{i+1} + q)]\sum_{i=1}^{n}(\frac{a_i a_{i+1}}{\lambda_i}) \cdot \sum_{i=1}^{n}(\frac{\lambda_i a_i}{pa_{i+1}^2 + qa_{i+1}})$$

$$\geq (\sum_{i=1}^{n} a_i)^3 = 1$$

$$\Rightarrow F_\lambda \geq \frac{n}{p + qn}$$

等号成立仅当 $a_1 = \cdots = a_n = \frac{1}{n}$.

在式(F)中取 $p = q$,即得式(E),等号成立的条件仍然是 $a_1 = \cdots = a_n = \frac{1}{n}$.

特别地,取 $n = 3$ 或 4 时,得到漂亮特例

$$P_1 = (\frac{ab}{\lambda} + \frac{bc}{\mu} + \frac{ca}{v})(\frac{\lambda a}{b^2 + b} + \frac{\mu b}{c^2 + c} + \frac{vc}{a^2 + a}) \geq \frac{3}{4} \qquad (G)$$

$$P_2 = (\frac{ab}{\lambda_1} + \frac{bc}{\lambda_2} + \frac{cd}{\lambda_3} + \frac{da}{\lambda_4})(\frac{\lambda_1 a}{b^2 + b} + \frac{\lambda_2 b}{c^2 + c} + \frac{\lambda_3 c}{d^2 + d} + \frac{\lambda_4 d}{a^2 + a})$$

$$\geq \frac{4}{5} \qquad (H)$$

上面的特例式(G)又可以从指数、参数两个方面推广为:

结论 2 设指数 $k > 1$,正数 a,b,c 满足 $a + b + c = 1$,λ,μ,v 与 λ_1,μ_1,v_1 均为正系数,p,q 为正参数,记

$$T_\lambda = (\frac{ab}{\lambda_1} + \frac{bc}{\mu_1} + \frac{ca}{v_1})(\frac{\lambda a^k}{pb^2 + qb} + \frac{\mu b^k}{pc^2 + qc} + \frac{vc^k}{pa^2 + qa})$$

则有

$$T_\lambda = \frac{3}{p + 3q}\left[(\frac{\lambda_1}{\lambda})^{\frac{1}{k-1}} + (\frac{\mu_1}{\mu})^{\frac{1}{k-1}} + (\frac{v_1}{v})^{\frac{1}{k-1}}\right]^{1-k} \qquad (I)$$

证明 利用结论 $\sum a(pb + q) \leq \frac{p}{3} + q$ 与赫尔德不等式有

$$\left(\frac{p}{3}+q\right)T_\lambda\left[\sum a(pb+q)\right]\left(\sum\frac{ab}{\lambda_1}\right)\left[\sum\frac{\lambda a^k}{b(pb+q)}\right]$$

$$\geqslant\left[\sum\left(\frac{\lambda}{\lambda_1}a^{k+2}\right)^{\frac{1}{3}}\right]^3$$

又 $k>1 \Rightarrow \begin{cases} \dfrac{3}{k+2}, \dfrac{k-1}{k+2} \in (0,1) \\ \dfrac{3}{k+2} + \dfrac{k-1}{k+2} = 1 \end{cases}$

再次应用赫尔德不等式有

$$\left[\sum\left(\frac{\lambda}{\lambda_1}a^{k+2}\right)^{\frac{1}{3}}\right]^{\frac{3}{k+2}}\cdot\left[\sum\left(\frac{\lambda_1}{\lambda}\right)^{\frac{1}{k-1}}\right]^{\frac{k-1}{k+2}}\geqslant\sum a=1$$

$$\Rightarrow\left[\sum\left(\frac{\lambda}{\lambda_1}a^{k+2}\right)^{\frac{1}{3}}\right]^3\geqslant\left[\sum\left(\frac{\lambda_1}{\lambda}\right)^{\frac{1}{k-1}}\right]^{k-1}$$

$$\Rightarrow T_\lambda\left(\frac{p}{3}+q\right)\geqslant\left[\sum\left(\frac{\lambda_1}{\lambda}\right)^{\frac{1}{k-1}}\right]^{k-1}$$

$$\Rightarrow T_\lambda\geqslant\frac{3}{p+3q}\left[\sum\left(\frac{\lambda_1}{\lambda}\right)^{\frac{1}{k-1}}\right]^{k-1}$$

这即为式(I). 等号成立仅当

$$\begin{cases} a=b=c=\dfrac{1}{3} \\ \dfrac{\lambda}{\lambda_1}=\dfrac{\mu}{\mu_1}=\dfrac{\upsilon}{\upsilon_1} \end{cases}$$

在式(I)中,若取 $k=2$,得到

$$\left(\sum\frac{ab}{\lambda_1}\right)\left(\sum\frac{\lambda a^2}{pb^2+qb}\right)\geqslant\frac{3}{p+3q}\left(\sum\frac{\lambda_1}{\lambda}\right)^{-1} \tag{J}$$

事实上,当指数 $k\geqslant 2$ 时,$0<\dfrac{1}{k-1}\leqslant 1$,由幂平均不等式有

$$\left[\frac{1}{3}\sum\left(\frac{\lambda_1}{\lambda}\right)^{\frac{1}{k-1}}\right]^{k-1}\leqslant\frac{1}{3}\sum\frac{\lambda_1}{\lambda}$$

$$\Rightarrow\left[\frac{1}{3}\sum\left(\frac{\lambda_1}{\lambda}\right)^{\frac{1}{k-1}}\right]^{k-1}\geqslant 3\left(\sum\frac{\lambda_1}{\lambda}\right)^{-1}$$

$$\Rightarrow\left[\sum\left(\frac{\lambda_1}{\lambda}\right)^{\frac{1}{k-1}}\right]^{k-1}\geqslant 3^{2-k}\left(\sum\frac{\lambda_1}{\lambda}\right)^{-1}$$

$$\Rightarrow T_\lambda\geqslant\frac{3^{3-k}}{p+3q}\left(\sum\frac{\lambda_1}{\lambda}\right)^{-1} \quad (k\geqslant 2) \tag{K}$$

可见,式(K)又是一个非常漂亮的推论.

仿照上面的方法,相应地可建立式(H)的推广式为:

结论 3 设正数 a,b,c,d 满足 $a+b+c+d=1$,指数 $k>1$,p,q 为正参数,λ,μ,v,t 与 λ_1,μ_1,v_1,t_1 为正系数,记

$$H_\lambda = \left(\frac{ab}{\lambda_1}+\frac{bc}{\mu_1}+\frac{cd}{v_1}+\frac{da}{t_1}\right)\left(\frac{\lambda a^k}{pb^2+qb}+\frac{\mu b^k}{pc^2+qc}+\frac{vc^k}{pd^2+qd}+\frac{td^k}{pa^2+qa}\right)$$

$$E = \left[\left(\frac{\lambda_1}{\lambda}\right)^{\frac{1}{k-1}}+\left(\frac{\mu_1}{\mu}\right)^{\frac{1}{k-1}}+\left(\frac{v_1}{v}\right)^{\frac{1}{k-1}}+\left(\frac{t_1}{t}\right)^{\frac{1}{k-1}}\right]$$

则有

$$H_\lambda \geq \frac{4E}{p+4q} \tag{L}$$

无独有偶,好事成双,式(L)可配对成:

结论 4 设正数 a,b,c,d 满足 $a+b+c+d=1$,指数 $k>1$,p,q 为正参数,λ,μ,v,t 与 λ_1,μ_1,v_1,t_1 为正系数,记

$$S = \frac{abc}{\lambda_1}+\frac{bcd}{\mu_1}+\frac{cda}{v_1}+\frac{dab}{t_1}$$

$$M = \frac{\lambda a^k}{p(bc)^2+qbc}+\frac{\mu b^k}{p(cd)^2+qcd}+\frac{vc^k}{p(da)^2+q(da)}+\frac{td^k}{p(ab)^2+qab}$$

$$F_\lambda = SM$$

则有

$$F_\lambda \geq \frac{16E}{p+16q} \tag{M}$$

其中 E 的表达式同结论 3.

提示 我们经常用两种方法证明

$$\sum bcd \leq \left(\frac{\sum a}{4}\right)^3 = \left(\frac{1}{4}\right)^2$$

及

$$\sum ab = \sum bc \leq A\left(\frac{\sum a}{4}\right)^2 = \frac{1}{4}$$

应用赫尔德不等式有

$$\left(\frac{p}{16}+q\right)F_\lambda = \left(\frac{p}{16}+q\right)SM$$

$$= \left[\sum a(pbc+q)\right]\left(\sum \frac{abc}{\lambda_1}\right)\sum\left[\frac{\lambda a^k}{p(bc)^2+qbc}\right]$$

$$\geq \left[\sum\left(\frac{\lambda}{\lambda_1}a^{k+2}\right)^{\frac{1}{3}}\right]^3 \geq E$$

$$\Rightarrow F_\lambda \geq \frac{16E}{p+16q}$$

等号成立仅当 $a=b=c=d=\dfrac{1}{4}$ 及

$$\dfrac{\lambda}{\lambda_1}=\dfrac{\mu}{\mu_1}=\dfrac{\upsilon}{\upsilon_1}=\dfrac{t}{t_1}$$

上述方法启发我们,进一步可得结论:

结论 5 设正数 $a_1,a_2,\cdots,a_n(n\geqslant 3,n\in\mathbf{N}^+)$ 满足 $a_1+a_2+\cdots+a_n=1$, 指数 $0<\theta\leqslant 1,k>2$, 系数 $\lambda_i,\mu_i>0(1\leqslant i\leqslant n)$, 则有

$$\begin{aligned}f_n &= \Big(\sum_{i=1}^{n}\dfrac{a_ia_{i+1}}{\mu_i}\Big)\sum_{i=1}^{n}\Big[\dfrac{\lambda_i a_i^k}{a_{i+1}(pa_i+qa_{i+1})^\theta}\Big]\\ &\geqslant \dfrac{1}{n}\Big(\dfrac{n}{p+q}\Big)^\theta\Big[\sum_{i=1}^{n}\Big(\dfrac{\mu_i}{\lambda_i}\Big)^{\frac{1}{k-2}}\Big]^{2-k}\end{aligned}\qquad(\text{N})$$

其中, $p,q>0$ 为参数, 并约定 $a_{n+1}=a_1$.

证明 应用幂平均不等式有

$$\sum_{i=1}^{n}(pa_i+qa_{i+1})^\theta\leqslant n\Big[\dfrac{\sum_{i=1}^{n}(pa_i+qa_{i+1})}{n}\Big]^\theta=n\Big(\dfrac{p\sum_{i=1}^{n}a_i+q\sum_{i=1}^{n}a_{i+1}}{n}\Big)^\theta$$

$$=n\Big(\dfrac{p+q}{n}\Big)^\theta$$

于是应用赫尔德不等式有

$$n\Big(\dfrac{p+q}{n}\Big)^\theta\cdot f_n\geqslant \Big(\sum_{i=1}^{n}\dfrac{a_ia_{i+1}}{\mu_i}\Big)\sum_{i=1}^{n}(pa_i+qa_{i+1})^\theta\cdot\sum_{i=1}^{n}\Big[\dfrac{\lambda_i a_i^k}{a_{i+1}(pa_i+qa_{i+1})^\theta}\Big]$$

$$\geqslant \Big[\sum_{i=1}^{n}\Big(\dfrac{\lambda_i}{\mu_i}a_i^{k+1}\Big)^{\frac{1}{3}}\Big]^3$$

又注意到

$$k>2\Rightarrow\begin{cases}\dfrac{3}{k+1},\dfrac{k-2}{k+1}\in(0,1)\\ \dfrac{3}{k+1},\dfrac{k-2}{k+1}=1\end{cases}$$

再次应用赫尔德不等式有

$$\Big[\sum_{i=1}^{n}\Big(\dfrac{\lambda_i}{\mu_i}a_i^{k+1}\Big)^{\frac{1}{3}}\Big]^{\frac{3}{k+1}}\Big[\sum_{i=1}^{n}\Big(\dfrac{\mu_i}{\lambda_i}\Big)^{\frac{1}{k-2}}\Big]^{\frac{k-2}{k+1}}$$

$$\geqslant \sum_{i=1}^{n}a_i=1$$

$$\Rightarrow\Big[\sum_{i=1}^{n}\Big(\dfrac{\lambda_i}{\mu_i}a_i^{k+1}\Big)^{\frac{1}{3}}\Big]^3\geqslant\Big[\sum_{i=1}^{n}\Big(\dfrac{\mu_i}{\lambda_i}\Big)^{\frac{1}{k-2}}\Big]^{2-k}$$

$$\Rightarrow f_n \geq \frac{1}{n}\left(\frac{n}{p+q}\right)^\theta \left[\sum_{i=1}^n \left(\frac{\mu_i}{\lambda_i}\right)^{\frac{1}{k-2}}\right]^{2-k}$$

等号成立仅当

$$\begin{cases} a_1 = a_2 = \cdots = a_n = \dfrac{1}{n} \\ \dfrac{\lambda_1}{\mu_1} = \dfrac{\lambda_2}{\mu_2} = \cdots = \dfrac{\lambda_n}{\mu_n} \end{cases}$$

在式(N)中,若取

$$\frac{\lambda_1}{\mu_1} = \frac{\lambda_2}{\mu_2} = \cdots = \frac{\lambda_n}{\mu_n}$$

便可得到特例

$$T_n = \left(\sum_{i=1}^n \frac{a_i a_{i+1}}{\lambda_i}\right) \sum_{i=1}^n \left[\frac{\lambda_i a_i^k}{a_{i+1}(pa_i + qa_{i+1})^\theta}\right] \geq \frac{n^{\theta+1-k}}{(p+q)^\theta} \qquad (O)$$

其中指数满足 $0 < \theta \leq 1, k > 2$.

但是,当仔细研究后,我们又有新发现,那就是不等式(O)中的指数 θ, k 的约束条件还可以放宽为 $k \geq \theta + 1 \geq 1$.

证明 （ⅰ）当 $\theta = 0$ 时, $k \geq 1 \Rightarrow \dfrac{k+1}{2} \geq 1$, 先应用柯西不等式,再应用幂平均不等式有

$$T_n = \left(\sum_{i=1}^n \frac{a_i a_{i+1}}{\lambda_i}\right) \sum_{i=1}^n \left(\lambda_i \frac{a_i^k}{a_{i+1}}\right) \geq \left(\sum_{i=1}^n a_i^{\frac{k+1}{2}}\right)^2$$

$$\geq \left[n\left(\frac{\sum_{i=1}^n a_i}{n}\right)\right]^2 = n^2 \left(\frac{1}{n}\right)^{k+1}$$

$$\Rightarrow T_n \geq n^{1-k}$$

此时式(O)成立,等号成立仅当 $a_1 = a_2 = \cdots = a_n = \dfrac{1}{n}$ 及 $\lambda_1 = \lambda_2 = \cdots = \lambda_n$.

（ⅱ）当 $\theta > 0$ 时, $k \geq \theta + 1 > 1$.

令 $\beta = \dfrac{k+1}{\theta+2} \geq 1$. 我们先应用柯西不等式,再应用权方和不等式,有

$$T_n = \left(\sum_{i=1}^n \frac{a_i a_{i+1}}{\lambda_i}\right) \sum_{i=1}^n \left[\frac{\lambda_i a_i^k}{a_{i+1}(pa_i + qa_{i+1})^\theta}\right]$$

$$\geq \left[\sum_{i=1}^n \sqrt{\frac{a_i^{k+1}}{(pa_i + qa_{i+1})^\theta}}\right]^2 = \left\{\sum_{i=1}^n \left[\frac{(a_i^\beta)^{1+\frac{\theta}{2}}}{(pa_i + qa_{i+1})^{\frac{\theta}{2}}}\right]\right\}^2$$

$$\geqslant \frac{(\sum_{i=1}^{n} a_i^{\beta})^{2+\theta}}{[\sum_{i=1}^{n}(pa_i+qa_{i+1})]^{\theta}} = \frac{(\sum_{i=1}^{n} a_i^{\beta})^{2+\theta}}{(p+q)^{\theta}}$$

$$\geqslant \frac{\left[n\left(\dfrac{\sum_{i=1}^{n} a_i}{n}\right)^{\beta}\right]^{2+\theta}}{(p+q)^{\theta}} = \frac{[n(\frac{1}{n})^{\beta}]^{2+\theta}}{(p+q)^{\theta}}$$

$$\Rightarrow T_n \geqslant \frac{n^{\theta+1-k}}{(p+q)^{\theta}}$$

即此时式(O)仍然成立.

综合上述,式(O)成立,等号成立仅当

$$\begin{cases} a_1 = a_2 = \cdots = a_n = \dfrac{1}{n} \\ \lambda_1 = \lambda_2 = \cdots = \lambda_n \end{cases}$$

编辑手记

有人说数学同诗歌一样是人类思维的两极。

湖北省钟祥市石牌镇横店村38岁女子余秀华的诗歌最近火了,这个因出生时缺氧而脑瘫的女人,被先天的苦难钉在了土地上,为了对抗无聊,不如意的婚姻而写诗。她说:"诗歌一直在清洁我、悲悯我。"她说,只要认真活着,写出来的诗就有认真的光泽。结果,这光泽照亮了整个中国。

有人评价说:这种对诗歌大规模的阅读是自上个世纪90年代中国迈入市场经济社会以来甚为罕见的情形。这或许说明,在经历了对物欲的狂热追逐后,诗歌仍然具有抚慰人心的力量。而且,尽管人们长时间地疏离了诗歌,但对诗歌的品质,仍然持有十分挑剔的标准。

如果按照同样的标准来选农民数学爱好者,那么在中国非邓寿才莫属。他用自己近三十年的努力证明了:一个没上过大学的农民也可以著书立说。

艺术家安迪·沃霍尔曾说:这个国家的伟大之处在于——美国开始了一个传统,在那里最有钱的人与最穷的人享受着基本相同的东西。你可以看电视喝可口可乐,你知道总统也喝可口可乐。可乐就是可乐,没有更好更贵的可乐,你喝的与街角的叫花子喝的一样,所有的可口可乐都一样好。

在中国历经了近30年的高速发展,在物质生活方面农民与其他阶层的区别已经很小了,甚至许多城里人还在羡慕农民的生活,而且从国家的有关规定看农转非易,非转农难。原因是农民还有土地。但是从精神生活和文化消费上看,城乡差别还是很大的,所以在中国出来一个邓寿才意义重大。因为中国是一个农业大国,农民是绝对的大多数,只有城市的现代化不是真正的现代化,只有市民的现代化也不是真正的现代化,一定要有农村和农民同步才行。2013年8月法国经济学家皮凯蒂写了一本惊世之作——《21世纪资本论》,其英文版一上市便卖出 90 000 本,登上《纽约时报》精装非小说类畅销书榜第一名,法文版的销售也因此被激活,卖到了 50 000 册。而一份调查显示,大多数人并不是因为要阅读而购买此书的,很难想象普通读者可以将这本充满繁复数据的学术著作读完。他们的购买大多是为了宣泄某种情绪。

本工作室近年大量出版游离于社会主流之外的小人物写的书,虽然广受一些自认为"高大上"的读者诟病,但不为之所动,原因是除了对他们数学才能的肯定之外,一个更为重要的考虑是要还上社会在智力活动中的欠账。出版除了是一个赚钱的生意之外,它还是一项社会公益事业。应该让全社会所有愿意并有能力的人发出自己的声音,在经济压力能够承受的范围内尽量广泛的出版各种层次和阶层的作者所撰写的作品。

前几天一位四川泸州报业的女记者打电话来问了一个问题:出版这样的书赚钱吗?为了回答这个问题,我们先来读一段旅美学者卢昌海先生写的罗素写《数学原理》的出版经历。

由于篇幅浩繁,罗素将手稿装了两个箱子,雇了四轮马车运到剑桥大学出版社。出版社对出版这部巨著的"利润"进行了评估,得出一个很不鼓舞人心的结果:-600 英镑。当然,剑桥大学出版社并非唯利是图的地方,他们愿意为这样的巨著赔上一些钱,问题是 600 英镑在当时实在是一个不小的数目,他们只能承担一半左右——约 300 英镑。剩下的 300 英镑怎么办呢?在罗素与怀特海的申请下,皇家学会慷慨解囊,赞助了 200 英镑。但最后的 100 英镑实在是没办法筹措了,只能摊派到罗素和怀特海这两位作者头上,每人 50 英镑(相当于 2006 年的 7 000 多美元)。对于这一结果,罗素在自传中感慨地写道:我们用 10 年的工作每人赚了负 50 英镑。

邓寿才写书的经历虽然没有这么夸张,但过程是一样的。所幸的是还没有向作者再摊派,而且邓寿才有本作品还是挺受市场欢迎的,是一本关于平面解析几何解题方法的书,四次加印反应热烈。但这类实用性颇强的应试辅导类图书,我想本书作者是不太情愿写的。尽管写那样的书能挣到版税,但体现不出作者的才华。几乎所有的严肃作家都一致认为,写作是一种生活方式,但绝不是一个最佳的谋生手段。

本书的内容这里不多谈,只说一点即作者的写作态度是极其认真的,选材可能不够赶时髦,但解法大多是原创的,每个符号都是作者一笔一画写出的。

这可能与农民的生产方式有关,绝对来不得半点虚假。钱穆先生曾说:"做学问可训练做人。"初听不免令人困惑:"做学问"是少数人从事的职业,并非人人可为,更非人人必为,除了享受其研究成果,可谓与大多数人的生活毫无干系。不过,若我们把思路放开,钱先生此言也不难理解。这里的关键在"训练"二字:治学的道理、方法,许多根本就来自日常生活,两者容有深浅之别,却是一脉贯通。

  如果非要指出点本书的不足之处,那么审美的缺失倒应该算上是一个。什么是一个好题目?什么是一个好证法?什么是一种有价值的推广?什么是一个有前途的研究方向?这些问题是所有数学人都要面对的。名师的指点、长期的熏陶、个人的美学修养都是提高之道。邓先生由于环境原因在这些方面有些欠缺是可以理解的,相信假以时日一定会有所提高,文学作品中乡土文学和海派文学也是各有其特点,所以不必苛求。

  我虽没有见到过作者,但我相信文如其人,人如其文。一个真正的庄稼汉!

刘培杰
2015 年 4 月 1 日

哈尔滨工业大学出版社刘培杰数学工作室
已出版(即将出版)图书目录

书　名	出版时间	定　价	编号
新编中学数学解题方法全书(高中版)上卷	2007—09	38.00	7
新编中学数学解题方法全书(高中版)中卷	2007—09	48.00	8
新编中学数学解题方法全书(高中版)下卷(一)	2007—09	42.00	17
新编中学数学解题方法全书(高中版)下卷(二)	2007—09	38.00	18
新编中学数学解题方法全书(高中版)下卷(三)	2010—06	58.00	73
新编中学数学解题方法全书(初中版)上卷	2008—01	28.00	29
新编中学数学解题方法全书(初中版)中卷	2010—07	38.00	75
新编中学数学解题方法全书(高考复习卷)	2010—01	48.00	67
新编中学数学解题方法全书(高考真题卷)	2010—01	38.00	62
新编中学数学解题方法全书(高考精华卷)	2011—03	68.00	118
新编平面解析几何解题方法全书(专题讲座卷)	2010—01	18.00	61
新编中学数学解题方法全书(自主招生卷)	2013—08	88.00	261
数学眼光透视	2008—01	38.00	24
数学思想领悟	2008—01	38.00	25
数学应用展观	2008—01	38.00	26
数学建模导引	2008—01	28.00	23
数学方法溯源	2008—01	38.00	27
数学史话览胜	2008—01	28.00	28
数学思维技术	2013—09	38.00	260
从毕达哥拉斯到怀尔斯	2007—10	48.00	9
从迪利克雷到维斯卡尔迪	2008—01	48.00	21
从哥德巴赫到陈景润	2008—05	98.00	35
从庞加莱到佩雷尔曼	2011—08	138.00	136
数学解题中的物理方法	2011—06	28.00	114
数学解题的特殊方法	2011—06	48.00	115
中学数学计算技巧	2012—01	48.00	116
中学数学证明方法	2012—01	58.00	117
数学趣题巧解	2012—03	28.00	128
三角形中的角格点问题	2013—01	88.00	207
含参数的方程和不等式	2012—09	28.00	213

哈尔滨工业大学出版社刘培杰数学工作室
已出版(即将出版)图书目录

书　名	出版时间	定价	编号
数学奥林匹克与数学文化(第一辑)	2006—05	48.00	4
数学奥林匹克与数学文化(第二辑)(竞赛卷)	2008—01	48.00	19
数学奥林匹克与数学文化(第二辑)(文化卷)	2008—07	58.00	36′
数学奥林匹克与数学文化(第三辑)(竞赛卷)	2010—01	48.00	59
数学奥林匹克与数学文化(第四辑)(竞赛卷)	2011—08	58.00	87
数学奥林匹克与数学文化(第五辑)	2014—09		370
发展空间想象力	2010—01	38.00	57
走向国际数学奥林匹克的平面几何试题诠释(上、下)(第1版)	2007—01	68.00	11,12
走向国际数学奥林匹克的平面几何试题诠释(上、下)(第2版)	2010—02	98.00	63,64
平面几何证明方法全书	2007—08	35.00	1
平面几何证明方法全书习题解答(第1版)	2005—10	18.00	2
平面几何证明方法全书习题解答(第2版)	2006—12	18.00	10
平面几何天天练上卷·基础篇(直线型)	2013—01	58.00	208
平面几何天天练中卷·基础篇(涉及圆)	2013—01	28.00	234
平面几何天天练下卷·提高篇	2013—01	58.00	237
平面几何专题研究	2013—07	98.00	258
最新世界各国数学奥林匹克中的平面几何试题	2007—09	38.00	14
数学竞赛平面几何典型题及新颖解	2010—07	48.00	74
初等数学复习及研究(平面几何)	2008—09	58.00	38
初等数学复习及研究(立体几何)	2010—06	38.00	71
初等数学复习及研究(平面几何)习题解答	2009—01	48.00	42
世界著名平面几何经典著作钩沉——几何作图专题卷(上)	2009—06	48.00	49
世界著名平面几何经典著作钩沉——几何作图专题卷(下)	2011—01	88.00	80
世界著名平面几何经典著作钩沉(民国平面几何老课本)	2011—03	38.00	113
世界著名解析几何经典著作钩沉——平面解析几何卷	2014—01	38.00	273
世界著名数论经典著作钩沉(算术卷)	2012—01	28.00	125
世界著名数学经典著作钩沉——立体几何卷	2011—02	28.00	88
世界著名三角学经典著作钩沉(平面三角卷Ⅰ)	2010—06	28.00	69
世界著名三角学经典著作钩沉(平面三角卷Ⅱ)	2011—01	38.00	78
世界著名初等数论经典著作钩沉(理论和实用算术卷)	2011—07	38.00	126
几何学教程(平面几何卷)	2011—03	68.00	90
几何学教程(立体几何卷)	2011—07	68.00	130
几何变换与几何证题	2010—06	88.00	70
计算方法与几何证题	2011—06	28.00	129
立体几何技巧与方法	2014—04	88.00	293
几何瑰宝——平面几何500名题暨1000条定理(上、下)	2010—07	138.00	76,77
三角形的解法与应用	2012—07	18.00	183
近代的三角形几何学	2012—07	48.00	184
一般折线几何学	即将出版	58.00	203
三角形的五心	2009—06	28.00	51
三角形趣谈	2012—08	28.00	212
解三角形	2014—01	28.00	265
三角学专门教程	2014—09	28.00	387
距离几何分析导引	2015—02	68.00	446

哈尔滨工业大学出版社刘培杰数学工作室
已出版（即将出版）图书目录

书　　名	出版时间	定　价	编号
圆锥曲线习题集（上册）	2013—06	68.00	255
圆锥曲线习题集（中册）	2015—01	78.00	434
圆锥曲线习题集（下册）	即将出版		
俄罗斯平面几何问题集	2009—08	88.00	55
俄罗斯立体几何问题集	2014—03	58.00	283
俄罗斯几何大师——沙雷金论数学及其他	2014—01	48.00	271
来自俄罗斯的5000道几何习题及解答	2011—03	58.00	89
俄罗斯初等数学问题集	2012—05	38.00	177
俄罗斯函数问题集	2011—03	38.00	103
俄罗斯组合分析问题集	2011—01	48.00	79
俄罗斯初等数学万题选——三角卷	2012—11	38.00	222
俄罗斯初等数学万题选——代数卷	2013—08	68.00	225
俄罗斯初等数学万题选——几何卷	2014—01	68.00	226
463个俄罗斯几何老问题	2012—01	28.00	152
近代欧氏几何学	2012—03	48.00	162
罗巴切夫斯基几何学及几何基础概要	2012—07	28.00	188
用三角、解析几何、复数、向量计算解数学竞赛几何题	2015—03	48.00	455
美国中学几何教程	2015—04	88.00	458
三线坐标与三角形特征点	2015—04	98.00	460

书　　名	出版时间	定　价	编号
超越吉米多维奇——数列的极限	2009—11	48.00	58
超越普里瓦洛夫——留数卷	2015—01	28.00	437
Barban Davenport Halberstam 均值和	2009—01	40.00	33
初等数论难题集（第一卷）	2009—05	68.00	44
初等数论难题集（第二卷）（上、下）	2011—02	128.00	82,83
谈谈素数	2011—03	18.00	91
平方和	2011—03	18.00	92
数论概貌	2011—03	18.00	93
代数数论（第二版）	2013—08	58.00	94
代数多项式	2014—06	38.00	289
初等数论的知识与问题	2011—02	28.00	95
超越数论基础	2011—03	28.00	96
数论初等教程	2011—03	28.00	97
数论基础	2011—03	18.00	98
数论基础与维诺格拉多夫	2014—03	18.00	292
解析数论基础	2012—08	28.00	216
解析数论基础（第二版）	2014—01	48.00	287
解析数论问题集（第二版）	2014—05	88.00	343
解析几何研究	2015—01	38.00	425
初等几何研究	2015—02	58.00	444
数论入门	2011—03	38.00	99
代数数论入门	2015—03	38.00	448
数论开篇	2012—07	28.00	194
解析数论引论	2011—03	48.00	100

哈尔滨工业大学出版社刘培杰数学工作室
已出版（即将出版）图书目录

书　名	出版时间	定　价	编号
复变函数引论	2013—10	68.00	269
伸缩变换与抛物旋转	2015—01	38.00	449
无穷分析引论（上）	2013—04	88.00	247
无穷分析引论（下）	2013—04	98.00	245
数学分析	2014—04	28.00	338
数学分析中的一个新方法及其应用	2013—01	38.00	231
数学分析例选：通过范例学技巧	2013—01	88.00	243
三角级数论（上册）（陈建功）	2013—01	38.00	232
三角级数论（下册）（陈建功）	2013—01	48.00	233
三角级数论（哈代）	2013—06	48.00	254
基础数论	2011—03	28.00	101
超越数	2011—03	18.00	109
三角和方法	2011—03	18.00	112
谈谈不定方程	2011—05	28.00	119
整数论	2011—05	38.00	120
随机过程（Ⅰ）	2014—01	78.00	224
随机过程（Ⅱ）	2014—01	68.00	235
整数的性质	2012—11	38.00	192
初等数论 100 例	2011—05	18.00	122
初等数论经典例题	2012—07	18.00	204
最新世界各国数学奥林匹克中的初等数论试题（上、下）	2012—01	138.00	144,145
算术探索	2011—12	158.00	148
初等数论（Ⅰ）	2012—01	18.00	156
初等数论（Ⅱ）	2012—01	18.00	157
初等数论（Ⅲ）	2012—01	28.00	158
组合数学	2012—04	28.00	178
组合数学浅谈	2012—03	28.00	159
同余理论	2012—05	38.00	163
丢番图方程引论	2012—03	48.00	172
平面几何与数论中未解决的新老问题	2013—01	68.00	229
法雷级数	2014—08	18.00	367
代数数论简史	2014—11	28.00	408
摆线族	2015—01	38.00	438
拉普拉斯变换及其应用	2015—02	38.00	447
历届美国中学生数学竞赛试题及解答（第一卷）1950—1954	2014—07	18.00	277
历届美国中学生数学竞赛试题及解答（第二卷）1955—1959	2014—04	18.00	278
历届美国中学生数学竞赛试题及解答（第三卷）1960—1964	2014—06	18.00	279
历届美国中学生数学竞赛试题及解答（第四卷）1965—1969	2014—04	28.00	280
历届美国中学生数学竞赛试题及解答（第五卷）1970—1972	2014—06	18.00	281
历届美国中学生数学竞赛试题及解答（第七卷）1981—1986	2015—01	18.00	424

哈尔滨工业大学出版社刘培杰数学工作室
已出版(即将出版)图书目录

书 名	出版时间	定 价	编号
历届 IMO 试题集(1959—2005)	2006—05	58.00	5
历届 CMO 试题集	2008—09	28.00	40
历届中国数学奥林匹克试题集	2014—10	38.00	394
历届加拿大数学奥林匹克试题集	2012—08	38.00	215
历届美国数学奥林匹克试题集:多解推广加强	2012—08	38.00	209
历届波兰数学竞赛试题集.第1卷,1949～1963	2015—03	18.00	453
历届波兰数学竞赛试题集.第2卷,1964～1976	2015—03	18.00	454
保加利亚数学奥林匹克	2014—10	38.00	393
圣彼得堡数学奥林匹克试题集	2015—01	48.00	429
历届国际大学生数学竞赛试题集(1994—2010)	2012—01	28.00	143
全国大学生数学夏令营数学竞赛试题及解答	2007—03	28.00	15
全国大学生数学竞赛辅导教程	2012—07	28.00	189
全国大学生数学竞赛复习全书	2014—04	48.00	340
历届美国大学生数学竞赛试题集	2009—03	88.00	43
前苏联大学生数学奥林匹克竞赛题解(上编)	2012—04	28.00	169
前苏联大学生数学奥林匹克竞赛题解(下编)	2012—04	38.00	170
历届美国数学邀请赛试题集	2014—01	48.00	270
全国高中数学竞赛试题及解答.第1卷	2014—07	38.00	331
大学生数学竞赛讲义	2014—09	28.00	371
高考数学临门一脚(含密押三套卷)(理科版)	2015—01	24.80	421
高考数学临门一脚(含密押三套卷)(文科版)	2015—01	24.80	422
整函数	2012—08	18.00	161
多项式和无理数	2008—01	68.00	22
模糊数据统计学	2008—03	48.00	31
模糊分析学与特殊泛函空间	2013—01	68.00	241
受控理论与解析不等式	2012—05	78.00	165
解析不等式新论	2009—06	68.00	48
反问题的计算方法及应用	2011—11	28.00	147
建立不等式的方法	2011—03	98.00	104
数学奥林匹克不等式研究	2009—08	68.00	56
不等式研究(第二辑)	2012—02	68.00	153
初等数学研究(Ⅰ)	2008—09	68.00	37
初等数学研究(Ⅱ)(上、下)	2009—05	118.00	46,47
中国初等数学研究 2009卷(第1辑)	2009—05	20.00	45
中国初等数学研究 2010卷(第2辑)	2010—05	30.00	68
中国初等数学研究 2011卷(第3辑)	2011—07	60.00	127
中国初等数学研究 2012卷(第4辑)	2012—07	48.00	190
中国初等数学研究 2014卷(第5辑)	2014—02	48.00	288
数阵及其应用	2012—02	28.00	164
绝对值方程—折边与组合图形的解析研究	2012—07	48.00	186
不等式的秘密(第一卷)	2012—02	28.00	154
不等式的秘密(第一卷)(第2版)	2014—02	38.00	286
不等式的秘密(第二卷)	2014—01	38.00	268

哈尔滨工业大学出版社刘培杰数学工作室
已出版(即将出版)图书目录

书　　名	出版时间	定价	编号
初等不等式的证明方法	2010—06	38.00	123
初等不等式的证明方法(第二版)	2014—11	38.00	407
数学奥林匹克在中国	2014—06	98.00	344
数学奥林匹克问题集	2014—01	38.00	267
数学奥林匹克不等式散论	2010—06	38.00	124
数学奥林匹克不等式欣赏	2011—09	38.00	138
数学奥林匹克超级题库(初中卷上)	2010—01	58.00	66
数学奥林匹克不等式证明方法和技巧(上、下)	2011—08	158.00	134,135
近代拓扑学研究	2013—04	38.00	239
新编640个世界著名数学智力趣题	2014—01	88.00	242
500个最新世界著名数学智力趣题	2008—06	48.00	3
400个最新世界著名数学最值问题	2008—09	48.00	36
500个世界著名数学征解问题	2009—06	48.00	52
400个中国最佳初等数学征解老问题	2010—01	48.00	60
500个俄罗斯数学经典老题	2011—01	28.00	81
1000个国外中学物理好题	2012—04	48.00	174
300个日本高考数学题	2012—05	38.00	142
500个前苏联早期高考数学试题及解答	2012—05	28.00	185
546个早期俄罗斯大学生数学竞赛题	2014—03	38.00	285
548个来自美苏的数学好问题	2014—11	28.00	396
20所苏联著名大学早期入学试题	2015—02	18.00	452
德国讲义日本考题.微积分卷	2015—04	48.00	456
德国讲义日本考题.微分方程卷	2015—04	38.00	457
博弈论精粹	2008—03	58.00	30
博弈论精粹.第二版(精装)	2015—01	78.00	461
数学 我爱你	2008—01	28.00	20
精神的圣徒 别样的人生——60位中国数学家成长的历程	2008—09	48.00	39
数学史概论	2009—06	78.00	50
数学史概论(精装)	2013—03	158.00	272
斐波那契数列	2010—02	28.00	65
数学拼盘和斐波那契魔方	2010—07	38.00	72
斐波那契数列欣赏	2011—01	28.00	160
数学的创造	2011—02	48.00	85
数学中的美	2011—02	38.00	84
数论中的美学	2014—12	38.00	351
数学王者 科学巨人——高斯	2015—01	28.00	428
王连笑教你怎样学数学:高考选择题解题策略与客观题实用训练	2014—01	48.00	262
王连笑教你怎样学数学:高考数学高层次讲座	2015—02	48.00	432
最新全国及各省市高考数学试卷解法研究及点拨评析	2009—02	38.00	41
高考数学的理论与实践	2009—08	38.00	53
中考数学专题总复习	2007—04	28.00	6
向量法巧解数学高考题	2009—08	28.00	54
高考数学核心题型解题方法与技巧	2010—01	28.00	86
高考思维新平台	2014—03	38.00	259
数学解题——靠数学思想给力(上)	2011—07	38.00	131
数学解题——靠数学思想给力(中)	2011—07	48.00	132
数学解题——靠数学思想给力(下)	2011—07	38.00	133

哈尔滨工业大学出版社刘培杰数学工作室
已出版(即将出版)图书目录

书　　名	出版时间	定　价	编号
我怎样解题	2013—01	48.00	227
和高中生漫谈:数学与哲学的故事	2014—08	28.00	369
2011年全国及各省市高考数学试题审题要津与解法研究	2011—10	48.00	139
2013年全国及各省市高考数学试题解析与点评	2014—01	48.00	282
全国及各省市高考数学试题审题要津与解法研究	2015—02	48.00	450
新课标高考数学——五年试题分章详解(2007～2011)(上、下)	2011—10	78.00	140,141
30分钟拿下高考数学选择题、填空题(第二版)	2012—01	28.00	146
全国中考数学压轴题审题要津与解法研究	2013—04	78.00	248
新编全国及各省市中考数学压轴题审题要津与解法研究	2014—05	58.00	342
全国及各省市5年中考数学压轴题审题要津与解法研究	2015—04	58.00	462
高考数学压轴题解题诀窍(上)	2012—02	78.00	166
高考数学压轴题解题诀窍(下)	2012—03	28.00	167
自主招生考试中的参数方程问题	2015—01	28.00	435
自主招生考试中的极坐标问题	2015—04	28.00	463
近年全国重点大学自主招生数学试题全解及研究. 华约卷	2015—02	38.00	441
近年全国重点大学自主招生数学试题全解及研究. 北约卷	即将出版		
格点和面积	2012—07	18.00	191
射影几何趣谈	2012—04	28.00	175
斯潘纳尔引理——从一道加拿大数学奥林匹克试题谈起	2014—01	28.00	228
李普希兹条件——从几道近年高考数学试题谈起	2012—10	18.00	221
拉格朗日中值定理——从一道北京高考试题的解法谈起	2012—10	18.00	197
闵科夫斯基定理——从一道清华大学自主招生试题谈起	2014—01	28.00	198
哈尔测度——从一道冬令营试题的背景谈起	2012—08	28.00	202
切比雪夫逼近问题——从一道中国台北数学奥林匹克试题谈起	2013—04	38.00	238
伯恩斯坦多项式与贝齐尔曲面——从一道全国高中数学联赛试题谈起	2013—03	38.00	236
卡塔兰猜想——从一道普特南竞赛试题谈起	2013—06	18.00	256
麦卡锡函数和阿克曼函数——从一道前南斯拉夫数学奥林匹克试题谈起	2012—08	18.00	201
贝蒂定理与拉姆贝克莫斯尔定理——从一个拣石子游戏谈起	2012—08	18.00	217
皮亚诺曲线和豪斯道夫分球定理——从无限集谈起	2012—08	18.00	211
平面凸图形与凸多面体	2012—10	28.00	218
斯坦因豪斯问题——从一道二十五省市自治区中学数学竞赛试题谈起	2012—07	18.00	196
纽结理论中的亚历山大多项式与琼斯多项式——从一道北京市高一数学竞赛试题谈起	2012—07	28.00	195
原则与策略——从波利亚"解题表"谈起	2013—04	38.00	244
转化与化归——从三大尺规作图不能问题谈起	2012—08	28.00	214
代数几何中的贝祖定理(第一版)——从一道IMO试题的解法谈起	2013—08	18.00	193
成功连贯理论与约当块理论——从一道比利时数学竞赛试题谈起	2012—04	18.00	180
磨光变换与范·德·瓦尔登猜想——从一道环球城市竞赛试题谈起	即将出版		
素数判定与大数分解	2014—08	18.00	199
置换多项式及其应用	2012—10	18.00	220
椭圆函数与模函数——从一道美国加州大学洛杉矶分校(UCLA)博士资格考题谈起	2012—10	28.00	219

哈尔滨工业大学出版社刘培杰数学工作室
已出版（即将出版）图书目录

书　名	出版时间	定　价	编号
差分方程的拉格朗日方法——从一道2011年全国高考理科试题的解法谈起	2012—08	28.00	200
力学在几何中的一些应用	2013—01	38.00	240
高斯散度定理、斯托克斯定理和平面格林定理——从一道国际大学生数学竞赛试题谈起	即将出版		
康托洛维奇不等式——从一道全国高中联赛试题谈起	2013—03	28.00	337
西格尔引理——从一道第18届IMO试题的解法谈起	即将出版		
罗斯定理——从一道前苏联数学竞赛试题谈起	即将出版		
拉克斯定理和阿廷定理——从一道IMO试题的解法谈起	2014—01	58.00	246
毕卡大定理——从一道美国大学数学竞赛试题谈起	2014—07	18.00	350
贝齐尔曲线——从一道全国高中联赛试题谈起	即将出版		
拉格朗日乘子定理——从一道2005年全国高中联赛试题谈起	即将出版		
雅可比定理——从一道日本数学奥林匹克试题谈起	2013—04	48.00	249
李天岩—约克定理——从一道波兰数学竞赛试题谈起	2014—06	28.00	349
整系数多项式因式分解的一般方法——从克朗耐克算法谈起	即将出版		
布劳维不动点定理——从一道前苏联数学奥林匹克试题谈起	2014—01	38.00	273
压缩不动点定理——从一道高考数学试题的解法谈起	即将出版		
伯恩赛德定理——从一道英国数学奥林匹克试题谈起	即将出版		
布查特—莫斯特定理——从一道上海市初中竞赛试题谈起	即将出版		
数论中的同余数问题——从一道普特南竞赛试题谈起	即将出版		
范·德蒙行列式——从一道美国数学奥林匹克试题谈起	即将出版		
中国剩余定理：总数法构建中国历史年表	2015—01	28.00	430
牛顿程序与方程求根——从一道全国高考试题解法谈起	即将出版		
库默尔定理——从一道IMO预选试题谈起	即将出版		
卢丁定理——从一道冬令营试题的解法谈起	即将出版		
沃斯滕霍姆定理——从一道IMO预选试题谈起	即将出版		
卡尔松不等式——从一道莫斯科数学奥林匹克试题谈起	即将出版		
信息论中的香农熵——从一道近年高考压轴题谈起	即将出版		
约当不等式——从一道希望杯竞赛试题谈起	即将出版		
拉比诺维奇定理	即将出版		
刘维尔定理——从一道《美国数学月刊》征解问题的解法谈起	即将出版		
卡塔兰恒等式与级数求和——从一道IMO试题的解法谈起	即将出版		
勒让德猜想与素数分布——从一道爱尔兰竞赛试题谈起	即将出版		
天平称重与信息论——从一道基辅市数学奥林匹克试题谈起	即将出版		
哈密尔顿—凯莱定理：从一道高中数学联赛试题的解法谈起	2014—09	18.00	376
艾思特曼定理——从一道CMO试题的解法谈起	即将出版		

哈尔滨工业大学出版社刘培杰数学工作室
已出版（即将出版）图书目录

书 名	出版时间	定价	编号
一个爱尔特希问题——从一道西德数学奥林匹克试题谈起	即将出版		
有限群中的爱丁格尔问题——从一道北京市初中二年级数学竞赛试题谈起	即将出版		
贝克码与编码理论——从一道全国高中联赛试题谈起	即将出版		
帕斯卡三角形	2014—03	18.00	294
蒲丰投针问题——从2009年清华大学的一道自主招生试题谈起	2014—01	38.00	295
斯图姆定理——从一道"华约"自主招生试题的解法谈起	2014—01	18.00	296
许瓦兹引理——从一道加利福尼亚大学伯克利分校数学系博士生试题谈起	2014—08	18.00	297
拉格朗日中值定理——从一道北京高考试题的解法谈起	2014—01		298
拉姆塞定理——从王诗宬院士的一个问题谈起	2014—01		299
坐标法	2013—12	28.00	332
数论三角形	2014—04	38.00	341
毕克定理	2014—07	18.00	352
数林掠影	2014—09	48.00	389
我们周围的概率	2014—10	38.00	390
凸函数最值定理：从一道华约自主招生题的解法谈起	2014—10	28.00	391
易学与数学奥林匹克	2014—10	38.00	392
生物数学趣谈	2015—01	18.00	409
反演	2015—01		420
因式分解与圆锥曲线	2015—01	18.00	426
轨迹	2015—01	28.00	427
面积原理：从常庚哲命的一道CMO试题的积分解法谈起	2015—01	48.00	431
形形色色的不动点定理：从一道28届IMO试题谈起	2015—01	38.00	439
柯西函数方程：从一道上海交大自主招生的试题谈起	2015—02	28.00	440
三角恒等式	2015—02	28.00	442
无理性判定：从一道2014年"北约"自主招生试题谈起	2015—01	38.00	443
数学归纳法	2015—03	18.00	451
极端原理与解题	2015—04	28.00	464
中等数学英语阅读文选	2006—12	38.00	13
统计学专业英语	2007—03	28.00	16
统计学专业英语（第二版）	2012—07	48.00	176
幻方和魔方（第一卷）	2012—05	68.00	173
尘封的经典——初等数学经典文献选读（第一卷）	2012—07	48.00	205
尘封的经典——初等数学经典文献选读（第二卷）	2012—07	38.00	206
实变函数论	2012—06	78.00	181
非光滑优化及其变分分析	2014—01	48.00	230
疏散的马尔科夫链	2014—01	58.00	266
马尔科夫过程论基础	2015—01	28.00	433
初等微分拓扑学	2012—07	18.00	182
方程式论	2011—03	38.00	105
初级方程式论	2011—03	28.00	106
Galois 理论	2011—03	18.00	107
古典数学难题与伽罗瓦理论	2012—11	58.00	223
伽罗华与群论	2014—01	28.00	290
代数方程的根式解及伽罗瓦理论	2011—03	28.00	108
代数方程的根式解及伽罗瓦理论（第二版）	2015—01	28.00	423

哈尔滨工业大学出版社刘培杰数学工作室
已出版(即将出版)图书目录

书　　名	出版时间	定　价	编号
线性偏微分方程讲义	2011—03	18.00	110
N体问题的周期解	2011—03	28.00	111
代数方程式论	2011—05	18.00	121
动力系统的不变量与函数方程	2011—07	48.00	137
基于短语评价的翻译知识获取	2012—02	48.00	168
应用随机过程	2012—04	48.00	187
概率论导引	2012—04	18.00	179
矩阵论(上)	2013—06	58.00	250
矩阵论(下)	2013—06	48.00	251
趣味初等方程妙题集锦	2014—09	48.00	388
趣味初等数论选美与欣赏	2015—02	48.00	445
对称锥互补问题的内点法：理论分析与算法实现	2014—08	68.00	368
抽象代数：方法导引	2013—06	38.00	257
闵嗣鹤文集	2011—03	98.00	102
吴从炘数学活动三十年(1951～1980)	2010—07	99.00	32
函数论	2014—11	78.00	395
耕读笔记(上卷)：一位农民数学爱好者的初数探索	2015—04	48.00	459
数贝偶拾——高考数学题研究	2014—04	28.00	274
数贝偶拾——初等数学研究	2014—04	38.00	275
数贝偶拾——奥数题研究	2014—04	48.00	276
集合、函数与方程	2014—01	28.00	300
数列与不等式	2014—01	38.00	301
三角与平面向量	2014—01	28.00	302
平面解析几何	2014—01	38.00	303
立体几何与组合	2014—01	28.00	304
极限与导数、数学归纳法	2014—01	38.00	305
趣味数学	2014—03	28.00	306
教材教法	2014—04	68.00	307
自主招生	2014—05	58.00	308
高考压轴题(上)	2014—11	48.00	309
高考压轴题(下)	2014—10	68.00	310
从费马到怀尔斯——费马大定理的历史	2013—10	198.00	Ⅰ
从庞加莱到佩雷尔曼——庞加莱猜想的历史	2013—10	298.00	Ⅱ
从切比雪夫到爱尔特希(上)——素数定理的初等证明	2013—07	48.00	Ⅲ
从切比雪夫到爱尔特希(下)——素数定理100年	2012—12	98.00	Ⅲ
从高斯到盖尔方特——二次域的高斯猜想	2013—10	198.00	Ⅳ
从库默尔到朗兰兹——朗兰兹猜想的历史	2014—01	98.00	Ⅴ
从比勃巴赫到德布朗斯——比勃巴赫猜想的历史	2014—02	298.00	Ⅵ
从麦比乌斯到陈省身——麦比乌斯变换与麦比乌斯带	2014—02	298.00	Ⅶ
从布尔到豪斯道夫——布尔方程与格论漫谈	2013—10	198.00	Ⅷ
从开普勒到阿诺德——三体问题的历史	2014—05	298.00	Ⅸ
从华林到华罗庚——华林问题的历史	2013—10	298.00	Ⅹ

哈尔滨工业大学出版社刘培杰数学工作室
已出版（即将出版）图书目录

书　　名	出版时间	定　价	编号
吴振奎高等数学解题真经（概率统计卷）	2012—01	38.00	149
吴振奎高等数学解题真经（微积分卷）	2012—01	68.00	150
吴振奎高等数学解题真经（线性代数卷）	2012—01	58.00	151
高等数学解题全攻略（上卷）	2013—06	58.00	252
高等数学解题全攻略（下卷）	2013—06	58.00	253
高等数学复习纲要	2014—01	18.00	384
钱昌本教你快乐学数学（上）	2011—12	48.00	155
钱昌本教你快乐学数学（下）	2012—03	58.00	171
三角函数	2014—01	38.00	311
不等式	2014—01	38.00	312
数列	2014—01	38.00	313
方程	2014—01	28.00	314
排列和组合	2014—01	28.00	315
极限与导数	2014—01	28.00	316
向量	2014—09	38.00	317
复数及其应用	2014—08	28.00	318
函数	2014—01	38.00	319
集合	即将出版		320
直线与平面	2014—01	28.00	321
立体几何	2014—04	28.00	322
解三角形	即将出版		323
直线与圆	2014—01	28.00	324
圆锥曲线	2014—01	38.00	325
解题通法（一）	2014—07	38.00	326
解题通法（二）	2014—07	38.00	327
解题通法（三）	2014—05	38.00	328
概率与统计	2014—01	28.00	329
信息迁移与算法	即将出版		330
第19~23届"希望杯"全国数学邀请赛试题审题要津详细评注（初一版）	2014—03	28.00	333
第19~23届"希望杯"全国数学邀请赛试题审题要津详细评注（初二、初三版）	2014—03	38.00	334
第19~23届"希望杯"全国数学邀请赛试题审题要津详细评注（高一版）	2014—03	28.00	335
第19~23届"希望杯"全国数学邀请赛试题审题要津详细评注（高二版）	2014—03	38.00	336
第19~25届"希望杯"全国数学邀请赛试题审题要津详细评注（初一版）	2015—01	38.00	416
第19~25届"希望杯"全国数学邀请赛试题审题要津详细评注（初二、初三版）	2015—01	58.00	417
第19~25届"希望杯"全国数学邀请赛试题审题要津详细评注（高一版）	2015—01	48.00	418
第19~25届"希望杯"全国数学邀请赛试题审题要津详细评注（高二版）	2015—01	48.00	419
物理奥林匹克竞赛大题典——力学卷	2014—11	48.00	405
物理奥林匹克竞赛大题典——热学卷	2014—04	28.00	339
物理奥林匹克竞赛大题典——电磁学卷	即将出版		406
物理奥林匹克竞赛大题典——光学与近代物理卷	2014—06	28.00	345

哈尔滨工业大学出版社刘培杰数学工作室
已出版（即将出版）图书目录

书 名	出版时间	定 价	编号
历届中国东南地区数学奥林匹克试题集(2004～2012)	2014—06	18.00	346
历届中国西部地区数学奥林匹克试题集(2001～2012)	2014—07	18.00	347
历届中国女子数学奥林匹克试题集(2002～2012)	2014—08	18.00	348
几何变换（Ⅰ）	2014—07	28.00	353
几何变换（Ⅱ）	即将出版		354
几何变换（Ⅲ）	2015—01	38.00	355
几何变换（Ⅳ）	即将出版		356
美国高中数学竞赛五十讲.第1卷(英文)	2014—08	28.00	357
美国高中数学竞赛五十讲.第2卷(英文)	2014—08	28.00	358
美国高中数学竞赛五十讲.第3卷(英文)	2014—09	28.00	359
美国高中数学竞赛五十讲.第4卷(英文)	2014—09	28.00	360
美国高中数学竞赛五十讲.第5卷(英文)	2014—10	28.00	361
美国高中数学竞赛五十讲.第6卷(英文)	2014—11	28.00	362
美国高中数学竞赛五十讲.第7卷(英文)	2014—12	28.00	363
美国高中数学竞赛五十讲.第8卷(英文)	2015—01	28.00	364
美国高中数学竞赛五十讲.第9卷(英文)	2015—01	28.00	365
美国高中数学竞赛五十讲.第10卷(英文)	2015—02	38.00	366
IMO 50 年.第 1 卷(1959—1963)	2014—11	28.00	377
IMO 50 年.第 2 卷(1964—1968)	2014—11	28.00	378
IMO 50 年.第 3 卷(1969—1973)	2014—09	28.00	379
IMO 50 年.第 4 卷(1974—1978)	即将出版		380
IMO 50 年.第 5 卷(1979—1984)	即将出版		381
IMO 50 年.第 6 卷(1985—1989)	2015—04	58.00	382
IMO 50 年.第 7 卷(1990—1994)	即将出版		383
IMO 50 年.第 8 卷(1995—1999)	即将出版		384
IMO 50 年.第 9 卷(2000—2004)	2015—04	58.00	385
IMO 50 年.第 10 卷(2005—2008)	即将出版		386
历届美国大学生数学竞赛试题集.第一卷(1938—1949)	2015—01	28.00	397
历届美国大学生数学竞赛试题集.第二卷(1950—1959)	2015—01	28.00	398
历届美国大学生数学竞赛试题集.第三卷(1960—1969)	2015—01	28.00	399
历届美国大学生数学竞赛试题集.第四卷(1970—1979)	2015—01	18.00	400
历届美国大学生数学竞赛试题集.第五卷(1980—1989)	2015—01	28.00	401
历届美国大学生数学竞赛试题集.第六卷(1990—1999)	2015—01	28.00	402
历届美国大学生数学竞赛试题集.第七卷(2000—2009)	即将出版		403
历届美国大学生数学竞赛试题集.第八卷(2010—2012)	2015—01	18.00	404

哈尔滨工业大学出版社刘培杰数学工作室
已出版(即将出版)图书目录

书　名	出版时间	定　价	编号
新课标高考数学创新题解题诀窍:总论	2014—09	28.00	372
新课标高考数学创新题解题诀窍:必修1~5分册	2014—08	38.00	373
新课标高考数学创新题解题诀窍:选修2−1,2−2,1−1,1−2分册	2014—09	38.00	374
新课标高考数学创新题解题诀窍:选修2−3,4−4,4−5分册	2014—09	18.00	375
全国重点大学自主招生英文数学试题全攻略:词汇卷	即将出版		410
全国重点大学自主招生英文数学试题全攻略:概念卷	2015—01	28.00	411
全国重点大学自主招生英文数学试题全攻略:文章选读卷(上)	即将出版		412
全国重点大学自主招生英文数学试题全攻略:文章选读卷(下)	即将出版		413
全国重点大学自主招生英文数学试题全攻略:试题卷	即将出版		414
全国重点大学自主招生英文数学试题全攻略:名著欣赏卷	即将出版		415

联系地址:哈尔滨市南岗区复华四道街10号　哈尔滨工业大学出版社刘培杰数学工作室
网　　址:http://lpj.hit.edu.cn/
邮　编:150006
联系电话:0451−86281378　　13904613167
E-mail:lpj1378@163.com